Relatos de um Viajante do Astral

Anne e Daniel Meurois-Givaudan

Relatos de um Viajante do Astral

Tradução
NEWTON ROBERVAL EICHEMBERG

EDITORA PENSAMENTO
São Paulo

Título do original:
Récits d'un Voyageur de l'Astral

Copyright © 1983 by Éditions Arista.
Direitos reservados para todos os países.

Edição	Ano
1-2-3-4-5-6-7-8-9	98-99-00

Direitos de tradução para a língua portuguesa
adquiridos com exclusividade pela
EDITORA PENSAMENTO LTDA.
Rua Dr. Mário Vicente, 374 — 04270-000 — São Paulo, SP
Fone: 272-1399 — Fax: 272-4770
E-mail: pensamento@snet.com.br
http://www.pensamento-cultrix.com.br
que se reserva a propriedade literária desta tradução.

Impresso em nossas oficinas gráficas.

SUMÁRIO

Prólogo 9
Introdução 17
1. Almas em Viagem 21
2. Outras Dimensões! 38
3. O Estranho Museu 46
4. A Velha Túnica 67
5. "O Sol em Pessoa com um Corpo Humano" 77
6. Um Hospital-Pirâmide 102
7. "É Preciso que Muitos dentre Eles se
   Lembrem de que um Dia Foram... Atlantes" 122
8. Três Releituras na Memória do Universo 139
9. Cada Espírito é um Ser Andrógino 168
10. No País dos Sete Bois 188
11. A Caverna dos Últimos Atlantes 220
12. A Biblioteca Astral 238
Conclusão 256

AVISO AO LEITOR

Este livro não é uma obra de ficção. Por mais surpreendentes, e até mesmo inverossímeis, que possam parecer os fatos descritos, eles são absolutamente autênticos.

Se o nosso propósito tivesse sido o de criar uma obra de imaginação, sem dúvida teríamos recorrido a uma criatividade um pouco mais romanesca, mais literária.

Porém não se trata, de maneira alguma, desse gênero de obra, e o que expomos nestas páginas é absolutamente verdadeiro.

As possibilidades e os fenômenos descritos são para nós coisas comuns, assim como para outros o é consertar automóveis ou pilotar aviões, coisas que para nós seriam muito mais difíceis.

De nada serviria escrever páginas e mais páginas a fim de convencer o leitor.

Todos têm os seus preconceitos, e não podemos exigir o impossível; mas queira o leitor abordar este livro com o espírito despojado de qualquer idéia preconcebida.

Talvez ele permaneça cético, mas que esteja bem certo de que, em absoluto, não procuramos abusar da sua credulidade nem do seu tempo.

Os autores

A Marguerite,
Noëlle
e Pâris.

Com nossos agradecimentos
a Maurice e a Danielle
por seus preciosos conselhos.

"Numa palavra, o ar é para eles o que a água e
o mar são, aqui, para nós, e o que o ar
é para nós, o éter é para eles."

PLATÃO (*Fédon*)

PRÓLOGO

O ar é azul, o ar é palpável; eu não o respiro, mas o absorvo por todos os meus poros.
Ele fervilha de vida.
Sinto cada uma de suas partículas viver a vida de um mundo que contém outras vidas, outros mundos.
O ar é amarelo, o ar é dourado. O pensamento que me vem neste instante é: da cor da Alma.
Procuro a luz; ela não está em parte alguma e está em toda parte, e eu estou dentro dela. A atmosfera é luz, o turbilhão se desvanece, o mundo astral se estende diante de mim e meus pés calcam uma relva macia.
Por mais que eu procurasse, não me seria possível ver o meu quarto, de onde vim. Será que ele realmente existe em algum lugar?
Estou deitado no escuro, de olhos fechados, mas estou caminhando no país das fadas, de olhos plenamente abertos. Isso não me perturba; sei que estou lá embaixo, embora também esteja aqui. Aqui onde? A milhões de anos-luz de distância? Ali, no mesmo lugar? Vibro de maneira diferente. Parece-me que cada fibra do meu corpo emite um som, que o meu corpo emite uma harmonia.
Diante de mim se ergue um pequeno bosque, cujas essências aromáticas me são desconhecidas. Avanço em meio aos troncos, os quais sinto viver, respirar em uníssono comigo. Pássaros gorjei-

am; "gorjeiam" também o ar e a luz. É a mesma coisa, aqui tudo parece um, tudo evoca a unidade.

Ouço um riacho correr sob o musgo entre pedras de reflexos azuis. Não vejo ninguém, mas tenho a convicção íntima de que tudo está cheio de vida. Não, aqui é impossível estar sozinho. Um calor indizível enche o meu coração! Amo tudo, até mesmo o pedacinho de líquen agarrado na casca da árvore!

O contrário do Amor pode existir?

Não sei mais o seu nome. Tenho a sensação de uma potência infinita, de uma ternura infinita.

Procuro o sol, mas não o vejo. O sol é a erva, é o musgo, são as árvores, é o ar, é esse universo inteiro! O Amor feito Natureza!

— Você se lembra?

Um ser caminha ao meu lado e fala comigo.

Eu sabia que ele devia estar ali, que ele devia vir. Como foi que eu soube? Ele me chamou ou fui eu que quis vê-lo?

— Você se lembra do nosso primeiro encontro?

Eu me volto para ele sabendo que vim de muito longe e ele também.

Ele falou? Na verdade, não sei. Suas palavras bateram no meu espírito, como se bate numa porta.

— Não, eu não posso dizê-lo com certeza.

Ele é de estatura média, seu rosto estranhamente alongado e seu crânio oblongo não chegam a me impressionar.

Seus olhos pequenos, quase desprovidos de cílios, olham-me fixamente e parecem sorrir. Seu rosto é muito pálido, de uma palidez transparente, quase azulada.

Eu me pergunto se ele é real, mas as plantas se curvam sob os seus passos e os ramos se afastam quando ele passa.

Sua roupa é muito simples: calças estreitas, que vão até os tornozelos, e uma túnica cortada à moda indiana. Não sei se se pode falar em tecido, a matéria é indefinível, brilhante, macia, fluida, fluorescente, de um verde muito pálido, embora de um brilho intenso porém não ofuscante. Não vejo costuras; ela parece ter saído inteira de um molde.

Prólogo

— Desta vez foi difícil soltar as amarras — disse ele com um grande sorriso. — Vamos, volte a si, não é a primeira vez que você está entre nós! Respire fundo o ar ao seu redor e sinta como ele é fresco; respire e sinta no fundo de cada hausto a presença do Ser Único.

"Não é sem razão que você está aqui hoje. Desde há alguns anos nós o seguimos e agora temos um trabalho para lhe propor.

"Digo *nós* e não *eu*, embora você só precise tratar comigo.

"Transmito a você a vontade de um grupo de seres que pertencem ao que se poderia chamar de uma comissão especial.

"Essa comissão está encarregada de envidar todos os esforços a fim de espalhar e desenvolver certas idéias sobre a Terra.

"Sou o representante deles. Desde há alguns anos, sem que você tivesse consciência disso, minha imagem lhe é familiar. Aqui, neste universo, nós nos servimos dos sonhos para tocar os seres humanos; nós os chamamos até nós.

"Mas você sabe de tudo isso. Estes últimos anos o prepararam para isso. Tudo o que fizemos foi dar-lhe um leve empurrão e precipitar algumas circunstâncias.

"Você está aqui hoje porque temos uma tarefa a lhe propor, digo lhe propor porque a decisão cabe a você somente...

"Não veja nisso o sinal de um privilégio, mas, sim, o de um trabalho que lhe cabe ou não executar. Suas vibrações, as ondas que você emite e que você recebe nos ensinaram muitas coisas a seu respeito.

"Trata-se agora de saber se você tem a força de vontade necessária. Você conhece e tem amizade com certas pessoas que vivem sobre a Terra e que poderão ajudá-lo em caso de necessidade.

"Um contato foi, e continuará a ser, estabelecido entre elas e você.

"Você só raras vezes estará consciente disso!

"Sei que você está de acordo comigo a respeito do estado atual de desenvolvimento da Terra.

"Sabemos que é preciso considerar a época moderna como um ínfimo grão de areia na imensa ampulheta do tempo.

"Muitas pessoas parecem ignorar que, antes delas, houve outras épocas, e que depois delas haverá ainda outras.

"É, em parte, essa visão muito estreita, essa espécie de miopia, que é responsável pelo estado atual da mentalidade humana.

"Todos aqueles que estudaram o passado da Terra e do cosmos sabem que a vida destes baseia-se num sistema de ciclos.

"Os raros astrólogos que possuem uma ciência verdadeira sabem que a Terra está sujeita a um ciclo de pouco menos de 26.000 anos.

"Eles têm o costume de chamar esse ciclo de Grande Ano.

"Esse ciclo de aproximadamente 26.000 anos decompõe-se em doze ciclos de cerca de 2.000 anos.

"Cada ciclo de cerca de 2.000 anos é denominado Pequeno Ano. A morte e o nascimento de um ciclo sempre são acompanhados de todo tipo de desordens!

"Há em tudo isso uma razão profunda, cujos fundamentos devem ser procurados nas leis do equilíbrio cósmico.

"Essas leis desafiam o entendimento humano, a tal ponto são, ao mesmo tempo, incrivelmente complexas e maravilhosamente simples. No nível atual de compreensão do espírito humano comum, o porquê da organização íntima desse sistema só pode ser um mistério.

"Acabo de dizer: o espírito humano comum, entendendo por isso não o nível de instrução médio ou ordinário, mas o nível médio de elevação da Alma.

"Os seres humanos ainda não compreenderam que se pode ter uma instrução média ou comum, e até mesmo bastante avançada, e ser dotado de um espírito medíocre e mesmo pequeno.

"Os homens se equivocam a respeito da palavra inteligência. A verdadeira inteligência provém do coração e fala ao coração.

"Ela apreende as coisas no seu fundamento por intermédio do Amor. O ser que prejudica outro ser, mesmo que o faça de maneira considerada hábil, inteligente, não dá prova de verdadeira inteligência, mas simplesmente utilizou seu intelecto mais ou menos aguçado. Assim fazendo, ele se voltou contra a causa primeira, o amor, o princípio de tudo, e tentou negar a si mesmo.

"Para que servem os mais brilhantes diplomas das escolas mais prestigiadas, para que servem a maior das fortunas, o maior dos poderes, para quem não soube elevar sua alma, por pouco que seja, a fim de penetrar na essência das coisas?

"Um dos nossos primeiros objetivos é fazer o homem compreender que ele nem sempre raciocinou como raciocina atualmente.

"Acreditando que é feito apenas de substância material, isto é, palpável, ele acaba não sendo mais que isso.

"O ser humano perdeu a medida do que ele é, ou melhor, reteve apenas a dimensão mais estreita, mais ridiculamente pequena.

"Os habitantes do seu planeta têm uma necessidade urgente de guias.

"Houve um tempo, há centenas de milhares de anos, em que a Terra não se assemelhava, em absoluto, ao que ela é atualmente.

"Nós o fizemos se interessar por esse período cuja lembrança os homens perpetuam, dando-lhe o nome de 'idade de ouro'.

"Mas os homens, desde há muito, relegaram essa época à galeria dos mitos!

"Acham eles que estão muito acima disso, que apenas os imbecis, os ingênuos e os sonhadores crêem nisso!

"E, no entanto...

"Se algum dia você cumprir o seu dever de registrar essas frases por escrito, acrescente o seguinte:

"'Ó vocês que estão diante destas linhas! Se, em face da leitura das páginas precedentes, vocês concluíram que o autor mente como respira; que é um idealista que confunde seus anseios com a realidade; ou que nada mais é que um visionário, não sigam adiante; fechem este livro, pois ele os irritará.

"'Cada um segue o seu caminho; o nosso não é convencer a qualquer preço, mas plantar, aqui e ali, uma pequena semente. Que aqueles que querem compreender, compreendam. Pois um pequeno grão já brotou em seu jardim.'"

O SER calou-se bruscamente. Ambos caminhamos em meio a uma natureza que superava em beleza tudo quanto eu vira até o momento.

Cascatas saltavam de rochedo em rochedo; flores imensas de cores inimagináveis cresciam até a nossa estatura.

— Olhe — disse-me ele, parando. — Tudo isso foi pensado por um espírito perfeito.

"Houve um tempo em que os seus semelhantes sabiam da existência deste lugar. É preciso despertar neles a lembrança dessa época. É preciso, é indispensável, que o homem reencontre agora as suas origens.

"É preciso que ele remonte os milênios e reencontre os vestígios do seu verdadeiro passado; a era das divagações antropológicas político-filosóficas e das religiões extraviadas deve chegar ao fim. A confusão que os homens cultivam desde há tanto tempo atingirá seu apogeu por volta do final deste século, mas cabe aos seres conscientes, desde já, preparar um caminho entre os escombros.

"Os planos desse caminho estão sendo elaborados desde longa data.

"Um bom observador poderá notar os vestígios disso voltando-se para o final de cada um dos séculos passados.

"Estamos chegando à conclusão de um desses ciclos de 2.000 anos de que já lhe falei, e essa conclusão — como quer que ela seja — marcará uma virada decisiva na história humana. Para que o nosso propósito não nos escape, é importante que todos os esforços se conjuguem, que uma onda de amor seja derramada sobre a Terra e que uma outra emane dela. A era dos esclarecimentos chegou.

"Muito tempo atrás, você aceitou desempenhar um papel no processo decisivo que vai ocorrer na Terra. Todo papel — por menor que seja — tem a sua importância. Nenhuma palavra de verdade e de amor se perderá, mesmo que seja apenas sussurrada!

"Há tempos, você decidiu realizar um trabalho a respeito das verdadeiras origens do homem, a origem das suas religiões, a unidade original.

"Você mantém essa decisão?

"Ou melhor: *vocês* mantêm essa decisão? Pois ela também diz respeito à sua mulher.

"Não garantimos a vocês nenhum sucesso; hesitamos durante muito tempo quanto ao meio de realizar esse trabalho.

"As circunstâncias quiseram que esse meio fosse a escrita. Outras pessoas, que você conheceu outrora, atuarão, ou já o fazem, de maneira muito semelhante à sua.

"Os homens dão a isso o nome de 'fenômeno de civilização'; sintoma disso ou daquilo; mas que eles saibam que se trata, antes de mais nada, de um movimento concentrado, plenamente consciente e voluntário.

"Alguns já realizaram sua tarefa com sucesso. Livros que falam sobre a Verdade suprema já foram lidos por centenas de milhares de pessoas; mesmo que somente uma dessas pessoas tenha compreendido as palavras de amor, esse esforço não terá sido inútil."

Eis o relato daquilo que alguns chamarão de uma bela mentira, e outros de uma curiosa aventura; outros enfim, mais instruídos, por algum outro nome.

Quanto a mim, relatei uma coisa que eu sei que é verdadeira, por tê-la vivido.

Portanto, que o leitor que me concede a sua confiança inicie a leitura desta obra. Peço que ele a considere um trabalho sincero.

INTRODUÇÃO

Sempre me lembrarei daquela noite de abril em que, abandonando-me ao estado medianeiro entre a vigília e o sono, eu de súbito me vi deitado no meu leito.

Como descrever as impressões de um ser que se vê pela primeira vez do lado "de fora" de si mesmo?

Não, não falo de uma projeção sobre uma tela de cinema; disso, muitos já têm a experiência. Aliás, ela nem sempre é muito agradável: nem todo mundo é fotogênico!

Quando digo se ver do lado de fora de si mesmo quero dizer... em carne e osso.

Qual deles sou eu? Sou ele ou sou eu? Nós somos eu? Num clarão, essas perguntas se fundem no espírito.

Uma vez passado o choque dos primeiros segundos, ocorre-nos perguntar se a morte não é isso, se não franqueamos por fim o derradeiro portal; e, olhando-nos assim com os olhos fechados, os membros indolentemente abandonados, pomo-nos a pensar que a nossa situação não é das melhores.

Um pouco inquietos, continuamos a nos perguntar *quem* somos.

"Eu não sou *ele*, pois *eu* o estou olhando!"

É então que se percebe que aquilo que está olhando não é apenas um par de olhos, mas é também um corpo nu como um verme, que se põe a flutuar para a direita e para a esquerda, de baixo para cima, como se tivesse tomado algumas doses de bebida. E depois, bruscamente, numa sacudidela, tudo termina; a pessoa novamente se reconhece como aquele corpo desengonçado e feio estendido na cama.

Quanto tempo isso durou? Um minuto, provavelmente; no máximo dois.

Lendo o prólogo deste livro, muitos me tomarão, eu já o disse, por um visionário.

Quando uma pessoa não consegue compreender outra, ela logo pensa que esta última é louca ou mentirosa.

Por que não lhe vem a idéia de que ela não fala a mesma língua que a outra?

Quando um chinês se dirige a um francês, este não trata o chinês como louco pelo fato de não conseguir entender o sentido das suas palavras!

Da mesma maneira, um estudante de letras não considera louco o autor de um tratado de matemática superior porque não consegue entender sua obra.

Então, indiquemos em seguida ao leitor qual será o nosso comprimento de onda.

Esta obra, pelas razões que já foram expostas, propõe-se tratar das coisas do Espírito, das origens e do futuro do homem.

Qual a relação entre tudo isso?, dirão vocês.

Tratando das coisas do Espírito, temos de tratar, cedo ou tarde, das religiões; é por isso que esta obra tentará preencher, segundo as modestas possibilidades dos seus autores, a lacuna que ainda separa o que se chama de Tradição oriental e de Tradição ocidental. Para tanto, um meio foi posto à disposição de um, e em seguida dos dois co-autores deste livro. Chamarei esse meio de viagem astral.

Ele pode ser considerado como uma técnica, e descrevi acima os seus primeiros efeitos.

O que aconteceu acidentalmente numa tarde de abril pode ser repetido à vontade, e foi de fato repetido.

Que não sejamos acusados do uso de nenhuma droga, pois nenhum dos autores jamais usou drogas.

Trata-se, repito, de uma técnica.

Esta se aprende da mesma maneira que se aprende a ler ou a andar de bicicleta, isto é, com um pouco de vontade e de paciência.

Este livro relatará, portanto, uma série de viagens astrais que, esperamos, levantarão um pouco o véu que cobre certos problemas cruciais para a humanidade ou, mais simplesmente, para o homem como indivíduo.

Capítulo 1

Almas em Viagem

Tenho a impressão de flutuar sobre um mar negro numa noite sem lua!

Deitado, deixo-me levar por ondas cujo rumor eu não ouço. Isso não dura muito tempo; mil e uma pequenas luzes põem-se a cintilar ao meu redor, não como estrelas num céu de veludo negro, mas como luzes que fazem parte da própria obscuridade.

É isso mesmo: quanto mais presto atenção a ela, mais essa luz me parece a matéria da obscuridade, como se a própria obscuridade fosse apenas uma variedade de luz. Percebo agora que essa sensação de veludo provém do que sinto como sendo ondas.

Porém, nesse estranho estado, não sinto nenhum mal-estar. O que estou esperando? Eu não saberia dizê-lo, embora tenha a mente muito clara.

Sei que alguma coisa vai acontecer, que sou, de certa maneira, um viajante em trânsito.

De repente, sinto-me atraído para o alto por uma força irresistível...

Uma sensação estranha na altura do estômago, como se eu fosse puxado à força por meio de uma corda ou de um cordão umbilical...

Sempre mais alto, sempre mais alto! Bruscamente, uma explosão, e de imediato eu volto a mim.

— Bom dia!

Estou sentado sobre um gramado macio coberto por um leve orvalho.

— Bom dia — ouvi uma segunda vez no fundo de mim mesmo.

Levanto a cabeça e vejo meu amigo de mil e um despertares, de mil e uma experiências, o homem de rosto comprido.

— Ei-lo num mundo que você ainda não teve a ocasião de visitar... Pelo menos não nesta vida!

"O que você diz?"

Para falar a verdade, não digo nada, ofuscado como ainda estou pela espécie de choque psicológico produzido por uma viagem astral não-limitada ao plano terrestre, mas que tem por meta um plano paralelo ao nosso.

— Você está aqui no mundo ou no reino dos mortos, como lhe agrade chamá-lo.

"Como vê, eles não estão mais mortos do que você e eu!"

Uma multidão de seres, homens, mulheres e crianças, se diverte no parque onde nos encontramos.

A grande diversidade das roupas me surpreende.

Uma jovem passa ao nosso lado trajando um suntuoso vestido do século XVIII e caminha na direção de uma criança vestida como um duende saído de um conto de fadas.

— Esta mulher foi célebre em sua época — disse o meu guia.

"Ela teve muita dificuldade para entender que não estava mais na Terra, onde desfrutava muitos privilégios.

"Certamente, aqui ela tem os mesmos privilégios e outros mais; porém, como todos os possuem... ela tem tido dificuldades para se habituar.

"Ela deverá, em breve, retornar à Terra, e está desfrutando agora seus últimos tempos de repouso."

— Ela é obrigada a voltar?
— Num certo sentido! O mecanismo do renascimento é complexo, e nós o estudaremos mais tarde.

"Num dado momento, a alma do morto — chamemos assim a parte do homem que reside neste mundo — sente-se como que atraída para a Terra. Não estando livre dos vínculos carnais, é uma necessidade carnal que a puxa em direção a um mundo carnal. Ela será guiada na escolha de seu renascimento por entidades altamente qualificadas.

"Olhe para aquele homem lá embaixo! É um recém-chegado. Só está entre nós há alguns minutos."

Vejo um homem com cerca de cinqüenta anos, o rosto radiante; sustentado por algumas pessoas, ele tem dificuldade para andar.

— A passagem da vida terrestre para o estado atual é, ela mesma, uma prova — disse o homem de rosto alongado, lendo meus pensamentos.

"Muitos seres humanos — na realidade, mais de nove décimos, dentre eles — não têm nenhuma idéia do que podem encontrar depois da passagem da morte.

"A imaginação é sempre a mais forte! É ela que dirige o homem, por toda parte para onde vai.

"Assim, nos primeiros instantes que se seguem à morte, a alma do morto entra no mundo que ela esperava encontrar.

"Se o morto foi ateu durante a vida, ele permanecerá, por tanto tempo quanto levar para que a luz se faça no seu espírito, numa espécie de vazio negro, indefinível, não necessariamente desagradável, simbolizando o nada que ele pensava encontrar depois da morte.

"Cada um deve transpor as barreiras que sua religião ou seu ateísmo levantou!

"Quanto mais o ser é evoluído espiritualmente, mais rápida é a adaptação e mais rápida a passagem pela zona de incerteza ou pelo reino da imaginação que se segue ao instante da morte.

"O *Livro Tibetano dos Mortos*, ou *Bardo-Thödol*, resume simbolicamente as diferentes etapas que a alma segue após a morte; os homens deveriam estudar nesse livro, mais de perto, o simbolismo das luzes.

"Quando o morto se abre para a verdadeira realidade, quando expulsa da imaginação as nuvens resultantes da sua educação terrestre, ele descobre este mundo onde estamos.

"Seus parentes e amigos mortos antes dele o esperam e o ajudam a se refazer da prova.

"Essa prova, no entanto, nada tem de terrível. Nenhum sofrimento físico; há somente os sofrimentos morais decorrentes das incertezas dos seres que têm a consciência bem negra...

"No entanto, como eu já disse, para eles como para os outros, esse estado é passageiro.

"De fato, como você vê, a morte é um nascimento num outro mundo.

"Na Terra, a religião ortodoxa resume isso numa pequena frase bastante justa; ela não se refere a alguém dizendo que morreu, mas sim que 'nasceu para o céu', o que é ao mesmo tempo poético e verdadeiro.

"A palavra 'céu', com freqüência, faz sorrir; é verdade que há nisso um pequeno toque de ingenuidade, mas é normal que o homem tenha situado no alto, isto é, na direção do céu, e não embaixo, o objetivo de suas aspirações."

— Compreendo que a verdadeira vida está situada neste mundo, e não na Terra. Os mortos é que são os vivos, e não o contrário!

— Não, o que você diz não é totalmente verdadeiro. Sem dúvida, este mundo, que podemos chamar de mundo astral, está mais perto da verdade que o mundo terrestre, pois as almas que aqui nascem têm uma visão mais lúcida e mais global da realidade, mas este mundo também não é a verdade.

"Este mundo astral é, a rigor, bastante material em comparação com um mundo, ou melhor, com um universo que é cem mil vezes superior.

"Esse universo é o do Espírito; porém, isso nos leva a considerações muito longas e muito profundas para o momento."

Noto que os seres que se movem ao nosso redor, de todas as raças, de todas as épocas, de todas as idades, não prestam atenção alguma nem ao meu guia nem a mim mesmo, embora a pitoresca paisagem onde nos encontramos seja realmente encantadora; parece-me uma mistura de todas as paisagens que se poderia conceber: uma floresta de pinheiros, verdes colinas, um oásis, uma torrente alpina, uma praia tropical que descobrimos ao acaso durante o nosso passeio.

Esses seres que nos cercam estariam tão absorvidos pela variedade deslumbrante das paisagens a ponto de nos ignorarem?

Como de hábito, meu guia captou meus pensamentos antes que eu os enviasse a ele, telepaticamente.

— É preciso que eu lhe explique uma coisa: os seres que se encontram aqui jamais se darão conta da sua presença, pois não podem vê-lo; você é invisível aos olhos deles. Isto significa que você não está exatamente no universo deles.

"Seu corpo astral vibra, no presente momento, numa freqüência que é ligeiramente diferente da deles. Isso funciona como num aparelho de televisão tradicional. Segundo o canal que se selecione, passa-se de uma estação emissora para outra, isto é, de uma emissão de imagens para outra, ou para nenhuma emissão.

"No que diz respeito a você, não lhe é possível vibrar na mesma freqüência que os seres deste plano astral, pois as capacidades físicas e parapsicológicas que você possui ainda não lhe permitem isso. Fazê-lo vibrar nesta freqüência equivaleria à sua morte certa para o mundo terrestre... e, por enquanto", disse ele dando uma grande risada, "você não tem nenhuma pressa, não é mesmo?"

Aproximamo-nos de algumas casas que se erguiam no meio do que se poderia chamar de um "pequeno bosque" de cedros e de coqueiros, e cuja reunião, embora heteróclita, é das mais felizes.

As casas são, no mínimo, estranhas; eu jamais teria podido imaginar tal mistura de estilos, tamanha abundância de invenções nas formas e nas cores.

O conjunto, longe de ser de mau gosto, me fez pensar que os habitantes dessa região têm um delicioso senso estético e são dotados de uma grande originalidade.

— Todos os sonhos de infância são realizados aqui — diz o meu guia. — No universo astral, basta querer uma coisa e, se ela não for contrária ao interesse comum, ela é realizada imediatamente.

"Como você vê, seres com dons artísticos desenvolvidos deram aqui livre curso à imaginação. Não estando mais limitados pelo dinheiro, pela mão-de-obra e pelo tempo, eis o resultado.

"Você tem diante de si puras criações do espírito.

"Desse modo, cada um pode, a seu bel-prazer, construir a cidade ou o castelo dos seus sonhos no instante mesmo em que os concebe em pensamento.

"Você entenderá isso ao saber que a matéria é uma objetivação do pensamento.

"O pensamento é um reflexo do espírito e, estando muito mais próximo do espírito no mundo astral que no mundo terrestre, ele adquire aqui uma força muito maior: a de materializar os desejos. Não obstante, você deve saber que a materialização é uma coisa possível no plano terrestre. Ela é possível devido ao poder único do pensamento, porém é mais facilmente realizável quando o próprio pensamento recorre a ajuda de um suporte. Esse suporte é a linguagem ou, de um modo mais abstrato, o que as religiões chamam de Verbo.

"Você precisa saber que o universo é feito apenas de vibrações. Desse modo, há sons que resumem a força de vibração de todo o cosmos. Digo sons mas, na verdade, deveria dizer um som, sob diferentes aspectos. Esse som é denominado Verbo criador; os indianos o chamam de AUM, os árabes de AMIN, os cristãos de AMÉM. No entanto, parece-me que o AUM encerra uma força mais poderosa pois se compõe de três letras, e o três, como você verá, é o número sagrado por excelência.

"O que eu afirmo aqui não é uma convenção, mas uma realidade efetiva. A força vibratória do Verbo tem uma estreita relação com a energia atômica. Os grandes Iniciados, as grandes Entidades, como Jesus, sempre souberam que uma palavra pronunciada com plena consciência e por intermédio de um método de concentração profunda suscita materializações.

"O exemplo mais famoso é, sem dúvida, o da multiplicação dos pães relatada por Mateus (XIV:13).

"Saiba, no entanto, que há homens — particularmente na Ásia — que, hoje mesmo, estão de posse desse poder. O segredo reside, num certo sentido, numa aceleração do ritmo vibratório do espírito.

"Há uma força mais imponderável que a da energia produzida pelo átomo; ela se compõe de partículas de Vida. Posso dizer que essas partículas são dotadas de inteligência e que encerram em si o arquétipo que corresponde a cada um dos nossos sentidos conhecidos.

"No plano terrestre, apenas um ser que está em harmonia com o cosmos pode mudar o ritmo de vibração dessas partículas de Vida e conseguir uma materialização.

"O que, antes de mais nada, é importante que você saiba, é que aquilo que faz esses homens — mais ainda que a técnica que eles possuem — é a sua fé, seu Amor infinito pelo 'Grande Todo'.

"Estar fundamentalmente certo de que se vai ser bem-sucedido no que se empreende é uma garantia absoluta de êxito.

"Não creia que eu professo opiniões próprias dos orientais, e dos iogues em particular; abra o Evangelho de Marcos (XI: 24) e leia:

"'Por isso eu vos digo que tudo quanto pedirdes em oração, crede que o recebestes, e será assim convosco.'

"É preciso conceber o cosmos como um reservatório gigantesco onde cada um pode beber à vontade.

"Todas as coisas passadas e futuras sempre existiram, existem agora e sempre existirão. Simplesmente, é preciso extraí-las de lá onde elas estão.

"Uma estátua não está contida em potência num bloco de pedra? E, ainda para provar a você que esse conhecimento não é um atributo especial dos faquires, vou levá-lo, por alguns instantes, para o lado da alquimia."

— Então — eu disse a mim mesmo — meu guia decidiu me ensinar a fabricação da pedra filosofal?

— Olhe! — disse ele, interrompendo o curso dos meus pensamentos. — Olhe!

Seu dedo indicou-me um ponto em algum lugar do gramado, a dois ou três metros de nós.

— Sim, é a grama.

Enquanto pronunciava essas palavras, distingui, no lapso de um segundo, o que pensei ser um leve turbilhão; no lapso de outro segundo, o turbilhão deu lugar a uma multidão de minúsculas faíscas, tão pequenas e tão rodopiantes que fiquei perplexo por estar conseguindo vê-las.

— O que você está vendo são partículas de Vida. Falávamos sobre alquimia. Então, olhe...

Tive a sensação de viver um momento extraordinário, um desses momentos privilegiados que acontecem uma única vez na vida de um homem.

Uma enorme retorta estava colocada ali, diante de mim, sobre a erva verde, e eu não sabia o que dizer.

— Para que você apreenda bem o mecanismo da materialização, eu o retardei na medida das minhas possibilidades.

"O que você acaba de ver acontecendo em dois ou três segundos não durou, na realidade, mais que um piscar de olhos."

— Se a minha missão for relatar todos esses fatos na Terra, tenho muito pouca chance de que acreditem em mim!

— É essa materialização que o inquieta. E, no entanto, você não acredita que o simples fato de estar aqui comigo é igualmente extraordinário?

"Sentemo-nos por um instante ao pé destas árvores, pois ainda não lhe falei a respeito da alquimia.

"Na Bíblia de vocês, diz-se que Deus fez o homem à sua imagem. Creio, no entanto, que ninguém ousaria afirmar que o homem é igual a Deus. Desse modo, se eu e você somos semelhantes a Deus, isso não quer dizer que sejamos iguais a ele. Semelhantes, porém não iguais; é uma analogia e não uma igualdade.

"Então, dito isso, do mesmo modo que Deus tem todo o poder sobre o universo, o homem tem todo o poder sobre a natureza. É aqui que chegarnos à alquimia, pois ela tornava sua essa idéia.

"Um homem, de nome Don Pernety, disse que a alquimia é 'a arte de trabalhar com a natureza para aperfeiçoá-la'.

"A alquimia tem por objetivo sublimar os elementos menos refinados da natureza e torná-los mais sutis, a ponto de ficarem invisíveis.

"Os Alquimistas mais autênticos e mais profundos sabiam que, se um objeto perde a existência material, ele pode, mesmo assim, continuar existindo em estado invisível. Pode-se, portanto, restituir-lhe sua substância material e, por isso mesmo, torná-lo visível para todos.

"Isso nos leva ao que dizíamos há pouco: o cosmos é um reservatório inesgotável e é preciso vê-lo desse modo."

— Não poderíamos visitar essas construções extraordinárias que tivemos diante dos olhos alguns minutos atrás?

— Poderíamos, mas não o faremos. Veja bem, no universo astral, a propriedade privada não existe em si mesma, cada um vai à vontade aonde quiser, quando quiser, e cada um vive em harmonia com seu vizinho; mas todo ser, aqui como na Terra, tem, não obstante, sua vida privada, que é preciso respeitar.

"É preciso que eu lhe fale extensamente sobre este plano de existência, pois é necessário esclarecer um bom número de pontos.

"Você estará de acordo comigo a respeito do fato de que só memorizamos e compreendemos bem as coisas que conhecemos por experiência direta. É por isso que eu prefiro levá-lo a conhecer — digamos fisicamente, e de maneira bastante prolongada — o universo astral antes de lhe explicar sua organização, sua composição e posição relativamente a outros planos de existência. Uma vez que você parece interessado pelas construções deste mundo, siga-me. Você poderá admirar à vontade uma delas."

Pronunciando essas palavras, o ser de rosto alongado colocou a mão no meu ombro esquerdo.

Instantaneamente, minha visão mudou.

Apenas tive tempo de me sentir puxado na altura do estômago e de ser arrastado por um turbilhão para fora do pequeno bosque de cedros e de coqueiros.

Isso não me surpreendeu, pois percebi de imediato do que se tratava.

Meu guia substituiu minha vontade pela sua, provocando assim uma teleportação do corpo astral. Para dizer a verdade, esse é o meio de locomoção mais prático nesse mundo, quando não se quer se servir das próprias pernas.

Uma praia imensa estendia-se agora diante de nós; maravilhado, constatei que cada grão de areia cintilava como uma verdadeira jóia...

— É fantástico! — eu disse. — Poderíamos pensar que é pó de esmeraldas, de diamantes, de rubis.

— Certamente, e olhe para o mar...

O que eu contemplei jamais se apagará da minha memória. Como descrever, como pintar uma água de um azul cerúleo, de mil reflexos róseos, fazendo espelhar aqui e ali lantejoulas de ouro e de prata?

Com todas as minhas forças, tive vontade de gritar: "O que são os nossos olhos na Terra, que não podem ver, ver realmente, um mundo tão próximo deles?... Percorremos milhares de quilômetros, atravessamos os mares, inventamos foguetes, ao passo que aqui existe tudo isto!"

Um "isto" tão belo, tão próximo que o mais pobre dos viajantes pode ser um rei. Jamais uma palavra, uma frase, e até mesmo um livro inteiro bastarão para descrever essa maravilha! Poeta, não é o seu talento que seria necessário, mas o de um deus...

Caminhamos lentamente e meu guia não disse nada, deixando-me com minhas meditações. Compreendo que há momentos em que o silêncio vale mais do que qualquer outra coisa.

O céu reluzia em reflexos avermelhados e eu percebi que meu amigo me levava para longe da praia.

Depois de contornarmos uma duna, descortinamos uma paisagem encantadora.

À primeira vista, parecia que eu estava diante de um oásis. No entanto, era um oásis bastante estranho, sem palmeiras nem coqueiros, composto somente de árvores de uma espécie surpreendente, metade bananeiras, metade chorões. Na folhagem, brilhava uma luz.

— Do que se trata?

— Tenha um pouco de paciência, creio que você gostará deste lugar.

— Quando penso na maneira tão extraordinária com que nos deslocamos no corpo astral, digo a mim mesmo que é horrível estar amarrado num corpo físico.

"Você acredita que a teleportação poderá algum dia ser realizável no plano físico?"

— Mas ela já o é — replicou o meu guia com um ar malicioso.

— Ela já o é!

"Há na Índia e no Tibete — embora este seja um país oprimido — um grupo de seres privilegiados que atuam com o corpo físico da mesma maneira como você age com o seu corpo astral. Os indianos os chamam de *bodhisattvas*.

"São conhecidos apenas por raras pessoas, por motivos específicos... e, de qualquer maneira, como os homens sempre negaram barbaramente a existência daquilo em que não queriam acreditar, isso não muda grande coisa.

"Ao voltar ao plano físico, procure conhecer as pesquisas atuais de alguns cientistas de vanguarda. Alguns deles estão num caminho interessante."

— Ouvi falar das ondas hertzianas. São elas que formam as centenas de milhares de linhas das imagens televisionadas, não é?

— É isso; e o que falta a uma imagem televisionada para adquirir consistência?

"Simplesmente uma dimensão, a profundidade.

"Qualquer objeto é composto de um número extraordinário de átomos justapostos uns aos outros.

"O problema seria decompor um objeto em seus átomos e projetá-los, através de ondas aparentadas às ondas hertzianas, num determinado lugar, onde seriam reunidos. A transferência de matéria seria assim estabelecida.

"Penso que os homens verão isso se realizar num lapso de tempo relativamente curto.

"Ah! Chegamos. O que você acha disso?"
— Magnífico!
Um suntuoso edifício se ergue num tesouro de verdura. Seus arquitetos deram provas de um gosto judicioso, mesclando estreitamente o que chamamos de estilo *design* com o estilo grego mais puro.

O telhado do conjunto tem uma forma helicoidal. Uma dupla fileira de colunas coríntias parece o único vínculo que o une ao solo.

A construção está empoleirada no topo de um pequeno promontório verdejante, ao qual se tem acesso por meio de largos degraus. Porém, mais ainda que a arquitetura, o que me surpreende é o material utilizado: nada de pedras, nem mesmo de mármore; em vez disso, vidro ou cristal.

— Você tem diante de si um edifício que lembra, por sua arquitetura, o que eram as construções do tempo da Atlântida.

"Pode-se entrar nesse edifício. Trata-se de um tipo de estabelecimento público, se bem que o termo não seja especialmente adequado para o mundo astral.

"É aqui que são estudados os casos de certas pessoas que nascem para o plano astral. Aqui se examina cuidadosamente o seu dossiê, no intuito de orientá-las para uma próxima encarnação.

"Você já viu uma reunião de chefes de Estado?", me pergunta bruscamente aquele que me serve de guia.

— Na verdade, nunca! Jamais me aproximei dos meios políticos; para dizer a verdade, eles não me interessam muito.

— Então olhe. Você está vendo, ao pé daquela grande árvore, aquele grupo de pessoas que ouvem aquele jovem? Um bom número deles serão chefes de Estado.

— Você quer dizer chefes de Estado na Terra, em sua próxima encarnação?

— É isso mesmo. O mundo astral não tem necessidade de chefes de Estado, pelo menos não no sentido em que os homens o entendem.

"Existem altas entidades que se encarregam do universo astral;

mas isso é uma outra história, e certamente não é do domínio da política."

— De minha parte, sempre achei que a política era uma coisa bastante medonha, e que era feita por pessoas desprovidas de escrúpulos e hábeis para mentir.

— Você tem razão no que se refere a três quartos das pessoas. A ambição pessoal é, com muita freqüência, o que motiva o interesse que os homens dedicam à política. Muito poucos indivíduos têm um interesse real em fazer o bem para o seu próximo e para o seu país! No entanto, você não deve acusar a política em si mesma.

"Não se deve confundi-la com os homens que a fazem. Em si mesma, a política nada tem de má. De qualquer maneira, ela é indispensável na Terra; a política é o que se adapta melhor ao mundo material, pelo menos no atual estado das coisas.

"Virá um tempo em que a noção de política mudará, ela não significará mais compromissos ou mentiras, mas simplesmente relações cordiais e inteligentes entre nações. Nessa acepção, a política jamais poderá deixar de existir; simplesmente, certos tipos de governo terão de evoluir. Eu deveria mesmo dizer: todos os tipos de governo que oprimem atualmente a Terra. No dia em que se começar a ver o aparecimento de sábios e eruditos no governo das nações, a humanidade terá dado um grande passo.

"Somente a procura de uma espiritualidade maior vai tirar os Estados das crises que os vêm abatendo até hoje.

"Civilizações anteriores àquelas que a Terra abriga atualmente conheceram essa situação, e é com o objetivo de preparar o advento de uma civilização desse tipo que os seres que você vê estão reunidos."

— São sábios? São cientistas?

— Não, mas são seres de bom senso, voluntários e destituídos de ambição pessoal.

"Foram escolhidos em função de suas capacidades; mas o que determinou sua escolha foi só a vontade deles. A não ser numa situação muito particular, ninguém jamais é constrangido no que quer que seja."

Pergunto então ao meu guia por que não são nem os sábios nem os eruditos que se apresentam como voluntários para guiar as nações.

— É simples! O mundo ainda não está pronto para aceitar a direção deles.

"Imagine um grande sábio na direção de um país, qualquer que seja esse país. Seria ele seguido? Seria compreendido? Seria mesmo escolhido? Certamente não; o espírito humano ainda não atingiu a sua maturidade, longe disso. Os voluntários que você está vendo, e que se encarnarão na Terra daqui a vinte ou trinta anos, serão, antes de mais nada, mediadores, indivíduos pacíficos que têm uma vontade profunda de negociar, e não de impor.

"Eles prepararão o terreno para outros, e assim por diante, até estabelecer governos, e talvez um governo único, marcado pela sabedoria e pelo amor do Ser Único."

— No entanto, por que isso ainda não se realizou, se as coisas seguem o seu desenrolar de acordo com um plano preestabelecido de longa data? Não se poderia acelerar a realização desse plano?

— Oh! — disse o meu guia, sorrindo. — Você fala de plano!... Evidentemente, há um plano; nunca, porém, uma coisa está exatamente determinada de antemão. O livre-arbítrio de cada um faz com que muitas coisas sejam de novo colocadas em questão.

"Como eu já disse, a Terra está submetida a ciclos cósmicos que impõem altos e baixos à existência terrestre. As coisas só se realizam plenamente quando todas as condições estão reunidas. Porém, antes de mais nada, não pense que as leis do cosmos fazem tudo. Elas existem, certamente, mas jamais devemos nos esquecer da existência do grande agente universal, o Amor."

Intrigado e um tanto fascinado, aproximei-me do pequeno grupo de futuros dirigentes do nosso planeta. Eram de todas as idades e trajavam roupas as mais variadas.

Dois deles atraíram minha atenção: um velho de barbas longas e grisalhas e uma mulher de cerca de trinta anos, trajando um sari, embora parecesse de tipo europeu.

O velho, principalmente, me intrigou. Por que um ser tão idoso no meio de outros que estavam na flor da idade?

— Oh, não é tão complicado de entender — disse meu amigo com um tom jovial, como se a ingenuidade da minha reflexão o encantasse. "A idade não tem nenhuma importância aqui. Você vê aquele jovem lá embaixo, e com certeza lhe dá vinte e cinco a trinta anos; pois bem, na realidade, há pouco mais de três séculos que ele é dos nossos!

"Quanto a este velho de andar nobre, que tanto o atrai, só está no mundo astral há pouco mais de um século.

"A razão de tudo isso é simples; ao chegar a este universo, cada ser tem a possibilidade de adotar a aparência física na qual se sentia mais à vontade em sua vida terrestre.

"A maioria toma o aspecto que tinha por volta dos trinta anos. Sem dúvida, sente-se mais maduro, mais seguro de si nessa idade. É claro que alguns preferem um outro período da vida. Você tem a prova disso diante de si."

— E essa mulher de sari?

— Suponho que ela lhe interesse porque é a única mulher do grupo. Veja, os terráqueos ainda não estão preparados para aceitar as pessoas do chamado sexo frágil. Há sempre a velha imagem da mulher tentada pela serpente. Mas, por fim, isso mudará... Entretanto, mudará de uma maneira muito diferente daquela que as atuais partidárias das ligas feministas imaginam.

"Não obstante, a mulher que você tem diante de si desempenhará um papel muito importante no mundo. Quando trinta anos terrestres tiverem se passado, ela nascerá na Terra.

"Tudo o que eu lhe afirmo a respeito do futuro desses seres faz parte do domínio das probabilidades; isso porque, repito, nada jamais é absolutamente certo nem determinado no que se refere ao futuro; o homem é livre!"

O leitor talvez não compreenda se eu afirmar que o fato de estar na presença de uma tal assembléia de futuras personalidades criou um sentimento estranho, indefinível. É um pouco como se eu me visse projetado algumas décadas no futuro.

Eu achava comovente ver todos aqueles seres sentados nas posturas as mais diversas ouvindo os conselhos de um ser que não parecia ter mais de dezoito anos.

Não fosse a idade daquele que parecia dirigir as discussões, eu seria facilmente capaz de imaginar a cena transposta para a Grécia antiga, os discursos dos filósofos em cenários bucólicos... Uma certa doçura de viver... e, não obstante, um trabalho que se realiza.

— Você está devaneando?

— De fato, estou.

— Sua viagem foi longa desta vez. Creio que seu corpo astral está começando a se ressentir disso. Sua prova logo estará terminada por hoje.

— Minha prova... — digo para mim mesmo. — Não sinto tudo isso como uma prova, mas como uma experiência fascinante!

— Um corpo astral fatigado produz um corpo físico em mau estado — diz subitamente o meu guia, interrompendo meus pensamentos.

— Um corpo astral se cansa da mesma maneira que um corpo físico?

— Não, não exatamente. De fato, eu acho que me expressei mal. Um corpo astral livre de seus vínculos terrestres não sente cansaço nem dor. Mas, quanto a você, não se esqueça de que tem um corpo de carne e osso que o espera na Terra. As coisas são um pouco diferentes.

"Embora já tenha feito viagens astrais um certo número de vezes, você não possui a técnica com flexibilidade suficiente para lhe permitir viagens extremamente prolongadas.

"Vamos, é melhor pôr um ponto final na sua experiência por hoje.

"Desperte do belo sonho que você acaba de ter; ou melhor, adormeça de novo, pois, pouco a pouco, você compreenderá que o verdadeiro sonho é a vida na Terra."

— Sim, acho que compreendi, mas também sei que a verdadei-

ra vida, o verdadeiro despertar, também não está aqui. Ele se encontra num universo superior ao universo astral, o reino do Espírito.
— Formidável! — respondeu o meu guia com um grande sorriso. — Faça com que todos partilhem desse conhecimento, propague-o! Vá! Nos veremos de novo!

Tudo se dissolveu num maravilhoso silêncio... e senti-me estranhamente puxado para trás num turbilhão multicolorido.

Capítulo 2

Outras Dimensões!

Uma vez terminada a leitura do capítulo precedente, o leitor tem o direito de fazer a si mesmo algumas perguntas.

Imaginemos por um instante suas observações:

"Tudo isso é muito bonito, mas onde está a prova de que o que acaba de ser descrito é a verdade?"

"Supondo que o autor seja sincero, as alucinações existem..."

"E mais, acabamos de ouvir um resumo do que seria a vida num plano superior ao plano terrestre; mas esse resumo não nos explica a posição exata desse plano com relação ao nosso."

Portanto, vou tentar dar uma resposta a tudo isso.

A primeira pergunta é: "Não estaria o autor à mercê de alucinações que ele provoca por meio de uma certa técnica?"

Responderei, evidentemente: "não"; mas é claro que isso não basta!

Você já teve dúvidas sobre a existência das ondas de rádio ou dos raios X? Há cerca de um século, seria apenas uma suposição um indivíduo poder comunicar-se com outro situado a milhares de quilômetros, além dos mares?... Inconcebível!

Aquele que expressasse uma tal idéia, em 1878, certamente seria tachado de louco.

Esse exemplo nos prova que existem realidades que a visão e a audição humanas não podem apreender. Suponho que você jamais pensou em negar a existência do ar que respira; no entanto, você vê esse ar?

Admitir a realidade da projeção astral é dar prova de abertura de espírito e, portanto, de bom senso.

O que era loucura ontem é verdade hoje; isso se verifica freqüentemente.

Eu poderia, é claro, descrever a técnica da viagem astral. No entanto, não o farei, por duas razões: a primeira é que outros mais qualificados que eu já o fizeram; a segunda é que não é esse o propósito da nossa obra!

Por outro lado, muitas pessoas, não sendo perfeitamente equilibradas psiquicamente, arriscariam tentar uma experiência que poderia ser nefasta. Evidentemente, não sou o único que fez a experiência do universo astral.

Caso se consulte um pouco os livros, se perceberá que, em todas as épocas e em todos os países, tratou-se dessa questão. Relativamente próximos de nós, os cátaros nos fornecem um exemplo.

Barthélémy de Carcassonne afirmou, no século XIII, a realidade de um mundo "onde as pedras são safiras e a areia é pó de ouro". E acrescenta: "Dizemos que há um outro mundo e outras criaturas, incorruptíveis e eternas, nas quais colocamos nossa alegria e nossa esperança."

O iniciado cátaro fala aqui, evidentemente, não apenas do universo astral, mas do universo do espírito, que já tivemos ocasião de mencionar.

Um mestre cátaro ainda vive em nossos dias, um daqueles que outrora era designado com o nome de "perfeito".

Ele escreveu o seguinte em sua obra intitulada *Les Cathares*: "O iniciado deveria ver, no curso de uma experiência, a forma de luz de seu espírito e, em seguida, tomar consciência da reunião, do casamento de sua alma com seu eu superior."

Voltaremos a falar a respeito da noção de "casamento da alma com o eu superior".

O que nos interessa aqui é a expressão "a forma de luz". Afirmamos, com conhecimento de causa, que ela corresponde admiravelmente bem ao que chamei de "corpo astral"; ela tem, além disso, a vantagem de ser poética. Concebo facilmente que o leitor que aborda pela primeira vez esse assunto tenha dificuldade para "situar" o universo astral com relação ao terrestre. Vou, portanto, tentar remediar isso esforçando-me igualmente para situar o universo do Espírito.

Por ocasião de uma das primeiras viagens que fiz ao mundo astral, a conversa foi a respeito do lugar que os universos ocupam uns com relação aos outros, e do número deles.

Segundo o exemplo dos filósofos antigos, caminhávamos, meu guia e eu, assim como ainda temos o costume de fazê-lo. Uma nuvem de borboletas de cores cintilantes rodopiava ao nosso redor. A luz astral brincava sobre as asas delas como se fossem prismas.

— Você já compreendeu a importância do número três? — desferiu o meu amigo.

"Ela é capital. Todas as religiões da Terra e outras mais estão de acordo a esse respeito.

"Você já se perguntou o que esse número significa exatamente? Três não é a simples adição de 1 + 1 + 1, ou pelo menos é também outra coisa.

"Pitágoras, um dos matemáticos mais reputados de vocês, também era um iniciado. Ele afirmava que a lei do universo era a do número. Não estava errado.

"O número *um* sempre representou a unidade e, se quiser, por extensão, o princípio criador.

"O primeiro número ao qual o UM dá nascimento é, evidentemente, o DOIS, mas o *dois* representa, ao mesmo tempo, a imagem do que não é mais a unidade, isto é, a separação, a divisão, ou melhor, o antagonismo. O número *três* é o primeiro que reúne o *um* e o *dois*... Representa a idéia nascida da união do *um* e do *dois*. O *um* e o *dois* desempenham, nesse caso, o papel dos dois pólos de uma pilha elétrica, um deles ativo e positivo, o outro passivo e negativo. A ação unida do *um* e do *dois*, do mais e do menos, dá nascimento à Idéia simbolizada pelo triângulo. O universo encontra aí o seu fundamento; o princípio do ternário ou, se você preferir, da Trindade, não tem idade. Olhe para o homem: não foi ele construído sobre esse esquema?

"Ele se compõe, ao mesmo tempo, de um corpo, de uma alma e de um espírito. Da mesma maneira, há três grandes tipos de universo:

"O universo da matéria, o universo astral, mental ou da alma, e por fim o universo do espírito, o que está mais perto da grande unidade."

— Vejo bem — disse eu — que é possível ao homem passar quase à vontade do universo material para o universo astral, mas é permitido a ele atingir o universo do espírito?

— Só podem atingi-lo as almas que se purificaram de todos os apetites materiais.

"O propósito de todo homem deveria resumir-se a isto: atingir essa esfera.

"Contra todas as aparências, é uma coisa que acontecerá finalmente daqui a milhões ou bilhões de anos, talvez mais.

"Isso lhe parece terrivelmente longínquo, mas que importância tem na escala de Deus, do cosmos? O que é o tempo?... Nada, uma ilusão.

"Reflita um pouco: você está conversando aqui comigo sobre o plano astral desde há dez minutos. Mas sabe quanto tempo se escoou na Terra desde o início da nossa conversa? Muito mais!

"O tempo é caracterizado por uma elasticidade extrema.

"Um século é uma eternidade para um inseto, embora esse século seja um grão de poeira na ampulheta do tempo.

"Os seres que se comunicam, no plano terrestre, com o plano do espírito, são aqueles a quem o comum dos mortais dá o nome de santos.

"Eles se comunicam com as entidades das esferas superiores,

beneficiam-se da sua ajuda e, de acordo com a expressão, 'não têm mais os pés na Terra'. Eis o que lhes confere todo o seu poder.

"Os homens que só têm relação com o plano astral são chamados, de acordo com o caso, de videntes, médiuns, magos ou feiticeiros.

"Isso depende do propósito de suas atividades e, por conseguinte, de sua maior ou menor elevação espiritual."

— Então eu sou um médium!

— Não, em absoluto! A projeção astral não é um fenômeno de mediunidade. O viajante do astral toma consciência de uma outra dimensão das coisas, ele tem acesso a lugares onde julga que se aproxima um pouco da fonte original. Ele não 'recebe' nada, mas muda as vibrações de seu corpo para ter uma outra visão de si mesmo e do mundo.

"No que se refere aos médiuns, o fenômeno é diferente. Todo homem é constituído por uma tendência ativa e uma tendência passiva; os médiuns deixam predominar sua tendência passiva, em outras palavras, eles se colocam num estado de receptividade. Eles são dotados de uma particularidade física: uma substância chamada éter, na qual o cosmos está banhado, existe em superabundância neles.

"Eles não têm a faculdade de reter esse éter, e tampouco o projetam como fazem os magnetizadores; eles simplesmente o perdem e, em conseqüência disso, se vêem forçados, para compensar sua perda, a extraí-lo de fora deles."

— Mas se o médium é um receptor, os adivinhos e os profetas são, portanto, médiuns.

— Sim, mas, atenção! Não confunda os médiuns dos círculos espíritas com os médiuns adivinhos ou profetas!

"Os primeiros recorrem com muita freqüência às forças inferiores do astral. Abandonam então sua vontade a entidades sem grande interesse ou mesmo nefastas.

"Os segundos se põem a serviço de entidades do astral superior e mesmo do universo espiritual.

"Sua posição passiva tem, portanto, uma repercussão positiva. São seres raros e geralmente têm uma missão a cumprir na Terra.

"Devemos colocá-los em paralelo com os alquimistas, os grandes agentes de cura, que realizam o que se chama de 'milagres', e os grandes místicos dotados de grandes poderes. Estes últimos se comunicam do mesmo modo com entidades superiores, mas o que predomina neles é o elemento ativo. Jesus Cristo é, sem dúvida, o exemplo mais extraordinário."

— Compreendi tudo isso — disse eu ao meu guia — mas uma coisa ainda não está muito clara: onde se situam os três universos uns em relação aos outros?

"Pode-se situá-los de uma maneira, digamos, concreta, geográfica, embora o termo seja totalmente impróprio?"

— De fato, ele o é! Mesmo que chegasse a viajar durante um tempo infinito nas galáxias, por meio de veículos espaciais, o homem jamais chegaria ao plano astral ou espiritual.

"A vibração é a chave do problema. No mundo astral, em particular, pois suas camadas mais baixas flanqueiam de perto o mundo físico.

"Um universo diferente do material tanto pode estar superposto a ele quanto se encontrar a milhões de quilômetros dele.

"Sem nenhuma importância, a distância e o tempo não têm nenhuma significação real."

Para não cansar o leitor com considerações muito abstratas, parece-me preferível guardar na memória a continuação da conversa com meu amigo do astral.

Você já leu obras de ficção científica? Há coisas espantosas.

Topei um dia, "por acaso", com um romance intitulado *La Cure*, obra de dois escritores, H. Kuthner e C. L. Moore.

Por meio de uma intriga engenhosa, os dois autores imaginaram que seu herói era apenas um fantoche, a projeção terrestre de um ser vivo num outro universo. Por que uma projeção? Para uma "cura". O ser, digamos, extraterrestre, sofrendo de perturbações, tinha necessidade de uma vida na Terra para curar aqui a sua doença.

Não se tratava de uma encarnação terrestre propriamente dita; o ser dispunha, em vez disso, de duas existências simultâneas em dois planos diferentes. O homem terrestre era, na verdade, a marionete do outro, e tinha, por momentos, lampejos de lucidez: Quem era ele exatamente? Onde estava a realidade?

Espero que o simples fato de ter citado essa história não lhes inspire reflexões do gênero: "Esse sujeito leu muito romance de ficção científica!" Porém, confesse, eis uma história perturbadora quando se está de posse dos dados aqui relatados até o momento.

O que é o homem sobre a Terra? O que ele faz aqui, com que propósito está aqui? Onde se situa a realidade?

Faz tanto tempo que o homem procura onde estão enterrados os segredos de sua memória; por quanto tempo ainda procurará?

Ele revolveu a terra, o mar, o céu; ele lançará uma ponte entre as estrelas, equilibrar-se-á sobre raios *laser* nos quatro cantos do universo; ele encontrou tesouros, e ainda encontrará outros; mas de onde vem a sua loucura, qual é essa febre que o agita, o que é que ele procura e não encontra?

Homem, conquistador do inútil, você já olhou para si mesmo por um instante?

Porém, creio que você quebrou seu espelho; a água dos lagos que você corrompeu lhe devolve apenas o reflexo turvo da sua própria imagem.

Remonte na corrente do tempo e procure nos confins da sua memória; você encontrará o objeto da sua busca cega, o verdadeiro tesouro que ignora e que está colado em sua pele. Reencontre essa pele, esvazie-a de seus preconceitos, de suas rotinas, de suas preguiças, de seus egoísmos. Suba pelos fios da marionete que você é e encontre os dedos que os movimentam. Sabe de quem eles são?... São seus! Pertencem ao exclusivo, ao único, ao verdadeiro você. O você que você tinha esquecido, aquele que sabe compreender e amar.

Conheço um conto:

"Era uma vez uma criança que acreditava que era um homem. Tendo encontrado uma luneta, ela olhou... pela extremidade errada, e sua casa parecia estar longe, longe, muito longe..."

Não vire para o lado. Eu sei que você se reconheceu. Junte os fragmentos do seu espelho. Você acha que os jogou fora, mas a esperança que se move hoje no fundo de você guardou-os em algum lugar. Então, olhe bem nos seus olhos e erga o véu da sua amnésia. Ele é tão espesso que você não consegue levantá-lo? O tesouro do homem está no Homem. Vocês me diriam:

"Belas palavras, figuras de retórica, a realidade é bem outra!"

Vocês acreditam nisso realmente? Acreditam que seres felizes, contentes por ser o que são, por ter o que têm, fariam do seu planeta uma imensa lata de lixo, uma bomba gigantesca, um campo de massacres?

Vocês também me responderiam:

"São os governos que fazem isso. Não podemos fazer nada!"

Ora, sejamos honestos! Vocês não são, com freqüência, testemunhas ou atores de mesquinharias, de brigas, de mentiras? Isso faz parte do nosso quinhão cotidiano. Não há necessidade de sair de casa para fazer essa experiência.

Tudo isso por coisas insignificantes, sem importância... das quais tomamos conhecimento tarde demais.

Então, como podem vocês esperar que as nações se entendam quando o indivíduo isolado mal pode suportar o vizinho, o amigo, o cônjuge?

Todos somos culpados. Eis por que precisamos nos livrar do nosso torpor. Eis por que temos de reencontrar nossa verdadeira origem. Então, de uma vez por todas, olhemos a nós mesmos no rosto e perguntemos: "Quem sou eu?"

Capítulo 3

O Estranho Museu

Deitado na semi-obscuridade, sinto minhas pálpebras baterem numa velocidade louca. Nada a fazer para acalmar seus movimentos convulsivos: Tenho a impressão de que elas estão adquirindo uma vida independente da minha.

Não procurarei submetê-las à minha vontade; elas são o sinal anunciador.

Em pouco tempo, eu me verei projetado num outro espaço. Um sobressalto, o menor movimento do meu corpo bastaria para anular meu esforço anterior.

Eis aí! O choque se produz e o teto aproxima-se de mim numa velocidade alucinante; depois de alguns segundos, sinto que estava oscilando sem um objetivo preciso. Um sangue glacial corre nas minhas veias, a sensação de frio é intensa, mas sei que isso não vai durar.

Em alguns instantes, estarei flutuando em total quietude. Basta querer e crer. Quero encontrar meu amigo de outra terra e acredito no poder da minha vontade.

Sou um pião girando num furacão mudo; o mundo acaba de ser apagado. Cada átomo do teto do meu quarto penetra no meu corpo num feixe de luz. É vertiginoso! Eis que sou projetado em direção a um mundo...

— Então você me ouviu!

Meu guia estava lá, como de costume. Encostado numa árvore enorme coberta de musgo, ele me lançou um olhar impenetrável, mas no qual senti viver uma chama toda feita de bondade.

Um largo sorriso iluminava-lhe o rosto.

Nesse universo, não sou senão um receptor, um gravador de fita no qual se acionou o botão "gravar". Senti uma pequena e breve sensação de dor e angústia: nada mais sou que um aluno ouvindo as lições do mestre! Aliás, como adotar outra atitude? Nada mais posso fazer senão ouvir humildemente aquele que se tornou o meu iniciador, sem ousar muito propor-lhe perguntas.

— Um gravador de fita? O que você está dizendo? Você já não tinha, no passado, a idéia de fazer um trabalho como este?

Tive um pouco de vergonha; meu guia, evidentemente, tinha razão.

— Você reconhece este lugar? Foi aqui que você me encontrou pela primeira vez nesta vida.

Essas palavras falaram ao meu coração.

Nada havia mudado. Essas árvores que vivem tão intensamente, esse regato que canta sob os musgos...

— É formidável! Este lugar é o mais maravilhoso que conheço — eu disse. — Que luz! Que vida! Mesmo diante de todas as belezas que você me mostrou, jamais tive um sentimento tão estranho de liberdade quanto neste lugar.

— Fico contente que você me diga isso, mas você não deve se abalar. Eu acho que você já compreendeu que nós estamos num comprimento de onda diferente do do reino dos mortos.

"Nossos corpos astrais vibram hoje numa velocidade superior a do nosso primeiro passeio."

— Mas ainda estamos no mundo astral?

— Sim, sem dúvida! Você não se lembra das palavras de Jesus:

'Na casa de meu Pai há muitas moradas'?

"É simples assim. Você pode, no universo astral, encontrar uma infinidade de planos de existência; você os conhece em função das vibrações que emite.

"Desse modo, Jesus não quis dizer, simplesmente, que Deus reservou um lugar para cada um. Ele falava igualmente de uma realidade muito precisa.

"Lembre-se bem do seguinte: toda palavra, contanto que provenha de um texto sagrado, pode ser apreendida em vários níveis.

"A escola judaica da Cabala compreendeu e demonstrou isso muito bem. Reside aí uma grande parte do trabalho que ela estabeleceu para si mesma. Certas pessoas afirmaram que se pode ler um texto de cinco maneiras diferentes. Isso é exato caso se queira ver as coisas em detalhe, mas, na realidade, há três grandes maneiras de considerar as Escrituras, e isso vale para as Escrituras Sagradas de qualquer civilização.

"No primeiro nível, toma-se o texto no seu sentido literal, sem ir mais longe; ele é dirigido para o simples crente. O segundo nível é o do símbolo e da alegoria. Aqui, não se toma mais o texto ao pé da letra; pensa-se que ele está cheio de imagens. Portanto, procurar-se-á a realidade escondida sob as imagens. É o nível de leitura dirigido aos pesquisadores, aos exegetas.

"Por fim, o terceiro e último nível de compreensão é aquele que se chama de esotérico ou, ainda, de oculto, embora eu não goste deste último termo. Em seguida eu lhe direi por quê. Esta última leitura desvela as maiores verdades escondidas num texto sagrado; ela só é praticada pelos iniciados. No entanto, isso não quer dizer que os níveis de leitura precedentes sejam falsos; eles simplesmente se dirigem a diferentes níveis de consciência. Nem todos os homens têm o mesmo desenvolvimento intelectual e espiritual. A dificuldade para se ler um texto sagrado reside no fato de que certas passagens devem ser lidas de preferência num nível e não em outro.

"Para conhecer, é preciso querer conhecer. A verdade só se desvela para aquele que se dá ao trabalho de procurá-la; e quando eu digo verdade, veja bem, quero dizer 'o que podemos conhecer da verdade'.

"Apenas o Ser Único conhece toda a Verdade; no entanto, para o nosso proveito, devemos procurar nos aproximar o máximo dela, pois o conhecimento tem o poder de elevar o homem. Uma escola mística terrestre, a dos gnósticos, que tentou um ensaio de síntese religiosa, pretende que o grau espiritual do homem lhe é dado pelo conhecimento. Eu digo que isso não é totalmente verdadeiro! O que eles fazem do amor?

"O amor é a única força verdadeiramente positiva. Apenas um ser unido com o cosmos e apreendendo o Todo num grande amor se elevará até o mais alto nível.

"O conhecimento é necessário, mas permanece como letra morta sem a luz que lhe traz a comunhão com o universo. Veja bem, não estou fazendo uma crítica da Gnose. A Gnose tem méritos imensos e pode-se atribuir a ela, com legitimidade, a revelação de grandes verdades. No entanto, nenhuma religião, nenhuma seita, nenhum grupo de estudos esotéricos pode honestamente gabar-se de ser o único representante da verdade na Terra.

"Jamais se deve perder de vista o fato de que toda religião ou toda crença foi estabelecida numa dada época em função do desenvolvimento espiritual próprio dessa época e em função das características próprias da raça em que ela nasceu, em função da situação geográfica, do clima.

"Isso, sem dúvida, pode chocar muitos crentes de todas as religiões, mas é, no entanto, sobre essas bases que se estabeleceram os fatos.

"Uma religião nunca é apenas uma religião. Ela fornece uma regra de vida espiritual a todo um povo, não porém *a* regra de vida ideal no absoluto.

"No nível do corpo físico, os exercícios são necessários; da mesma maneira, no nível do corpo espiritual, uma disciplina é indispensável. Portanto, é preciso considerar as práticas religiosas como uma ginástica do espírito.

"Muitas pessoas, muitos sacerdotes de todas as crenças se esqueceram da significação exata e da origem do seu ritual religioso. Isso é grave, pois, no final das contas, o que é um ritual religioso senão um meio de entrar em contato com as entidades que povoam o universo do Espírito?

"Não é por acaso que, no decorrer de um ofício, pede-se a vocês que adotem certa posição, ou pronunciem uma certa frase. Não é por acaso que o oficiante veste uma túnica de uma determinada cor e não de outra. Quando um costume se baseia em decisões arbitrárias, tem-se o direito de colocá-lo em questão; mas quando ele encontra apoio em leis universais, a situação é outra.

"Tomemos um exemplo simples e bem conhecido: em numerosas religiões em todo o mundo, embora mais particularmente na religião cristã, o gesto da prece é feito com as mãos juntas. Atitude convencional, diriam vocês. Pois bem, de maneira nenhuma: o fato de se juntar as mãos desencadeia no corpo humano um fenômeno físico. Ele concentra no corpo toda a energia que este produz. A mão direita tem uma polaridade negativa e a esquerda uma polaridade positiva*. Quando se juntam as duas mãos, se estabelece um circuito fechado; não há mais nenhum desperdício. É estabelecida uma corrente contínua do lado esquerdo para o lado direito, e tudo isso resulta num aumento da força física e num poder de concentração muito superior. O ideal seria juntar as mãos e também os pés. O corpo funciona como um acumulador e um distribuidor de energia. Conhecer bem seu funcionamento é ter a possibilidade de multiplicar a sua potência.

"A Cristandade, que ignora tanto as outras religiões como a sua, acaso sabe que o ato de juntar as mãos num propósito de concentração religiosa era conhecido dos sumerianos? Talvez se objete que as mãos não se encontram na mesma posição; isso não tem nenhuma importância, pois o princípio é idêntico. Há na Terra notadamente uma estátua muito bela de um príncipe sumeriano chamado Goudéa onde o gesto ritual das mãos é muito claro.

"Eu lhe dizia que a cor das vestes do sacerdote é importante.

---

* Na realidade sutil do corpo.

Correndo o risco de me repetir, direi novamente que tudo no universo é vibração, tanto a cor como todo o restante. É preciso mesmo ver mais longe: uma cor é uma vibração que, ela mesma, emite vibrações. A ciência moderna se deu conta disso há não muito tempo. Considera-se que algumas cores são repousantes para a visão, ao passo que outras a agridem. A verdade é que toda cor emite o que se poderia chamar de uma mensagem. Essa mensagem tem um poder de condicionamento: todo tipo de vibração — e existem tantas vibrações quantas são as cores — atua sobre o corpo e a mente humanos: isso diz respeito ao papel privilegiado que a visão desempenha.

"Não considero a visão como um sentido material propriamente dito, pois o olho é o único órgão que só percebe a parte imaterial das coisas: luz e cores. Os outros sentidos participam do material, como o paladar ou o tato, ou então, ao mesmo tempo, do material e do sutil, como o olfato, que absorve o ar, substância material, e na mesma ocasião percebe os odores, substâncias imateriais. O taoísmo tem muito a nos ensinar sobre esse ponto."

— E a segunda mensagem veiculada pela cor, de que natureza ela é?

— De uma natureza totalmente diferente: ela é simbólica. Por diversas razões, os povos da Terra carregaram as cores de significações. Isso, freqüentemente, foi feito por motivos de prudência: o que se queria é que certas coisas só fossem reveladas a privilegiados. No entanto, você poderá notar que o simbolismo raramente tem um caráter subjetivo; na maioria das vezes, se uma cor tem essa significação, é porque as vibrações que dela se desprendem falaram disso ao espírito humano. É evidente que sempre existem exceções!

— É exatamente por isso que Krishna, na Índia, e Amon-Rá, no Egito antigo, foram com freqüência representados com um corpo azul?

— Sim, você tem razão, embora seja grande a diferença no que se refere às 'personalidades' das duas divindades e à sua origem.

"De um ponto de vista puramente vibratório, o azul sempre foi sentido, com o dourado e o alaranjado, como a cor do espiritual. Do ponto de vista simbólico, essa escolha também pode ser explicada facilmente: o azul é a cor do céu, do etéreo; por isso, o azul se impôs naturalmente aos artistas como sendo uma das cores da Divindade.

Uma leve brisa se levantou e agitou o topo das árvores gigantescas que nos dominavam com toda a sua majestade.

— Jamais pensei que pudesse haver vento num lugar tão paradisíaco! É estranho!

— Mas por que não haveria? — disse o meu guia com um ar divertido. — É a natureza toda que você encontra neste universo... Ou melhor, quase! Dizemos que é a natureza que sorri para o homem. Essa leve brisa não é agradável? A natureza é vida, é movimento. Você não acharia triste se nenhum sopro benéfico viesse acariciar essas folhagens? Desse modo, agrada a todos os habitantes deste mundo ver, de tempos em tempos, uma leve brisa agitar o topo destas árvores sem idade.

"Uma tempestade, um temporal, um furacão, o mais terrível dos tufões são, em teoria, passíveis de ocorrer aqui, mas isso jamais acontecerá, pois todas as almas que vivem neste lugar estão em harmonia e só querem o que é tranqüilo. Eis por que, nos reinos superiores do plano astral, você conhecerá apenas o belo e o bom."

— No nosso último encontro, estávamos no reino das almas dos mortos; lá as coisas se passam da mesma maneira?

— De um modo geral, sim, mas também há diferenças. A alma humana é naturalmente atraída para o belo, o doce. Como você viu, nós caminhamos por lugares encantadores, pois eles eram pensados por todas as almas que viviam lá. Poderíamos dizer, em termos técnicos, que todas essas almas vibravam com a mesma freqüência. Portanto, elas se reuniram espontaneamente num mesmo plano astral, correspondente a essa freqüência. São elas que, de certa maneira, criam o plano em questão.

— Sim, acho que compreendo o que você quer dizer. Há tantos planos no universo astral quanto possa haver de vibrações emitidas pelas almas dos mortos!

— Exatamente. Dessa maneira, dois seres que não estão em harmonia não podem se encontrar neste mundo. Você jamais verá guerras nem simples disputas; a alma desfruta um perfeito repouso, ao mesmo tempo que tem a possibilidade, se quiser, de aperfeiçoar seus conhecimentos num domínio particular. As almas recém-nascidas para esta vida anseiam, muito naturalmente, por repousar das fadigas e das aflições de sua existência terrestre. Porém, bem depressa, vendo satisfeitos seus menores anseios, elas conhecem uma espécie de tédio e então querem adquirir conhecimentos, aperfeiçoar-se e preparar de alguma maneira sua vida futura. Alguns pretenderam que a vida astral era unicamente passiva. Isso é inteiramente falso. Um corpo astral — ou uma alma, se você preferir — pode ter muitas coisas para fazer. Mas essas coisas, como eu o fiz compreender, se fazem naturalmente e sem dificuldade, pois a alma deve sair mais fortalecida do mundo astral, menos cansada do que quando entrou.

— Se os seres que estão em harmonia — e, portanto, que se entendem e se apreciam — vivem no mesmo plano astral, os parentes e os amigos se encontram depois da morte...

— Sim, com certeza, mas é preciso ainda que esses seres se entendam realmente; o acordo não deve ser superficial. Se dois seres simplesmente se entendem, não serão suas almas que se encontrarão, mas a idéia que cada alma faz da outra.

"Apenas um sentimento forte e laços muito fortes permitem um contato real entre as almas. Talvez agora você comece a ver qual é a organização da vida astral.

Sinto-me muito grato ao meu amigo por toda a paciência de que deu provas.

— No entanto, não pense que eu disse tudo! O universo é feito de tal maneira que resta sempre alguma coisa a aprender. Porém, reflita um pouco: você não tem uma pergunta para me fazer?... Não?... Isso me espanta... Você não se lembra de uma certa experiência?

Contra a minha vontade, eu me pus a rir; decididamente, era impossível esconder dele o que quer que fosse!

— Sim, você tem razão — digo um pouco embaraçado. — Creio que minhas idéias ainda não estão muito claras a respeito de um ponto em particular.

"Fiz, um dia, uma experiência que eu não gostaria de repetir e que jamais desejaria que alguém fizesse ou, melhor, sofresse. Eu mal me separara do meu corpo físico quando me vi projetado num universo absolutamente apavorante. Eu me vi flutuando numa espécie de massa líquida e acinzentada, enquanto criaturas monstruosas se atiravam sobre mim de todos os lados. Como descrever esses seres saídos do pesadelo mais sórdido? Dir-se-ia que eram órgãos de corpos físicos em putrefação, dotados de olhos malévolos, de maxilares e mandíbulas agressivas.

"Outros pareciam uma mistura de vários animais, gatos com cabeça de porco, répteis com cabeça de pássaro. Outros, ainda, não se assemelhavam a nada; eram massas ectoplásmicas, dotadas de movimentos de uma violência espantosa. Gritos horríveis emanavam de todas as partes, enquanto essas criaturas repugnantes se precipitavam sobre mim com um estertor medonho, semelhante ao de mil seres sendo massacrados. Ao cabo de alguns segundos, que me pareceram intermináveis, vi a mim mesmo projetado no meu corpo físico, atormentado por uma forte enxaqueca."

— Eis o que eu queria que dissesse! Pois bem, você pode atribuir tudo isso ao medo.

— Não preciso de nenhum esforço para acreditar em você. Durante os poucos minutos que se seguem ao abandono do corpo físico, o principiante fica com medo, pois as sensações são extremamente desconcertantes; elas nada têm em comum com o que conheciam até então. Suponho que o medo diminuiu o ritmo das vibrações do meu corpo astral e precipitou-me num mundo cuja existência eu ignorava.

— Vejo que você compreendeu perfeitamente. Você acaba de abordar o problema da última camada do plano astral. Como você supôs, há no mundo do astral um 'lugar' caracterizado pela baixíssima freqüência de suas vibrações; você encontrou aí criaturas monstruosas, mas também poderia ver muitos outros seres mais próximos do Éter. Alguns deles levam o nome de 'elementais'. São as projeções astrais das forças da natureza e, mais particularmente, dos quatro elementos fundamentais que a constituem: a terra, a água, o fogo e o ar. Foi-lhes dado um nome, e são eles que povoam os contos de fadas: duendes, ondinas, dríades, elfos. Em si mesmos, não estão orientados para o bem ou para o mal. São caracterizados, antes de mais nada, por sua docilidade para com a vontade que sabe dominá-los. Posso afirmar-lhe que eles agem apenas segundo dois critérios: a devoção ou o medo. Eles circulam incessantemente pelo Éter do astral inferior, que está em contato imediato com o plano físico.

"Feiticeiros e magos entram em contato com eles por meio de rituais apropriados e podem, se tiverem força suficiente, obter serviços sobre os quais assentarão seu poder e seu renome na Terra.

"Pense nos feiticeiros da América do Norte que faziam chover. Isso não é uma lenda; eles conheciam o manejo das forças da natureza que são os elementais. Na civilização celta, os druidas também tinham conhecimentos aprofundados sobre o assunto. Você já leu as lendas da Távola Redonda? Elas falam da floresta de Brocelianda e de sua fonte mágica. Bastava espargir um pouco de água dessa fonte para que logo se desencadeasse uma tremenda tempestade. A floresta de Brocelianda ainda existe, ela simplesmente mudou seu nome para o de floresta de Paimpont. Ainda se pode ver a famosa fonte, a fonte de Barenton. O que sem dúvida você ignora é que ainda existem colégios de Druidas, e que eles realizam nesse lugar, em certas ocasiões, a cerimônia que desencadeia os elementos.

"Nada há de realmente secreto em tudo isso, mas apenas o conhecimento de certas leis que presidem à organização da natureza. No entanto, pobre daquele que não tem bastante força interior nem bastante saber para dominar os elementais. As forças que ele desencadeia se voltam contra ele; é o famoso 'ricochete' de que se fala nos tratados de magia. É a história simples, mas terrivelmente verdadeira, do *Aprendiz de Feiticeiro*... Às vezes, as experiências de faquirismo referem-se a esse domínio.

"Ocorre que certas civilizações sentem a existência de um elemental a ponto de divinizá-lo. Você pode tomar o exemplo de um demônio assírio, Pazuzu, que era venerado e temido como príncipe dos maus espíritos do ar."

— Contaram-me que um faquir que se exibia em feiras por algumas rúpias podia, em alguns instantes, produzir, a partir de uma simples semente, um arbusto com frutos.

— Sim, este exemplo ilustra o que eu acabo de dizer. De uma maneira geral, não se pode jamais manter relações com o astral inferior, os riscos são muito grandes para quem não atingiu um alto desenvolvimento espiritual. Aliás, as coisas mais maravilhosas não estão situadas nesse nível. O verdadeiro poder pertence ao domínio do Espírito, e não tem nada que ver com a matéria. Não dê muita importância ao domínio da magia. O povo tibetano, por exemplo, compreendeu isso muito bem. Para ele, um mago não é um homem particularmente religioso. É simplesmente considerado como um ser que sabe utilizar à vontade as leis que regulam o paralelismo das potências cósmicas e das forças psíquicas. O espírito religioso daquele que pratica a magia é, em última análise, a única coisa importante que diferencia a magia branca da magia negra, pois ambas se baseiam no mesmo princípio. Veja bem: os poderes ocultos são semelhantes aos poderes dados pela ciência; não são bons nem maus em si mesmos, tudo depende do uso que se faz deles.

"Ainda uma última palavra sobre o astral inferior, pois, decididamente, ele tem muitos habitantes!

"Você teria podido encontrar aí entidades dotadas de consciência, o que os antigos gregos ou romanos chamavam de Sombras. São os corpos astrais dos seres que acabam de morrer e que passam de um plano para o outro de maneira muito lenta, por falta de elevação espiritual suficiente; são também os últimos reflexos físicos* dos corpos que já vivem no astral.

---

* O Corpo Etérico.

"É aí que está a origem dos 'fantasmas'.

"O que chamamos de 'fantasmas' são os espíritos inferiores dos espíritas; são, num certo sentido, as carcaças físicas dos corpos astrais.

"Eles se dissolvem com o tempo na corrente da luz astral.

"Porém, já falamos bastante sobre as Sombras. Venha, siga-me, pois você e eu estamos aqui no plano astral superior e seria uma pena não aproveitar dele! Você não pensa assim?"

— E como poderia não pensar?

Eu me esforçava para seguir o meu amigo, que me abria caminho por entre fetos gigantes.

Flores gigantescas se levantavam aqui e ali, num raio de luz dourada. Eu não saberia dar-lhes um nome. Pela forma de suas pétalas, são semelhantes às flores da Terra, mas que tamanho, que brilho! São rosas, violetas, lírios, orquídeas, transcendentes, resplandecendo com uma luz e com uma vida eternas. Eu tinha a impressão de que elas nos saudavam e sorriam para nós ao passar por elas.

A paisagem se metamorfoseou pouco a pouco numa selva extraordinária. Tudo era fora de medida; tamanhos, formas e cores ultrapassavam a imaginação. Eu nada mais tinha a fazer exceto calar-me e aspirar intensamente o perfume que se desprendia daquela natureza encantadora.

Meu amigo, o ser de rosto alongado, se deteve. Com as costas da mão, levantou um emaranhado de cipós e flores.

— Olhe!...

Um resplandecente cimo coberto de neve dominava a lonjura.

— Eu lhe disse que existem entidades que presidem tudo quanto ocorre no plano astral... É aí, entre outros lugares, aos pés dessa montanha, que elas costumam se reunir.

"São entidades psíquicas. Elas são compostas de seres superiores que viveram nos períodos passados da humanidade.

"É por sua própria iniciativa que elas estão aqui e realizam esse trabalho. Os Anciãos dão-lhes o nome de *manes*."

— Você faz parte delas?

— Oh! Meu caso é ainda um pouco diferente.
"Eu jamais vivi fisicamente na Terra; tive uma existência material num planeta muito afastado do seu.
"Por ocasião da minha última encarnação, participei do que você poderia chamar de colonização da Terra, como conselheiro em questões religiosas. Mais tarde, voltaremos a falar a respeito dessa época...
"Ao chegar definitivamente ao plano sutil, pareceu-me lógico prosseguir o meu trabalho. Desse modo, eu me ocupo sempre da Terra e da sua evolução espiritual.
"Venho periodicamente até os pés desta montanha com meus numerosos amigos. Tentamos resolver os problemas que se apresentam.
"Servimos igualmente de ajuda para entidades muito elevadas do mundo espiritual, que têm uma visão muito mais global do cosmos e que trabalham para o plano divino."
— É extraordinário! Num certo sentido, o governo do mundo astral está situado aqui.
— Se você quiser, embora as reuniões também ocorram em outros lugares; mas 'governo' não é o termo apropriado.
"Não existe aqui, propriamente falando, hierarquia. Todas as entidades que dirigem o astral superior são iguais entre si; apenas a grande sabedoria de um pode prevalecer sobre a opinião de outro. Não é aqui que você encontrará partidos políticos!
"A criação de estabelecimentos como aquele que você admirou no astral médio, o reino dos mortos, é decidida por esse conselho. A organização de hospitais também é feita a partir daí."
— Então, existem hospitais no plano astral?
— Sim, sim. Uma pessoa que acaba de morrer pode ter necessidade de uma espécie de cura de sono astral para começar sua nova vida em condições felizes. Por fim, há drogados que, por terem provocado desdobramentos de maneira artificial, têm com frequência o corpo astral em péssimo estado.
"Temos entidades especializadas nesse domínio; são geralmente antigos médicos que exerceram sua profissão na Terra. A práti-

ca da medicina no astral médio permite que eles aprofundem seus conhecimentos. O corpo astral, veja bem, é o duplo exato do corpo físico; ele constitui, totalmente, uma realidade orgânica e, da mesma maneira, tem órgãos 'físicos', centros nervosos.

"Na Terra, alguns raros agentes de cura, por meio do que eles chamam de fluido, têm a possibilidade de atuar sobre o corpo astral. Tentamos, há alguns anos, uma experiência com um médium inglês. Enquanto ele se encontra em estado de transe profundo, um dos nossos médicos se projeta através dele e cuida dos doentes por meio dos seus corpos astrais*.

"Essa experiência apresentou um bom número de dificuldades, mas estamos contentes por tê-la tentado.

"Já que falamos do corpo físico, você sabia que há órgãos em correspondência direta com o corpo astral?

"São todos os órgãos da respiração e aqueles que lhes são diretamente complementares: os dos sistemas respiratório e circulatório.

"Nada de mais normal, pois eles veiculam no organismo o ar absorvido pelos pulmões. Devido a esse fato, o sangue tem uma particularidade que não se deve negligenciar. Ele veicula o que se poderia chamar de alma sensitiva, e é ela que é a base de todas as funções orgânicas. Situa-se aí a origem de todas as recomendações bíblicas relativas ao sangue. E situa-se aí também o erro de certos grupos religiosos que recusam a transfusão de sangue sob o pretexto de que o sangue é a sede da alma. Eis um exemplo de onde pode levar uma má interpretação dos textos. O sangue encerra de fato uma alma, mas esta é apenas o reflexo terrestre da alma real, que, é o corpo astral."

— Não era essa a opinião dos alquimistas?

— Sim, e é também a de todo iniciado. No entanto, compreenda bem que essa não é uma simples opinião, é um fato que resulta

---

* Ver *Il nous guérit avec ses mains*, que apareceu posteriormente nas Éditions Arista.

de um conhecimento profundo das leis que unem entre eles os diferentes corpos humanos.

"Há dezenas, e até mesmo centenas de milhares de anos que, sobre a Terra, certos seres privilegiados sabem que o homem é globalmente constituído de três corpos, e que cada um desses três corpos, ou princípios, traz em si o reflexo ou a projeção dos outros corpos.

"Desse modo, num corpo físico, uma parte dele diz respeito a esse próprio corpo físico: o abdômen.

"Uma outra parte dele diz respeito ao corpo astral: o peito.

"A última, ao corpo espiritual: a cabeça.

"Eu lhe dizia, há alguns instantes, que os órgãos da respiração estavam em relação direta com o corpo astral.

"À luz disso, você compreende agora por que a disciplina hinduísta da ioga dá tanta importância à respiração e às técnicas respiratórias. O controle da respiração permite que o corpo físico ultrapasse a si mesmo por meio da metamorfose progressiva do seu ritmo vibratório, e, a longo prazo, por meio da modificação de sua estrutura atômica. A respiração, que proporciona o domínio do físico, permite igualmente uma fusão com o astral e o espiritual. O termo 'ioga' designa a união de todo o ser subjetivo com a potência suprema. A luz astral que impregna o universo é o suporte dos grãos de vida de que já lhe falei; os hebreus a chamam de *od*, e é ela o suporte da energia nervosa, do sopro realmente vital que penetra em nossos pulmões por intermédio do ar que absorvemos.

"É ela que reúne o universo mental ao universo material. Os hinduístas dão um nome ao sopro vital que ela transporta; muitos o conhecem sem saber ao certo o que ele significa: é o *prana*."

— Sim, mas você não acha que a própria palavra 'ioga' presta-se à confusão?

— É verdade, você tem razão; os ocidentais, principalmente, vêem na ioga apenas uma espécie de ginástica; isso vem do fato de conhecerem apenas um dos numerosos aspectos da ioga, aquele que tem o nome de *hatha*.

"Essa é a forma menos elevada de ioga, mas também é a que é

desejável ter antes de se empenhar no estudo das outras, as que dão ao *prana* toda a sua potência. Mas agora, siga-me; é preciso que eu lhe mostre uma coisa, um lugar que você jamais esquecerá na vida."

— Vamos até o lugar onde estão reunidas as altas entidades astrais?

— Oh, não, em absoluto. Aliás, você não seria admitido. Algumas das grandes decisões que dizem respeito à aplicação do Plano divino na Terra são tomadas aí; além disso, nenhum ser vivo que habita um corpo carnal pode penetrar nesse recinto.

"As entidades do astral superior que fazem parte desse tipo de conselho estabeleceram o que se chama uma barreira astral em torno de lugares semelhantes àquele. Trata-se de uma barreira que não existe fisicamente; ela se resume numa série de ondas de um certo tipo, emitidas por seres ansiosos por permanecer em segredo. Essas ondas repelem, de alguma maneira, os corpos estranhos àqueles que as emitiram, e desencadeiam na entidade astral muito curiosa uma impossibilidade total de se dirigir ao domínio recluso, mesmo por meio de teleportação."

Tive a sensação muito nítida de estar vivendo um conto de fadas. O que eu fazia lá, eu que ainda estava arraigado na Terra, no meio desses seres estranhos e vindos de algum "outro lugar"?

No entanto, eu seguia sempre o meu amigo, que se insinuava na selva astral como se conhecesse cada cipó, cada folha, cada flor. Ele se desloca com tanta facilidade que seus pés pareciam não tocar a terra. Sua roupa, muito fluida, parecia às vezes constituir um só corpo com ele e com a vegetação. Lá, ele estava em sua casa, e isso era fácil de perceber.

Sinto-me preenchido por uma imensa gratidão para com ele. Não teria ele reduzido o nível de suas vibrações a fim de guiar-me no astral médio? Devido a isso, ele não se aproximou do mundo da matéria, ao qual não pertence mais de maneira visível?

Ele se voltou subitamente e colocou sobre mim seu olhar muito doce, dizendo:

"Eu sei, eu o compreendi, e você também me compreendeu."

Ele me dissera um dia que é difícil para um ser sutil deixar, mesmo que seja por momentos, o plano com o qual ele está em harmonia, por um outro plano que lhe é inferior; o universo astral é apenas um grau diferente da matéria. Eis porque seus habitantes devem olhar o menos possível para a direção em que ela é menos pura, a Terra.

Deve-se ter apenas um propósito: o Espírito, pois ele é a emanação direta do pensamento do Criador de todas as coisas.

Naquele dia, meu amigo prosseguiu com estas palavras:

"Jamais se junte a um círculo espírita; na maioria das vezes, são as baixas camadas do astral que se manifestam por intermédio dos médiuns. Porém, se acontecer de se estabelecer um contato, à força de insistência, com o reino dos mortos, é preciso lamentar a entidade que responde ao apelo e que não se desprendeu do ciclo da matéria.*

"Para que atraí-la para a Terra?

"Há uma coisa mais cruel do que lembrar-lhe de que ela ainda tem filhos, amigos? Por que forçá-la a inclinar a cabeça para baixo enquanto que Deus a incita a levantá-la?

"O homem é uma árvore, seus pés ou raízes o mantêm sobre o solo, enquanto sua folhagem ou sua cabeça contempla a abóbada celeste; se lhe ocorrer de ele se esquecer desse apego, por que lembrá-lo disso?"

— Eis aí, chegamos!

A exclamação do meu guia tirou-me dos meus devaneios. Ladeada por cinco ou seis árvores, que eu tomei por baobás, uma semi-esfera de dimensões imponentes surgiu bem no meio da floresta virgem.

— É fantástico! O que é?

— Oh, digamos que você chamaria isto de... um museu!

— Um museu, aqui, para quê?

— É toda uma história... toda uma parte da história dos homens que é conservada aqui. Entremos!

---

* Esta reflexão aplica-se aos espíritas não-espiritualistas.

Meu guia fez um gesto particular com a mão direita: seu polegar e seu indicador se uniram de modo a formar um círculo. Enquanto os outros dedos se mantinham dobrados na palma da mão, o dedo mínimo indicava o céu.

Um profundo silêncio encheu de repente toda a floresta. Pareceu que cada planta, cada árvore reteve a respiração e concentrou a atenção no gesto que acabava de ser feito e cujo valor creio compreender.

Penetramos num lugar que meu amigo acha que é sagrado, um lugar que resume milênios de história.

Pelo sinal que acabava de ser feito com a mão, as entidades do mundo espiritual nos deram sua bênção. Ele simboliza o princípio único (o dedo mínimo levantado) e o ciclo eterno (o círculo do polegar e do indicador).

Com uma doçura infinita, uma parte da parede da imensa esfera se diluiu.

Por uma abertura arredondada, da altura de um homem, um deslumbrante clarão branco nos atingiu no rosto. Um entorpecimento se apossou do meu corpo e, sem que minha vontade tivesse de intervir, pus-me a seguir o meu guia. A luz ofuscante penetrou em cada um dos meus poros e pareceu trazer-me um alimento de vida. Ao transpor o limiar da estranha construção, meus olhos começaram bruscamente a ver com uma precisão espantosa.

Teria se erguido um véu que obstruía o meu olhar? Teria sido expulsa a bruma que envolvia o meu espírito? Não sei!

Uma imensa sala circular se abriu diante de mim e fiquei maravilhado.

Centenas de seres nas posições as mais extraordinárias olhavam para nós. Estavam, ao mesmo tempo, congelados numa imobilidade e numa frieza de mármore, e dotados de uma vida surpreendente, como se uma seiva divina corresse pelos seus membros.

Sem compreender a razão disso, tive a sensação de que alguns dentre eles me eram familiares.

— Este é um dos lugares mais belos e mais sagrados que você

pode ver sem possuir a verdadeira roupa de luz fornecida pelo Espírito.

"Sua criação remonta há muito tempo... Bem mais do que você poderia imaginar. Este lugar resume todos os esforços que foram empreendidos pelos universos do Espírito e da Alma para instaurar na Terra o reino da Paz.

"Você vê aqui as representações, sob a forma de estátuas, de todas as altas entidades que se dirigiram até o mundo da matéria terrestre para propagar o Amor cósmico proveniente do grande Criador do infinito.

"Desde a aurora dos tempos terrestres, seres foram enviados em missão entre os homens com o propósito de fazê-los conhecer e amar a Deus."

— É para honrá-los que foram erguidas estas magníficas estátuas?

— Oh, não — disse o meu amigo com uma voz muito calma e muito lenta. — Não se pode prestar homenagem a esses seres pelo fato exclusivo de esculpir-lhes a efígie; não se trata de ídolos esculpidos para serem adorados.

"Este museu tem por objetivo o estudo do desenvolvimento das religiões na Terra. São muitos os que se encarnam na Terra com uma missão espiritual e que permanecem aqui por algum tempo.

"Todo o simbolismo das religiões da Terra está reunido, concentrado neste lugar, que, muito antes de ser um museu, é um lugar de estudo.

"Seria uma pena não ser mais que um espectador.

"É preciso olhar, certamente, mas sabendo compreender. Receber, não para guardar, mas para dar. Os homens ainda têm muito trabalho a fazer no que se refere à origem, ao desenvolvimento e aos desvios de suas crenças, de suas religiões.

"Este é um problema crucial, pois detém a chave das origens e das civilizações.

"O mundo tem necessidade de pesquisadores que estejam, ao mesmo tempo, apaixonados pelo Ser único. Santo Agostinho, um dos Padres da Igreja cristã, disse palavras muito belas, que deveriam estar no coração de todo homem de boa vontade:

"'Procuremos como aqueles que devem encontrar e encontremos como aqueles que devem continuar procurando.'

"Passeie por este lugar tanto quanto lhe agrade e quanto lhe permitam suas forças; você compreenderá o quanto ele é rico em ensinamentos."

Não havia, propriamente falando, corredores naquele estranho museu; as estátuas estavam instaladas aqui e ali, mas com muito gosto e harmonia.

— Elas pertencem a todos os povos, a todas as raças da Terra. Você verá algumas de origem egípcia, hinduísta, inca, celta, cristã, taoísta, budista. Outras nada lhe dirão, pois remontam à época antediluviana. Não creia que estas sejam estátuas primitivas, muito ao contrário, elas lhe parecerão talvez mais belas que as outras.

"O Dilúvio de fato ocorreu na Terra. Ele aniquilou a civilização mais elaborada e mais aperfeiçoada que o homem já produziu. O Dilúvio não foi, como afirmaram pomposamente certos universitários, uma inundação catastrófica do Tigre e do Eufrates que extravasaram de seus leitos.

"Para que você estude as relações das civilizações e das religiões entre si, eu o farei vir muitas vezes até este lugar. Você não deve fazer um trabalho de erudito, mas um trabalho de síntese e de vulgarização.

"Nesses estudos, o homem adquiriu o hábito deplorável de fragmentar tudo, de se especializar, para utilizar o termo consagrado. Isso apresenta mais inconvenientes do que vantagens. Apenas uma visão global e sintética dos fenômenos pode fornecer as chaves da verdadeira compreensão. Não se esqueça jamais disso.

"Você procurará a história do homem por trás da dos símbolos. Vejo daqui os inimigos que fará se você agir dessa maneira. Toda uma geração de homens que sofreram a influência dos psicanalistas criticará você violentamente.

"Eu não diria que Freud e seus discípulos fizeram um trabalho nefasto, pelo contrário. Quero dizer que realizaram uma obra que era válida no seu tempo. Eles fizeram com que se dessem grandes passos no estudo do homem numa certa época, mas agora o pensamento deles deve ser totalmente ultrapassado sob pena de se tornar contrário à evolução.

"Toda descoberta, seja ela filosófica, científica ou outra, só pode ser considerada como um estágio na história do homem, e não como uma descoberta *da* verdade. O homem tem necessidade de certas crenças, de certas teorias, mesmo que estas o mergulhem no erro por algum tempo. Um erro corresponde a um grau na busca da verdade. Um erro pode ser desejável se atrai a atenção sobre um fato determinado. É o que acontece com a psicanálise. Os psicanalistas puseram em evidência a existência de um 'ego', de um 'superego', de um 'inconsciente' e de um 'subconsciente'. Eles usam esses termos de maneira caótica, pois não sabem a que eles correspondem exatamente. Eles acreditam ter desmontado os mecanismos do comportamento humano, mas se afastam da verdade porque pensam que a têm na ponta dos dedos. No entanto, eles terão sido úteis por ter atraído a atenção para certas idéias.

"Como eles, mas sob uma outra ótica, é preciso estudar os símbolos, pois estes formam uma cadeia ininterrupta até os tempos antigos.

"No entanto, veja bem, antes de abordar todas essas questões, há uma noção que devemos examinar a fundo: a noção da reencarnação.

"Ela encerra uma das chaves do conhecimento."

E, sob o olhar benevolente de um Osíris de pedra azul, passou a narrar-me uma história.

A mais bela história de amor: a de Deus por todos os seres vivos.

Capítulo 4

A Velha Túnica

"Todo o mundo, com certeza, conhece a história do pecado original. Não vou recordá-la. Alguns a acham absurda, outros crêem nela ingenuamente, outros ainda nem mesmo se propõem a questão de saber o que ela pode ser. Então, formulemos a pergunta:

"'O que é o famoso pecado original?'

"Você não acha injusta e completamente ridícula a história desse casal que, por ter cometido uma falta, estragou a vida de toda a sua descendência?"

"Então, deixemos um pouco de lado os catecismos e vamos olhar para o outro lado.

"Nem todas as religiões falam em pecado original. A maioria delas fala em queda. Você me dirá: 'Qual é a diferença?'

"Pois bem, ela parece mínima, mas tem a sua importância. A verdade é que queda e pecado original não estão no mesmo plano.

"A queda do homem, em geral, está diretamente ligada ao Cosmos; ao passo que o pecado original, tal como é descrito pela

Bíblia, fala sobre um fato preciso que ocorreu na Terra num momento preciso.

"A queda implica um movimento do alto para baixo, isto é, a partir de Deus em direção ao que não é Deus, da luz em direção às trevas, do mais em direção ao menos; isto é, o que era Espírito torna-se Matéria.

"Eis o ponto onde abordamos o sistema de funcionamento de todo o Cosmos.

"Para que aí houvesse vida, era preciso que houvesse movimento e, para que esse movimento fosse contínuo, foi preciso que se tratasse de um movimento oscilatório, ou circular.

"Um e o outro são verdadeiros no que se refere ao universo, embora as religiões tenham, mais freqüentemente, se servido do símbolo do círculo. A noção de Bem supõe a de Mal, a noção de positivo supõe a de negativo. Há desse modo, no universo, uma corrente cíclica que circula de uma tendência para outra, e vice-versa; é o motor universal e a fonte própria desse universo.

"O fluido em que circula essa energia, que vai de início do positivo para o negativo, é a luz astral.

"Se você for da Índia para a América Central passando pelos quatro cantos do mundo, você encontrará por toda parte o símbolo da serpente que morde a própria cauda. As velhas superstições ocidentais vão, certamente, associar de maneira automática a idéia do mal à da serpente. No entanto, não é nada disso; a serpente do jardim do Éden não é a dos simbolistas e a dos iniciados de todos os horizontes terrestres. Pode ser muitas coisas. Neste caso, simboliza a força universal cíclica em movimento. Sua cabeça, com a boca aberta, cria um vazio atraente; procurando perpetuamente devorar a cauda, forma plena e irradiante, ela arrasta o corpo num movimento sem fim. Os gregos, que muito fizeram pela simbólica, deram à serpente cósmica o nome de Ouroboros.

"Mas isso nos leva para bem longe do nosso propósito. Eu queria lhe dizer, com a ajuda desse exemplo, que há em todo o universo fases alternadas ascendentes e descendentes. A Criação do universo por Deus é uma exteriorização, uma objetivação do seu pensamento, isto é, uma concretização deste. Também é preciso saber que essa Criação é permanente; porém, cada pensamento emitido pelo Grande Arquiteto afasta-se dele num mesmo ato. Daí resulta a queda, que não é nem mais nem menos que a materialização daquilo que, em sua origem, era espiritual.

"Você vê que isso nada tem a ver com a idéia de pecado, mas que é um fenômeno totalmente natural. Um espírito fora das emanações diretas de Deus terá de fazer a aprendizagem da matéria para tomar consciência de sua verdadeira natureza e se reintegrar, enfim, ao lugar do seu nascimento. Apenas a vontade da qual todo ser vivo é dotado pode limitar as conseqüências da queda e mantê-la numa esfera espiritual. A vontade é uma das manifestações do Amor.

"A idéia do pecado original implica uma noção de escolha, aquela feita por um grupo de seres num dado momento, de se rebelar ou não contra o poder que lhes deu a vida. O pecado original também subentende a idéia de resgate, de purificação progressiva da matéria.

"Agora você entende a diferença?

"A queda existe em escala cósmica; ela é uma das duas energias que movem o motor cósmico; o pecado original existe na escala humana, conseqüência direta dessa queda.

"Porém, veja você, há um ponto essencial que reúne essas duas noções bastante abstratas: o de aperfeiçoamento. Um passo para diante é dado todas as vezes em que o caminho descendente atinge seu ponto extremo. Como eu já disse, uma coisa negativa traz sempre em si um fato positivo: uma lição. Certos homens compreenderam isso muito bem e expressaram essa idéia por meio do símbolo da espiral, que é um dos mais ricos em significação.

"A espiral encontra sua origem direta no círculo; ela representa apenas o desenvolvimento particular deste. Os celtas, por exemplo, para quem a serpente era um animal sagrado, deixaram por toda parte na Europa círculos concêntricos e espirais. Eles sabiam que, por extensão do seu sentido, a espiral é o emblema do saber.

"O cosmos, ou o universo inteiro, embora esteja submetido a

um movimento cíclico alternado ascendente e descendente, evolui segundo o esquema de uma espiral infinita; cada círculo é como que uma repetição do precedente, mas num grau superior, isto é, com uma experiência e, portanto, com um conhecimento suplementar.

"No outro lado do mundo, no Tibete, existe, desde uma época extremamente remota, uma ordem 'Maçônica do Himalaia' pela qual, especificamente, Alexandre o Grande ficou particularmente interessado.

"Os círculos concêntricos adquiriram lá uma grande importância. Eles equivalem à espiral e representam uma variante dela, resumindo todo o conhecimento. Creio que poderíamos multiplicar os exemplos ao infinito; eles povoaram o mundo antigo desde a ilha de Malta até Samarcanda. Eles pululam da América à Ásia e da Europa à África.

"A espiral tornou-se um puro símbolo místico do desenvolvimento espiritual.

"Você quer um exemplo preciso?

"Na Babilônia da época do grande legislador Hamurabi, o deus da Justiça e do Sol se chamava Shamash. Seu barrete era simplesmente uma espiral montada à maneira de um cone.

"Espíritos críticos dirão que há nisso um 'puro acaso', porém se enganam, pois conhecem mal ou pouco certos hábitos, e mesmo certas regras da arte antiga.

"No Ocidente, relegou-se durante muitos séculos a arte do símbolo, a tal ponto que um bom número de pessoas tem apenas uma idéia muito vaga do que ele representa e do seu alcance espiritual ou simplesmente intelectual.

"Por que se acredita que estátuas ostentem as cruzes mais variadas, círculos, triângulos ou quadrados, e que muros inteiros estejam cobertos por esses símbolos em todo o mundo?

"Os artistas não eram obcecados pela geometria!

"Dizemos, em vez disso, que eles falavam uma linguagem que poucos homens são capazes de compreender.

"'Mas o que a reencarnação tem a ver com tudo isso?', você me perguntaria.

"Não estamos longe dela; a máquina cósmica é o motor mais maravilhoso que poderia existir.

"O Grande Todo deixa eternamente aberta a todos e a tudo a possibilidade de um aperfeiçoamento.

"Para se afirmar e sair da boca da matéria, toda criatura viva se encarna e se reencarna até o momento em que atinge seu objetivo.

"No entanto, não confunda reencarnação com metempsicose.

"A metempsicose é uma deformação da idéia original de reencarnação; certos textos esotéricos lidos por não-iniciados de maneira literal semearam a confusão e deram nascimento ao erro. Um texto tão difícil de entender como o *Livro Tibetano dos Mortos* é propício à propagação desse erro entre os leitores não-advertidos. A reencarnação significa que o homem vai de corpo humano em corpo humano através das eras.

"A metempsicose postula que, segundo o valor dos seus atos, o homem pode se dirigir do seu corpo para o de um animal ou de um vegetal. Nada é mais falso que isso. Os reinos humano, animal, vegetal e mineral são muito diferentes, eles jamais se confundem; no máximo, combinam-se materialmente, dando vida uns aos outros para criar o que os homens chamaram de equilíbrio ecológico. No que se refere à Alma e ao Espírito, não pode, em caso algum, haver troca de um reino para o outro.

"Os escritos de Platão, dos quais certas passagens são puramente esotéricas, podem suscitar semelhantes erros. O discípulo de Sócrates falava para ouvidos que conheciam sua linguagem em imagens; ele estava perfeitamente ciente da realidade dos fatos.

"Você compreende por que, ainda hoje, certas seitas* budistas pregam a metempsicose?

"No entanto, não atiremos pedras em ninguém; não há nenhuma religião no mundo que não cometa erros.

"Quanto aos cristãos, eles, pura e simplesmente, suprimiram essa noção de suas crenças.

---

* Isto é, "Escolas".

"No entanto, os ensinamentos primitivos de Jesus Cristo incluíam a reencarnação. A Igreja de Roma, nos primeiros séculos da Era Cristã, e, em particular, no século VI, para firmar sua autoridade temporal, cometeu a grande falta de modificar, no sentido que lhe convinha, os textos sagrados. Crer na reencarnação equivale, no Ocidente, a passar por uma pessoa original ou, pelo menos, por um ingênuo; mas é verdade que se zomba do que não se compreende. Considere, por alguns instantes, a antigüidade greco-romana. Todas as épocas invejaram seus filósofos, seus pensadores, seus poetas.

"Ninguém ousou afirmar que eles eram espíritos inferiores, muito pelo contrário. Para citar apenas alguns, lancemos um olhar sobre as obras de Pitágoras, de Empédocles, de Plotino e de Platão: Todos, sem exceção, professavam a reencarnação; eles sabiam que ela representa o resultado de leis naturais bastante precisas.

"Da mesma maneira, eu poderia citar Apolônio de Tiana, e alguns dos chamados os primeiros Padres da Igreja Cristã: Clemente de Alexandria e Orígenes.

"Como você pode facilmente adivinhar, o corpo físico nada mais é que um envoltório que nos é emprestado. Esse envoltório deve ser considerado como tal; o que fazemos com uma velha túnica quando ela está gasta, feia e não nos protege mais? Nós a jogamos fora.

"O fenômeno da morte física pode ser comparado, em todos os pontos, com esse fato. O homem verdadeiro não está onde se crê que ele esteja. O ser humano aprende, ao longo das encarnações, a conhecer sua verdadeira natureza por meio de múltiplas experiências. Incansavelmente, ele se beneficiará da lei universal que reflete o Amor Divino, até que seja desembaraçado dos grilhões dos apetites terrestres.

"Aprender, procurar compreender com uma grande abertura do espírito e dedicar-se à quebra progressiva das cascas nas quais a Alma e o Espírito humano estão aprisionados, eis o que importa. Não se trata aqui de beatice ou de devoção cega a uma Igreja. O Amor de Deus e a via do Despertar estão situados em outra parte, simplesmente lá onde velam o Espírito e a chama eterna: no mais profundo de si mesmo.

"O Grande Ordenador do universo proveu o homem com uma potência infinita. Que ele saiba servir-se dela! Que ele pare de correr para o abismo e dirija seu olhar para as alturas!

"Há cem mil modos de subir até Deus, a começar por um simples sorriso. A esmola feita com gentileza vale mais que a moeda de ouro atirada com desdém. Que todo homem diga a si mesmo: 'Este pobre talvez tenha sido eu... talvez será eu.'

"Eis o que Cristo quis dizer quando pronunciou estas palavras:

"'Em verdade vos digo, os primeiros serão os últimos e os últimos serão os primeiros.'

"Não é esta uma alusão muito clara à lei da reencarnação ou ao que se chamou, em outras palavras, Roda da Fortuna?

"O que quer que façamos, você pode notar que voltamos sempre à imagem do círculo; o movimento que faz o homem perambular de túnica em túnica é um movimento cíclico. Todo ser passa por existências as mais diversas, as mais opostas. Estas podem ir do imperador ao mendigo leproso, para que o ser adquira a experiência que desenvolverá nele o Espírito Divino.

"São numerosas as pessoas que se perguntam: o que o homem faz na Terra? A resposta está aí, muito simplesmente: ele aprende, ou melhor, reaprende o que havia esquecido.

"O Grande Iniciado que foi Platão escreveu isso nestes termos: 'Aprender não é outra coisa senão lembrar-se' (*Fédon* 72b-73b).

"Não é preciso acreditar que a imagem da Roda da Fortuna seja tipicamente oriental. O crédito que atualmente se dá aos textos orientais em todo o Ocidente o levaria facilmente a pensar assim. No entanto, não é nada disso; a Roda da Fortuna ou o Karma, de acordo com o termo sânscrito, encontra seu equivalente na Europa. As catedrais trazem o testemunho disso em seus vitrais, em suas esculturas, notadamente em Amiens, em Verona, em Basiléia.

"Para citar um exemplo preciso, saiba que oito séculos atrás, na França, em Fécamp, um abade, para fazer com que os monges compreendessem as vicissitudes humanas, fez construir uma Roda da Fortuna acionada por um mecanismo; como exprimir melhor a instabilidade de todas as coisas?

"Os que viram nessas rodas medievais uma simples imagem das diferentes idades da vida cometeram um grave erro. A significação profunda do símbolo da roda era conhecida na Idade Média por alguns raros iniciados, como os mestres construtores de catedrais, que detinham a Tradição do mundo antigo mediterrâneo.

"Tudo o que acabo de lhe dizer poderia parecer uma breve exposição dirigida mais ao intelecto que a outra coisa, mas não se engane... Procurar aprender isso também significa comparar.

"O Ocidente não fez a história do mundo nem a do homem; aliás, não mais que o Oriente.

"A lei da complementaridade vai até aí. Procuremos em todos os povos parcelas da verdade. Os que forem bastante avançados nessa via não deixarão de notar que existe uma crença única que ultrapassa as fronteiras e os regimes políticos. É essa crença que, num dia relativamente próximo no nosso atual ciclo terrestre, deverá triunfar.

"Evidentemente, o problema da reencarnação levanta algumas questões, entre outras aquela de saber o que leva, no final das contas, uma alma a renascer no mundo da matéria.

"Será simplesmente um anseio de aperfeiçoamento?

"É efetivamente um anseio, mas um tipo de anseio que só pode encontrar a sua satisfação no universo físico.

"Um anseio muito forte cria uma vontade, essa vontade dá nascimento a uma força e a alimenta, e é por meio dessa última que se vê engendrada a matéria. É só o anseio que mantém a vida. Quando um corpo astral ou um ego — para usar um termo da psicanálise — perde um certo tipo de anseio, ele morre, pura e simplesmente, para o universo astral e para o ciclo das reencarnações.

"Os adeptos de todas as religiões chamam isso de segunda morte.

"A alma se vê então projetada no universo do Espírito, onde a espera uma outra vida mil vezes mais intensa, a menos que ela prefira trabalhar no plano astral ou mesmo na Terra a fim de vir em ajuda dos homens e de mostrar-lhes o caminho.

"São almas semelhantes que dão nascimento aos profetas ou aos Mahatmas dos hinduístas.

"O anseio intenso de reencarnação é chamado de Upadana.

"Tudo isso nos leva a este lugar extraordinário que você tem diante dos olhos.

"Esses seres, que você vê representados nas posições mais diversas, nos estilos mais opostos, são, todos eles, sem exceção, entidades que desceram na Terra por sua própria vontade.

"Os corpos desses seres, que foram divinizados, eram habitados por almas que completaram sua evolução terrestre ou, em casos um pouco mais raros, por almas que realizaram sua união com o Espírito, isto é, que passaram pela prova da segunda morte.

"Não sendo mais deste mundo, esses 'náufragos voluntários', que foram os grandes fundadores das religiões, viram-se, na maioria dos casos, mal-aceitos pelos homens e cercados de ódio.

"Jesus Cristo nos oferece certamente o exemplo mais flagrante da ingratidão e da crueldade humanas. Na maior parte dos seus atos, o homem dá provas de inconseqüência. O ser carnal é sempre levado a destruir o que amou e a adorar o que destruiu.

"O amor humano assemelha-se a uma vela que queima pelas duas pontas. Raros são os seres em quem ela é constante; estes mesmos, sem o saber, fazem avançar o universo.

"Dante, que fora atingido por relâmpagos de iluminação, declarou de maneira magnífica:

"'O amor que move o sol e as outras estrelas...'

"O estudo atento dos textos sagrados e de certas iniciações traz a prova de que as altas entidades que se encarregaram de guiar os povos já se encarnaram numerosas vezes na Terra; elas formam uma Confraria de Luz*.

---

* Essa Confraria ou Fraternidade leva o nome de Shambhalla.

"Em todos os tempos, elas têm agido com um movimento combinado, respeitando os ciclos cósmicos e o desenvolvimento da vida na Terra a fim de estabelecer uma consonância perfeita com o Criador.

"Não é por acaso que um determinado profeta precedeu um outro; o trabalho do primeiro muitas vezes preparou o do segundo. Desse modo, João Batista abriu o caminho para Jesus. Estranho é o caminho adotado... As altas entidades sempre são reconhecidas de uma época para outra. Não se deve ficar surpreso com o fato de que certos faraós tenham se reencarnado na Grécia sob a forma de filósofos, e depois nos corpos de discípulos próximos de Cristo.

"Um estudo atento dos fatos nos mostra que uma grande religião jamais estabelece seus fundamentos sobre a areia, mas resulta de uma outra, mais antiga, ou mesmo de várias outras; sua resistência, em parte, depende disso.

"Estude o catarismo e você verá que ele mergulha suas raízes nos maniqueístas da Pérsia, os parses reformados que tinham conservado as bases do culto instaurado por Zoroastro.

"Não é surpreendente ver Mani — fundador que não é tão lendário quanto o pretendem os historiadores do movimento maniqueu — tentar estabelecer uma síntese entre o Buda Gautama da Índia, o grande Zoroastro do Oriente Médio e Jesus Cristo do Ocidente.

"Abramos os olhos e veremos que a sabedoria foi trazida à Terra de maneira contínua e seguindo uma linha perfeita de uma época para outra.

"As grandes religiões reveladas são como pontes que os enviados do Grande Todo estenderam entre os homens, entre os continentes, entre os mundos."

Capítulo 5

"O Sol em Pessoa com um Corpo Humano"

Meu guia se calou. Suas palavras de conhecimento e sabedoria não ressoavam mais no íntimo do meu ser.

Com medo de romper o silêncio que então se instalou, voltei o olhar para o alto da abóbada que nos abrigava e não vi nada exceto os ramos mais altos das árvores da selva. Tenho quase vergonha de confessar que não fiquei surpreso. E, no entanto, que prodígio pôde fazer com que a parede do edifício se tornasse progressivamente transparente?

Não havia mais museu, mas um enorme reservatório de sabedoria que testemunhava as ondas de Amor que foram derramadas sobre a terra. O que se passou diante de mim foi prodigioso; os muros desapareceram e a floresta toda passou a servir de abrigo às divindades de ouro e de pedra.

— Você sabe que é uma ilusão!... As paredes estão lá, inteiras. Fiz com que elas se tornassem invisíveis para que você pudesse desfrutar a alegria deste momento.

"Você conhece um prazer estético maior do que este?

"O mais belo museu na mais rica natureza que existe. Bastou-me querer isso; você também poderia fazê-lo. Eu lhe disse que a vontade é capaz de criar a matéria por meio de uma série de reações em cadeia, mas é ainda mais simples para ela mudar a estrutura atômica dessa matéria."

— Sim, compreendo, tudo isso faz sentido. Lembra-me a lenda do anel que torna invisível aquele que o usa, lenda que se encontra em numerosos textos medievais; o simples fato de girar o anel bastava para tornar invisível aos olhos de seus perseguidores aquele que o usava.

— Você tem razão ao me falar disso, pois não é uma lenda.

"Esses anéis existiam nas grandes civilizações que foram aniquiladas pelo Dilúvio, isto é, na Atlântida, no antigo continente indiano e no Egito, antes que recebesse seu nome atual. Os druidas tinham objetos semelhantes, assim como os brâmanes.

"Mas um anel nada mais é que um objeto, isto é, uma coisa perecível. A tecnologia soube tirar partido dos poderes do espírito, estudando de maneira minuciosa uma ação particular deste sobre um corpo físico. Quando a ciência das civilizações antediluvianas conseguiu resultados semelhantes, seus dias estavam contados.

"Um poder de natureza oculta, posto ao alcance de todos, só pode representar um grave perigo. As forças espirituais ou baseadas no espírito são uma faca de dois gumes. Quando seres maus se apropriam da direção das Forças ocultas, pode-se esperar o pior.

"Foi o que aconteceu com os povos atingidos pelo Dilúvio."

Embora continuasse ouvindo o meu amigo com atenção, não me contive e continuei passeando em meio às surpreendentes estátuas das altas entidades divinizadas, durante um certo tempo, na Terra. Eu não sabia para onde voltar a cabeça: Para a direita? Para a esquerda? Havia acaso uma ordem lógica a ser seguida?

Como que para responder à minha pergunta, meu guia disse:

— Siga-me. Lá embaixo há uma estátua que você ainda não viu e que talvez seja a mais extraordinária. Foi feita de ouro puro, de ouro alquímico, pelo espírito do artista que mais tarde criou a máscara mortuária do faraó Tutancâmon.

"O original — pois todas essas estátuas nada mais são que duplos projetados astralmente — existe ainda na Terra, numa cripta que repousa há mais de dez mil anos sob o oceano Atlântico, num lugar ao longo da costa da América."

De repente, vi-me diante de uma obra-prima de beleza inesquecível.

Como descrever uma tal visão?

Um corpo seminu estava sentado majestosamente sobre um trono de linhas muito puras; não havia rosto, mas qualquer coisa de extraordinário em seu lugar... um sol, um enorme sol brilhante de energia, irradiando uma força inesgotável. Essa divindade era o sol em pessoa com um corpo humano.

Ela só podia ser a obra de um artista muito bom. Jamais vira qualquer coisa semelhante; uma impressão, ao mesmo tempo, de força e de delicadeza, uma mescla de arte hinduísta e de arte egípcia, uma enorme força simbólica.

Os pés do deus estavam ligeiramente cruzados, com emblemas dispostos sobre eles. Reconheci o esquadro, o compasso e o quadrado no círculo.

Sem que eu pudesse me opor, meus olhos foram atraídos por alguma coisa. Ali, sobre o poderoso peito da divindade, no lugar do coração, havia uma cruz muito simples, com quatro braços iguais.

— Eis o Deus supremo dos atlantes, o 'Deus Pai' dos cristãos, o 'Brahma' dos hinduístas, o 'Rá' dos egípcios. É ele o princípio único.

"Você admitirá que ele ocupa um lugar especial aqui, pois compreenderá facilmente que ele não é uma entidade, que ele jamais se encarnou em ninguém.

"Ele é o Espírito, o Princípio, o Infinito.

"Com esse título, ele não deveria figurar entre as entidades divinizadas pelos homens. No entanto, pareceu-nos normal que as emanações do Espírito fossem reagrupadas num lugar onde este se encontra simbolizado.

"Certas religiões, certas seitas gritariam escandalizadas, sem dúvida, diante de uma tal representação da Divindade. Como é possível ousar representar Deus, o Incognoscível?

"Pois bem, isso é possível!

"É preciso evitar ver o mal onde ele não existe. Se agrada a um artista representar Deus, ele não comete nenhum sacrilégio, contanto que seu espírito seja puro.

"Pureza e sinceridade, eis os dois únicos critérios. Que importa que o Criador seja representado sob esta ou sob aquela forma? O importante é não idolatrar essa forma.

"Uma estátua, uma imagem, um símbolo devem servir apenas de suporte. Eles estão ali para facilitar a ginástica que o espírito impõe a si mesmo. Ajudam a fixar a concentração. A interdição bíblica de representar a Divindade sob qualquer forma que seja nada mais é que a reação lógica ao estado de idolatria no qual caíra o povo hebreu. A abstração do suporte de concentração é um ideal a atingir, nada mais que isso.

"O budismo compreendeu muito bem a utilidade do suporte visual, e ao mesmo indicou expressamente os perigos nele envolvidos. Os Mestres afirmaram que o aspecto exterior de um Buda, e até mesmo da sua personalidade, não devem ser levados em consideração. Aquele que aspira a um estado de perfeição deve, na medida do possível, identificar-se com a idéia de Buda, e não venerar uma estátua. O importante é procurar o princípio que está além da forma."

— O que me fascina é o sol flamejante, como se de fato emitisse raios — disse ao meu amigo.

"O supremo Deus dos atlantes teria, pois, sido o mesmo que o dos egípcios, o sol Rá?"

— Mas é claro, houve uma continuidade entre as duas civilizações.

— Esta estátua é testemunha de um culto solar... Em nossa época, se uma obra assim fosse trazida à luz do dia, creio que se teria logo tirado conclusões apressadas a respeito da civilização atlante... como se fez no caso do Egito.

— Sim, e é exatamente por isso que ainda não chegou a hora em que se descobrirá essa obra de arte. O dia em que ela sair da terra indicará que a humanidade terá adquirido um novo estado de espírito e estará prestes a aceitar como verdadeiras coisas que ora pertencem ao domínio da superstição.

"Atualmente, não obstante a enorme diversidade das idéias, o homem não está, em absoluto, preparado para afrontar o seu passado tal como ele foi.

"O positivismo matou a alma; mas uma coisa ainda mais insidiosa o substituiu, pois é muito mais sutil.

"O pensamento racionalista e ateu progrediu muito em seu erro; ele já não nega tudo em bloco e de maneira estúpida, como fazia outrora, mas pratica o que se poderia chamar de sofisma científico. O mais grave é que, na maior parte do tempo, ninguém percebe isso. O que o homem quer é uma visão tranqüilizadora de si mesmo. Qual não seria o pânico se percebesse de súbito que ele foi um dia maior do que é hoje, e que tem edificado sobre areias movediças?"

— Mas os atlantes e os egípcios também não adoravam o sol?
— Certamente que não. Não se deve confiar nas aparências. Eles adoravam Deus sob a forma solar. A luz solar não é a primeira e a mais pura representação do Criador?

"Se o sol desaparecesse, a vida morreria. Os cientistas não contestam isso.

"A luz é mais importante para a vida do que o ar, na medida em que ela serve de suporte para o ar e que este também está impregnado dela.

"A luz é a única substância — digo substância, pois, num certo nível, ela é palpável — que banha todo o universo.

"Não falo aqui, simplesmente, da luz solar, mas da luz astral, da qual a primeira é uma manifestação menos sutil. A luz solar mantém com o mundo físico as mesmas relações que a luz astral com o mundo da alma.

"Ela nada mais é que vibração; porém, se você cria uma vibração de freqüência muito baixa, ela se torna sensível ao toque. Nesse sentido, existe a unidade total da matéria.

"Logo se descobrirá que não há x elementos químicos, mas um só do qual os outros provêm.

"Em seguida, tente aumentar a vibração, e você obterá um som.

"Se você aumentar a freqüência desse som, ele tornar-se-á calor e, por fim, luz, passando pela paleta do arco-íris. Prosseguindo a experiência, você dará nascimento à eletricidade e, por fim, à energia psíquica que se concentra no bulbo raquidiano.

"A luz solar transporta uma energia positiva no mundo da matéria, mas tem uma energia negativa no universo astral, pois representa uma manifestação material da luz.

"No simples nível psíquico, a lua está carregada negativamente, ao passo que no nível astral sua polaridade se inverte. Repito: não se deve ver no termo 'negativo' nenhuma acepção pejorativa; o menos e o mais representam apenas manifestações diferentes de uma única força.

"Assim como bem o pressentiu a religião taoísta, não há, propriamente falando, dualidade, mas antes uma complementaridade, uma força que só pode existir em duas energias opostas.

"Elas contêm em si mesmas a essência dos seus opostos.

"Sol e lua formam um par.

"O culto solar atlante era realizado em plena luz do dia. No entanto, certos iniciados praticavam em segredo o culto lunar e se dirigiam por isso para o lado das forças noturnas da natureza, colocando-se assim em relação com as forças do astral.

"Não se deve formular juízos de valor. Você viu que o menos e o mais são totalmente relativos e que se invertem segundo o caso: a luz astral é negativa no plano terrestre, mas seu valor se inverte no plano astral.

"É preciso ver na origem das vestes negras de luto, no Ocidente, uma significação esotérica.

"Aliás, você já se perguntou o que é a obscuridade trazida pela noite? Uma ausência de luz? Certamente não!

"Ela nada mais é que um certo tipo de manifestação.

"Só noite é negra apenas para quem não sabe ver, e, de um modo simbólico, só existe mistério para quem não sabe compreender."

— O que me espanta — disse eu, interrompendo meu amigo e iniciador — são os símbolos que vejo acompanhando o deus-sol. Se não me engano, o esquadro e o compasso são sinais que pertencem à franco-maçonaria. O quadrado e o círculo eram utilizados, entre outros, pelos cabalistas e pelos taoístas. Quanto à cruz... é o emblema de Cristo.

— Oh! Se você tiver o cuidado de refletir, nada haverá de muito surpreendente em tudo isso. Certos símbolos não têm idade, pois correspondem a verdades eternas.

"É verdade que compasso e esquadro são tipicamente franco-maçons, mas os franco-maçons não lhe disseram de onde eles os obtiveram?

"Suas tradições, assim como as do Tao e da Cabala, são velhas como o mundo. Se foram esquecidas por algum tempo, alguma entidade espiritual veio depois reanimar a chama do conhecimento.

"O esquadro simboliza a Terra e serve para delimitar as parcelas desta.

"Quanto ao compasso, é a imagem do céu; ele traça o círculo aparente da abóbada celeste. Da mesma maneira, quadrado e círculo representam a terra e o céu; cabalisticamente, a mulher e o homem."

— Mas eu noto que o quadrado está englobado no círculo; isto quer dizer que a terra está unida com o cosmos?

— Sim, quase isso. O quadrado no círculo representa exatamente o mundo, a união da terra e do céu, do visível e do invisível.

— Creio que me lembro de certas moedas chinesas que eram circulares com um buraco quadrado no centro.

— É isso mesmo. O Tao impregnou profundamente a vida da China. Assim como a Cabala, ele atribuiu extrema importância aos números. Basta considerar o número cinco: Cabalistas e taoístas o relacionaram com o homem. A figura ideal produzida pelo cinco é o pentagrama. O homem está inteiramente contido aí.

"A Cabala chega até a especificar que a ponta superior do pentagrama, que abriga a cabeça do homem, simboliza a inteligência dirigindo as potências elementares, representadas pelas outras quatro pontas da figura geométrica e os quatro membros humanos.

"Da mesma maneira, as duas Escolas, oriental e ocidental, fizeram do quatro o número do equilíbrio.

"O quatro é a imagem das forças que se opõem duas a duas, duas ativas e duas passivas. O quadrado idealiza essa noção.

"Você também me falou da cruz; pois bem, ela deriva diretamente do número quatro. Exprime o produto, a resultante deste. Simplesmente, cruzaram-se as retas verticais ativas e as retas horizontais passivas de tal modo que um ponto central de encontro fosse determinado. A figura da cruz é, antes de mais nada, para além dos universos, a imagem do Absoluto e também a da forma da adaptação terrestre ao plano divino.

"Ela é a concretização da idéia nascida do princípio divino e do seu antagonismo.

"Eis por que ela foi o símbolo crístico.

"Não se deve ver aí a imagem do madeiro onde Jesus Cristo foi crucificado mas, pelo contrário, a materialização de uma das partes do plano divino.

"É o encontro da força ativa e vertical do Espírito com a força passiva e horizontal da Matéria. Os primeiros cristãos sabiam disso mas, depois, sua religião foi despojada de um bom número de coisas.

"Quis-se fazer de Cristo um deus crucificado, um deus de tristeza e de sofrimento, ao passo que Ele representa, antes de mais nada, a vitória da vida sobre a morte, do Amor sobre o ódio.

"Os artistas medievais sabiam disso. Em nenhuma parte nas catedrais góticas se encontra o Cristo agonizante na cruz, mas, em vez disso, Cristos em glória ou ensinando.

"Acaso o Oriente representa o jovem Sidarta Gautama atormentado pelos terrores da busca interior, antes de se metamorfosear na pessoa de Buda? Nada disso; o Buda irradia, tradicionalmente, bondade, serenidade e luz.

"Não é melhor assim?

"A Crucifixão teve sua importância, não se deve minimizá-la, mas Jesus Cristo é a própria negação da idéia da morte, assim como também o foram os enviados do Espírito que lhe prepararam o caminho nos quatro cantos da Terra e do universo.

"De qualquer modo, o simbolismo da cruz é extremamente rico.

"Tenhamos sempre em mente que esse sinal não nasceu com o cristianismo.

"Se Cristo deu a ela toda a sua dimensão, a cruz é encontrada desde as pirâmides de Palenque, no México, até os santuários da Índia, e isso desde as primeiras idades.

"Poder-se-ia pensar que a cruz é um dos gestos mais simples que a mão poderia traçar, por mais inábil que fosse. Os analfabetos não assinam com uma cruz? Eis o argumento dos detratores do esoterismo profundo contido neste sinal. É bom levar isso em consideração no que se refere à cruz muito simples e irregular que pode ser encontrada nas grutas; mas o problema é totalmente outro quando o símbolo apresenta características inegáveis.

"Há quase tantas cruzes quanto há Escolas místicas. Há uma que seja preferível a outra?, você se perguntará. Não, em absoluto.

"As variantes nada mais fazem do que acentuar este ou aquele lado do simbolismo. Seria preciso toda uma obra para tentar englobar todos os seus aspectos.

"Pode-se considerá-la, antes de mais nada, como o eixo da roda cósmica, da roda do Karma e da serpente Ouroboros, a respeito da qual já lhe falei.

"Nesse caso, ela tem quatro braços iguais e forma o duplo eixo dos solstícios e dos equinócios. É chamada de cruz grega.

"Mudemos agora um pouco a forma dos ramos desse sinal sem modificar as relações de dimensão que eles mantêm entre si; eis então uma cruz cátara.

"É um verdadeiro hieróglifo cósmico. Em seus quatro braços iguais, lemos os quatro pontos cardeais, as quatro dimensões do espaço e as quatro estações que balizam o caminho de luz do sol, identificado com o do Espírito.

"Da mesma maneira, a cruz dos templários, não obstante as

duas pontas de cada um dos seus ramos, guarda as características da cruz grega inicial."

— Essa observação a respeito da cruz templária me traz à memória algumas noções de História — disse eu. — Os Templários não tiveram sérios aborrecimentos com sua célebre cruz *pattée*?

— Eu ia lhe falar sobre isso. O clero católico acusou os Templários de praticar o rito que consistia em cuspir no crucifixo. Note que eu lhe digo crucifixo e não cruz. A razão disso é que os iniciados da Ordem do Templo achavam que o crucifixo era apenas o emblema do ultraje cometido pela matéria contra o imaterial, o Divino, e que o madeiro representava pura e simplesmente a Besta das Escrituras.

"Os Templários, sem dúvida, cometeram o erro de ser muito assíduos na prática desse rito. No entanto, não se pode considerar esse gesto como um sacrilégio. O esoterismo adota às vezes caminhos muito estranhos e não isentos de perigo.

"O exemplo templário serve, no entanto, para nos fazer lembrar que a cruz latina, o madeiro de ramos desiguais, não é o sinal do verdadeiro Cristo.

"Se você olhasse atentamente algumas das estátuas que nos cercam, e se fixasse a atenção sobre aquelas provenientes do antigo Egito, notaria uma coisa muito interessante."

Meu guia não precisou me dizer mais nada. Eu estava muito contente por poder passear pelo museu mais maravilhoso que poderia existir; um museu cujas obras-primas se dirigiam à Alma e ao Espírito.

Dei alguns passos à frente do meu amigo; à direita, à esquerda, atrás de mim, procurei os testemunhos imortais de uma das civilizações mais prodigiosas que a Terra já produziu.

Meu olhar, ávido para aprender, encontrou de repente uma grande estátua de pedra azulada de mais de dois metros de altura, de formas elegantes.

Ela possuía toda a harmonia das proporções do antigo Egito. Entusiasmado, exclamei, dando alguns passos na direção do meu amigo:

— É ela, não é? É ela?
Sem dúvida, meu ardor pareceu pueril para o meu guia, e foi com um ar divertido que ele se dirigiu a mim com passos largos.

— Sim, é ela, ou pelo menos uma daquelas que eu queria que você visse, pois há muitas outras que têm uma característica quase idêntica a esta.

— Trata-se realmente de Osíris?

— É ele...

A doçura do olhar, a delicadeza dos traços dessa divindade do Amor não me enganou.

Seus olhos estavam fixamente voltados para a frente, como se testemunhassem uma realidade que o meu pobre entendimento humano não fazia mais que pressentir.

De acordo com os cânones da arte egípcia, ele avançava uma das pernas para a frente, a planta dos pés bem calcada sobre o pedestal. O braço esquerdo caía graciosamente ao longo do corpo, enquanto o braço direito estava ligeiramente estendido para diante, à altura do peito.

Sua mão erguia um pequeno objeto de metal dourado que parecia assim oferecido à contemplação e à meditação. Foi esse objeto que atraiu toda a minha atenção.

— Este símbolo o intriga? — perguntou o meu guia. — Não fique inquieto, ele não é único; você encontrará facilmente vestígios dele na Terra. Como pode ver, trata-se de uma cruz, se bem que um pouco particular.

"Os estudiosos do mundo dos homens a chamaram de *Crux Ansata**, mas é mais simples chamá-la de 'cruz da vida dos egípcios'."

— Não a vejo exatamente como uma cruz, mas como um T encimado por um círculo.

— Sim, sei o que você está pensando... Mas, para compreender bem o alcance deste signo é preciso analisar cada uma das partes que o compõem. Você mesmo disse que se tratava de um T

---

* Ou ainda, Ankh, cruz ansada.

e de um círculo. Você pode imaginar facilmente por que os grandes adeptos egípcios tinham feito do T o símbolo masculino e, do círculo, o símbolo feminino.

"Porém, a dificuldade de interpretação do T não está aí, na questão dos sexos, ou melhor, das polaridades.

"O que faz com que a *Crux Ansata* represente exatamente uma cruz é, antes de mais nada, a presença do T ou, mais precisamente, do Tau."

— O Tau é a última letra do alfabeto hebreu?

— Exatamente, embora não seja o povo judeu quem deu nascimento a essa letra e ao que ela representa.

"Você sabe que cada letra hebraica representa uma idéia; que ela é um sinal, ao mesmo tempo que um caractere de escrita. Pois bem, o Tau, por si só, proporciona a síntese e o selo do alfabeto. Ele é o símbolo da letra por excelência. Síntese de quê? Para os egípcios, síntese do Espírito e da Matéria; do Espírito que aceitou tomar corpo a fim de transcender toda a humanidade.

"É o mistério que surge do ponto de encontro da vertical com a horizontal.

"É talvez Osíris, Krishna, Jesus Cristo. A Divindade que desceu entre os homens para lhes mostrar o caminho é uma marca de Deus sobre a Terra, um entalhe praticado na casca do egoísmo de toda a raça. O Tau, eis a letra. Não a letra e o som geradores, mas a letra e o som reparadores. A *Crux Ansata* representa, para os anciãos do Egito, a imortalidade do Espírito.

"De um ponto de vista mais terra a terra, ela é a cruz da fertilidade. A boa colheita resulta tanto da ação do Espírito Santo, 'elemento' positivo, sobre a matéria, elemento negativo, como da ação da água e do sol, associação energética, sobre a terra, matéria receptora.

"Eu lhe disse para chamá-la de *Crux Ansata*, cruz da vida egípcia, mas não pense, por causa disso, que só se pode encontrá-la no Egito.

"Meu propósito é mostrar-lhe que o homem é *uno* em relação ao mundo, e que Deus, o Grande Todo, é o um, o mesmo, o único para todos, além dos éons e dos universos. Assim, a cruz egípcia estabeleceu por toda parte uma espécie de trindade: Vida, Amor, Fertilidade... cada elemento decorrendo do outro para formar um ciclo eterno.

"Na Babilônia, a *Crux Ansata* era o emblema dos deuses da água, a geradora de vida.

"Entre os maias de Palenque, no México, ela era o sinal da regeneração, primavera da natureza, primavera do homem que redescobre o Espírito.

"Entre os escandinavos, a *Crux Ansata* era o sinal dos deuses do céu, aqueles que criaram todo o gênero humano. Como toda cruz, ela ilumina o solo terrestre com a sua presença e é encontrada até na Ilha de Páscoa."

— É extraordinário! — disse eu, continuando a contemplar o longo rosto de Osíris, cujo barrete, alto e delgado, contribuía para prolongá-lo ainda mais. — Mas quantas coisas para saber!

— Não creia nisso. Esqueça tudo, se quiser, tudo, exceto o fato de que a cruz é a vida e não a morte, a vitória final do Espírito sobre a Matéria.

"Se é preciso que você saiba alguma coisa a propósito desse sinal, é esta. O resto pode ser considerado apenas como pura erudição. Falei para lhe mostrar uma vez mais quais são os caminhos que o Espírito humano adota na sua evolução, e que ela, não obstante leves diferenças, é uma das vias que a Divindade toma para se manifestar entre os homens.

"Essa grande e soberba representação de Osíris que está diante de nós, olhe bem para ela e se impregne dela, para poder um dia fazer-lhe uma imagem detalhada e fiel. Observe-a, pois você não poderá encontrá-la na Terra; não que ela ainda não tenha sido descoberta, como o deus-sol atlante, mas porque não existe mais. Ela foi destruída num templo sob uma chuva de meteoritos, quando o império do Faraó foi abalado pelo mais terrível golpe que já havia recebido, o último daqueles que se chamou de as sete pragas do Egito. Estas não pertencem, como pretendem certos historiadores 'qualificados', ao domínio da Lenda.

"A poeira desse Osíris azul rola hoje sob as ondas do Nilo.
"Por que não se poupou essa obra-prima?, você me diria. Simplesmente porque foi preciso que um certo santuário fosse destruído, custasse o que custasse, sacrificando as obras de arte que ele encerrava.

"Esse santuário fora arrebatado ao seu destino inicial por sacerdotes mais preocupados com o poder temporal do que com outra coisa. A estátua do jovem Osíris não estava mais carregada de Amor; a presença do clero pervertido tinha enfraquecido sua irradiação.

"A natureza quis as coisas dessa maneira. Um objeto, qualquer que seja, capta as ondas dos seres que o circundam e a quem ele pertence.

"Toda coisa se carrega negativamente se se emitir, na sua presença, uma radiação negativa, isto é, pensamentos tristes ou nocivos.

"As vibrações emitidas por um corpo estão sujeitas à menor flutuação de pensamento daquele a quem pertence esse corpo. É por essa razão, veja bem, que certos santuários merecem bem o termo de sagrados; cada uma de suas pedras está impregnada do ideal elevado, dos pensamentos de Amor de todos os seres que se aproximaram deles com a idéia de Deus no coração.

"O mais poderoso, o mais belo desses santuários encontra-se numa das regiões mais elevadas do Tibete. Graças às altas entidades que o tomaram sob sua proteção, ele é ignorado pelos chineses que, com o estado de espírito atual dos seus dirigentes, o profanariam, considerando-o como um 'lugar sagrado do pensamento retrógrado'.

"Como eu já disse, não se odeia e não se destrói a não ser aquilo que não se compreende e que se teme profundamente.

"Há alguns instantes, eu não lhe falava por imagens quando lhe dizia que o homem emite ondas negativas ou positivas a cada um dos seus pensamentos.

"Essas ondas dão nascimento a seres que se costuma chamar de 'formas-pensamento'. Cada idéia, cada pensamento ressoa e se concretiza na parte baixa do mundo astral sobre a qual já falamos. É assim que as coisas acontecem. Acompanhe o meu raciocínio, pois é mais importante do que parece à primeira vista. No momento em que se desenvolve no universo interior de um indivíduo humano, animal ou outro, cada pensamento se funde com um elemental, que é, lembro você disso, uma poderosa semi-inteligência da natureza, para formar uma entidade capaz de realizar ações no mundo da matéria. A duração da sua vida é proporcional à intensidade da ação cerebral que a engendrou.

"A criação de formas-pensamento sempre foi e ainda é de uso freqüente entre os feiticeiros e os magos.

"No entanto, eu lhe repito: todo ser cria a cada instante da sua vida. Eis uma das razões pelas quais devemos nos esforçar para ter pensamentos elevados, guiados pelo Amor e pela Bondade.

"Sem o saber, cercamo-nos de entidades que são o reflexo do que somos, e que intervêm no nosso espaço físico e mental.

"Depois do momento da morte, todo ser deve transpor as baixas camadas astrais para atingir o plano astral médio. Quanto mais seu ideal tiver sido elevado, mais breve será essa passagem, a ponto de, às vezes, não ser necessária; quanto mais tiver sido baixo o seu ideal, quanto mais nefastas tiverem sido as suas ações, mais a transição será longa e penosa.

"A corrente povoada de entidades que um ser cria durante a sua vida na Terra determina, em grande parte, o comprimento de onda no qual sua alma vibrará no plano astral médio.

"Essa corrente é o que os hinduístas chamam de Karma.

"Poderíamos dizer, esquematizando um pouco, que ela corresponde a realidades de ordem 'elétrica'.

"Desse modo, toda ação, e portanto todo pensamento, seja ele bom ou mau, segue a trajetória de um bumerangue.

"Depois de evoluir segundo um certo processo, ele volta, por si mesmo, ao que lhe deu origem. Todo pensamento e todo ato mau se voltam, cedo ou tarde, contra o seu autor; se não na atual vida terrestre, isso acontece na vida terrestre seguinte, por intermédio dessa corrente que chamamos de Karma. Ouça as palavras da Bíblia:

"'Se alguém derramar o sangue do homem, pelo homem o seu sangue será derramado.' (*Gênesis* IX: 6)

"Desse modo, um recém-nascido não é um viajante completamente destituído de bagagem...

"É terrivelmente lamentável que o homem esteja na ignorância quase completa dessas leis; ele deveria rever seriamente algumas das idéias que formou no que se refere à hereditariedade."

Dando alguns passos para a esquerda, meu guia acrescentou:

— Porém... procure um pouco mais... Procure a cruz da vida egípcia, ela está bem perto, na mão de Osíris.

Confesso que eu não sabia mais o que fazer. Sentia-me um pouco perdido diante de tanta beleza, de tanto mistério. Que coisa extraordinária é defrontar-se, dessa maneira, com centenas de estátuas, de divindades, de iniciados que parecem encará-lo bem no meio de uma selva extraordinariamente luxuriante.

Creio que o meu amigo, o ser de rosto azulado, compreendeu isso perfeitamente.

Sem dizer palavra, eu o segui através do labirinto de corpos imobilizados.

— Eis aí — disse-me ele docemente — o que eu queria lhe mostrar. Como pode ver, são Akhenaton e, à sua direita, Tutancâmon. Ambos atribuíram uma importância particular à cruz da vida.

"Em numerosos baixos-relevos, ela é vista ao lado deles. Aliás, você encontra no nome de Tutancâmon o termo 'Ankh', que significa 'vida' e com o qual se formou a palavra 'Ansata' ou 'ankhsata', de *crux ansata*.

"Esses dois faraós se obstinaram, durante toda a vida, em reinstaurar no Egito o culto do deus único e, sobretudo, do deus Amor, do deus solar Aton, em lugar de Amon, potência negativa do clero corrompido.

"Tutancâmon teria gostado que a posteridade o conhecesse pelo nome de Tutankhaton, mas está próximo o dia em que o mundo conhecerá a verdade a respeito do importante papel que ele desempenhou na luta contra as forças negativas.

"De volta à Terra, você se esforçará para procurar os baixos-relevos que representam Akhenaton e o seu sucessor espiritual Tutancâmon, acima dos quais há um disco solar que dardeja, em direção a eles, raios que têm mãos em suas extremidades.

"Essas obras têm uma profunda significação religiosa e mostram bem o laço profundo que unia os dois soberanos às forças do Amor cósmico.

"Tutancâmon, Akhenaton, Osíris, Ísis, Thot, e todos aqueles que você pode ver aqui, imobilizados na arte do país onde se manifestaram, são os enviados diretos da energia emanada pelo Ser único.

"São náufragos voluntários num mundo de violência, inconscientemente doente de Amor.

"São, como eu já disse, oriundos de humanidades evoluídas anteriormente.

"Há muito tempo, milhares e milhões de anos atrás, aqueles que se tornaram grandes guias mataram a própria alma.

"Não se espante com o que lhe digo; só estou desenvolvendo, em outras palavras, o que você já sabe. A maioria dos homens coloca a Alma acima de tudo, imaginando que ela é o elemento mais divino do ser humano.

"No entanto, a Alma nada mais é do que o mediador entre o corpo e o Espírito, da mesma maneira que a aurora faz com que se liguem a noite e o dia.

"Assim como a meta final do corpo físico é perecer, a da alma é se desagregar. A Alma é apenas o corpo astral, vibração mais sutil da matéria. Todo ser deve tornar-se Espírito. Que todos os que tiverem lido estas linhas que você escreveu até agora façam uma pausa aqui e compreendam isto bem; que eles retenham esta verdade no mais profundo de si mesmos:

"A vida após a morte ainda não é a verdadeira vida. Se se descobre uma luz deslumbrante ao passar pelas portas da primeira morte, essa luz nada é em comparação com a que nos espera uma vez passado o portal da segunda morte.

"Os gnósticos a chamavam outrora de 'luz da luz'.

"A segunda morte é, precisamente, a morte da Alma, do corpo astral, do Karma. Pode ser também a morte iniciática do alquimista e do místico. É o instante em que o homem, tendo passado por todos os graus de evolução terrestre e astral, torna-se Homem, porque compreendeu intimamente que era o grande herdeiro do Amor de Deus. Eis o que Jesus Cristo sabia perfeitamente.

"O próprio Espírito é capaz de se aprimorar indefinidamente. O de Jesus Cristo chegou a um tal grau de perfeição que ele pôde, com legitimidade, se afirmar Filho de Deus, tendo se tornado praticamente uma emanação da Divindade. Somente o dom total permite ao homem o verdadeiro diálogo com o seu superego ou Espírito ou Inconsciente, o qual, ao contrário do seu nome, é completamente consciente e possui uma visão e memória totais."

— Porém — disse eu — para a sua encarnação na Terra, as altíssimas entidades de Cristo, de Buda, de Krishna, de Osíris e outras impuseram a si mesmas sofrimentos muito cruéis, encerrando-se numa ganga de carne e osso, eles que viviam a vida do próprio universo.

— É verdade, tanto que eles não se encarnaram na Terra uma única vez, mas várias. Jesus Cristo foi o grande legislador e grande profeta da Atlântida, assim como de muitas outras civilizações que a precederam.

"Antes de ser Jesus, ele foi Melquisedeque e Eliseu. Aliás, a Bíblia faz alusões à encarnação de Cristo em Eliseu, enquanto a alta entidade que devia tornar-se João Batista vivera no profeta Elias.

"'Eis que vos enviarei Elias, o profeta, antes que chegue o dia do Eterno.' (*Malaquias*, IV: 5)

"E você notará, certamente, que João Batista ou Elias nasceu algum tempo antes de Jesus para anunciar a sua missão, a sua chegada.

"No segundo capítulo dos *Reis* (11-13), pode-se encontrar uma evocação da passagem da autoridade e da energia de Elias para Eliseu:

"'Ele (Eliseu) tomou o manto que Elias deixara cair.'

"Esse texto deve ser considerado como a explicação simbólica da transmissão do poder do guru, para usar o termo hinduísta, para a pessoa do discípulo.

"Digo simbólica, mas o termo não é totalmente exato, pois o manto de Elias era dotado de certos poderes e de certas propriedades. Não creia, sobretudo, que o fato de falar a respeito do futuro Jesus como discípulo o diminui. Ele está entre os discípulos que ultrapassam seus mestres.

"Se o Espírito de Jesus Cristo escolheu ser um discípulo naquela encarnação, foi a fim de preparar a tarefa que viria cumprir depois.

"Quantas altas entidades, Espíritos em harmonia com a Divindade, foram um dia mendigos, humildes camponeses, a fim de trabalhar em silêncio e no anonimato mais completo para a realização do Plano.

"Os caminhos da Verdade, as vias que a Palavra adota são mais diversificadas, mais inesperadas do que geralmente se pensa.

"No *Evangelho de Lucas* (I: 17), encontra-se uma alusão a João Batista em pessoa. O anjo anuncia a Zacarias que seu filho '...caminhará diante de Deus com o Espírito e o poder de Elias...'

"Quanto a Jesus, foi por duas vezes que ele identificou Elias, seu antigo guia, com João, seu profeta:

"'Eu, porém, vos declaro que Elias já veio, e não o reconheceram, antes fizeram com ele tudo quanto quiseram... Então os discípulos entenderam que lhes falara a respeito de João Batista.' (*Mateus*, XVII: 12-13)

"'Porque todos os profetas e a lei profetizaram até João e, se o quereis reconhecer, ele mesmo é Elias, que estava para vir.' (*Mateus*, XI: 13-14)

"Note bem que Jesus Cristo disse claramente:

"'... se o quereis reconhecer', pois os que não querem abrir os olhos os conservarão sempre bem fechados.

"Sempre haverá teólogos para interpretar os textos de outra maneira, porque lhes foi assegurado um dia que a reencarnação era uma quimera.

"A realidade, no entanto, está bem aí:

"Os Espíritos que realizaram a união com Deus trabalham incansavelmente para o bem da humanidade.

"Dessa maneira, como você vê, há maneiras e maneiras de se ler a Bíblia. Infelizmente, nem sempre são os cristãos que a lêem da maneira mais correta.

"O que eu lhe disse a respeito de Jesus e de João Batista é igualmente verdadeiro, como você percebeu, para as divindades de todas as outras grandes religiões, tenham estas últimas já desaparecido ou contem ainda com fiéis vivos.

"O Thot dos egípcios, aquele que oferece toda a sua nobreza, toda a sua profundidade à ciência sagrada dos iniciados da Antigüidade, é, ele mesmo, a reencarnação de um dos grandes inspiradores da Atlântida.

"Suas vidas sobre a Terra foram numerosas e você pode acreditar em mim quando lhe digo que ele envergará de novo um manto de carne para abrir os olhos dos homens.

"Ele foi o Hermes dos gregos, cúmplice íntimo de Orfeu. Foi ele que deixou para toda a humanidade uma enorme soma de saber: a Tábua de Esmeralda, que foi utilizada durante um certo tempo pela entidade que tomara o corpo de Moisés. Este foi o grande guia do povo judeu, mas nunca deixou de ser um sacerdote egípcio. Ele foi, de certo modo, um 'retransmissor'. Fez passar a tocha da luz de um povo a outro.

"Que todos os homens estudem a Cabala; eles encontrarão nela — com a condição de não se deixar encerrar no quadro da religião judaica — grandes verdades que lhes mostrarão Deus em suas manifestações mais diversas sobre a Terra e além dos mundos visíveis e invisíveis. Pense também em Krishna com todo o seu ser. Há milênios, ele veio, de certa maneira, anunciar e prefigurar para o mundo asiático, a vinda de Jesus Cristo.

"Alguns vêem na pessoa de Jesus e na de Krishna a mesma entidade.

"Não creia nisso; foram Espíritos diferentes que animaram seus corpos; são diferentes, mas irmãos em suas aspirações: Krishna é um deus azul, um deus de Amor; Jesus Cristo era um bom pastor à procura da ovelha extraviada. Krishna foi um pastor, chamando para si o rebanho ao som da sua flauta. Como Jesus, o lugar que ele escolheu para nascer foi humilde: uma cabana de pastor; como Jesus, ele nasceu de uma virgem, Devaki; como Jesus, que percorreu a Palestina, ele partiu para as margens do Ganges a fim de sacudir os homens do seu torpor, de fazer cair os véus da ilusão terrestre, Maia. Olhe perto das maravilhosas flores róseas que abrem as corolas à direita da grande árvore que você vê lá embaixo: Krishna, em seu baixo-relevo, parece fazer toda a natureza dançar.

"E aqui você vê o Buda na sua encarnação de Sidarta Gautama. Admire o gesto que ele faz com os dois dedos da mão direita levantada. Isso não lhe lembra nada?"

— O Cristo?

— Jesus Cristo, ele mesmo, ou melhor, como os cristãos têm costume de dizer, o Cristo Docente.

"Porém, o que os cristãos não sabem é que o indicador e o médio levantados num gesto de paz não indicam apenas o ensino.

"Jesus Cristo e Buda Gautama fazem o sinal do esoterismo.

"Um dedo simboliza o lado da doutrina conhecido por todos, e o outro, seu lado oculto.

"Você poderá encontrar pelo mundo divindades, profetas representados em pinturas e em baixos-relevos, e fazendo esse gesto cuja significação profunda é conhecida por poucos."

Maquinalmente, eu me demorava menos ao redor das estátuas de origem oriental. No entanto, sua beleza era inegável. Sem dizer uma palavra, meu amigo me viu passar diante das representações das divindades hinduístas, chinesas e indonésias.

— Por que você faz isso? — disse ele bruscamente.

— Isso como? Fiz algo de proibido neste lugar?

— Não, nada é proibido aqui, pelo menos nada do que é motivado por um pensamento puro. O simples fato de se ter um pensamento negativo, de se ter uma intenção má, bastaria para fazê-lo descer até o reino dos mortos, e depois até o seu corpo físico. Desse modo, a pureza de intenção é necessária para a projeção do corpo mental no astral.

"Eu queria, simplesmente, que você me dissesse por que não se demora diante dessas obras-primas da arte oriental. Será que você sabe?"

— Foi um gesto maquinal, mas gosto muito desta arte.

— Sim, eis aonde eu queria chegar: foi um gesto maquinal. Demora-se menos diante do que se conhece ou, pelo menos, diante do que se tem a impressão de conhecer. Não falo por você, nem pelo ser que associou as pesquisas dele às suas.

"Vê-lo passar tão depressa diante dessas estátuas me fez pensar no fenômeno do 'orientalismo', que invadiu o Ocidente nestes últimos anos.

"O europeu médio está habituado às imagens de Buda, de Krishna e de outras divindades da Ásia.

"No momento atual, não se presta quase nenhuma atenção nelas. A verdade é que, na maior parte dos casos, dedica-se interesse a isso apenas por esnobismo intelectual, por vontade de seguir uma moda.

"As entidades diretrizes do mundo astral estão bem informadas a respeito de muitas coisas, até mesmo de certas coisas da vida cotidiana terrestre.

"Seguindo com inquietude o desenvolvimento dessa moda, elas não se surpreenderam ao ver as efígies de Buda servindo de base para lâmpadas.

"Seria preciso que cada ser dirigisse a cada dia um olhar novo para o que o cerca. Isso evitaria muitos erros e, acima de tudo, o tédio que tudo deprecia...

"Você poderá voltar a este lugar quantas vezes quiser, como eu já lhe disse, mas, agora, precisa voltar ao mundo dos mortais. Seu psiquismo poderia se ressentir de uma demora prolongada aqui. Antes disso, ainda uma coisa: siga-me e me ouça com atenção.

"Você vê aquela estátua enorme que parece de madeira e cujos traços são ligeiramente negróides? Trata-se de uma divindade de que se fala muito pouco e que está, de certo modo, esquecida: Manitu.

"Isso poderá fazer sorrir, e isso certamente acontecerá quando você relatar esse detalhe aos homens.

"Os índios da América do Norte são, desde há muito tempo, considerados como seres subdesenvolvidos, atolados em superstições.

"No entanto, saiba que seu Manitu supremo tem o mesmo valor que o grande Rá dos egípcios. Não se trata de um acaso. A raça vermelha dos índios da América do Norte descende de certos grupos de sobreviventes do dilúvio que destruiu a Atlântida e boa parte das civilizações do globo. Ora, você sabe que o antigo Egito foi o herdeiro direto dos atlantes.

"Manitu é o Rá egípcio, o sol Incalis dos atlantles, o Deus único e onipotente que os missionários brancos quiseram impor à terra da América.

"Isso não encoraja os homens a fazer para si mesmos certas perguntas, a sair do casulo que sua pequena cultura, que sua pequena civilização pacientemente teceram?

"'Mas é isso o que fazemos, e estamos no século XX!', retrucarão os seus semelhantes, chocados com a leitura destas linhas que você e sua mulher escreverão.

"Errado! Nada foi feito. A mentalidade humana evoluiu muito pouco. É imperativo que ela dê um passo de gigante. Pessoas do século XX, vocês ainda estão no começo. Apenas um século atrás, vocês negavam firmemente que o homem algum dia pudesse voar.

"Hoje, sabendo voar, vocês afirmam que não existe velocidade superior à da luz. Vocês a ultrapassarão, e aprenderão que existe, de fato, um Deus supremo e único, não obstante a obstinação de vocês em suprimi-lo de suas preocupações e pensamentos."

— Mestre — eu disse antes de deixá-lo — eu gostaria ainda de lhe fazer uma pergunta, pois há um problema que eu não consigo resolver.

"Percorrendo este museu extraordinário, você me mostrou os múltiplos rostos de Deus e dos embaixadores que ele enviou aos quatro cantos do mundo ao longo dos milênios. No entanto, não vejo aqui, em parte alguma, as divindades da Antigüidade grega e latina.

"Como se explica isso?"

— Não se surpreenda! Com exceção de Hermes, de Apolo e de alguns outros, os deuses da Antigüidade greco-latina são deuses falsos. Falarei deles mais extensamente.

"Saiba apenas, por enquanto, que eles não nasceram da imaginação popular, como se poderia pretender. Foram seres de carne e osso. Não nasceram na terra que você habita, mas nem por isso são mensageiros do Amor Divino.

"Eles cometeram na Terra inúmeras maldades e deram lições de perversidade a povos inteiros. Basta ler a mitologia grega e romana para compreender que eles não podiam ser embaixadores da Palavra.

"Não obstante, eu lhe afirmo, a mitologia que os fez reviver é digna de interesse. Para tirar proveito dos atos amorais desses seres, o grande reformador e unificador da religião grega, Orfeu — 'aquele que aponta para a luz' —, revisou aqui e ali a história deles, dando-lhe assim uma significação esotérica rica em ensinamentos. Eis por que é preciso levar em consideração relatos como o dos Argonautas e o Tosão de Ouro, o de Hércules ou do próprio Orfeu.

"Algum dia, será feito um ensaio comparativo sério, tratando dos relatos inspirados por Orfeu e daqueles de outros povos em todo o mundo."

Com um largo sorriso, meu amigo pôs a mão em minhas costas e tudo se desvaneceu...

O leitor, sem dúvida, notou que a permanência do narrador no plano astral superior foi mais demorada do que aquelas que transcorreram no chamado "reino dos mortos" ou astral médio.

A razão disso é muito simples. Este último capítulo reagrupa, para comodidade do leitor, os relatos de várias viagens ao astral superior.

De fato, já assinalamos que uma viagem prolongada comporta certos riscos.

Algumas dessas viagens ao astral superior foram praticadas com quatro ou cinco dias de intervalo.

Ora, a impressão de continuidade dada pelo relato é quase idêntica, fora alguns detalhes de ordem "técnica", àquela sentida pelo narrador. Isso tende perfeitamente a confirmar o que já foi dito:

O tempo astral não tem nada, ou quase nada, em comum com o tempo terrestre.

De acordo com o que disse a entidade que nos serve de guia, enquanto ela esperava durante uma hora astral, ou duas, pela volta do narrador, vários dias tinham se passado em nosso globo.

Capítulo 6

Um Hospital-Pirâmide

A luz jorra vinda de todas as partes ao mesmo tempo, e o céu é de um azul profundo. Ouço pássaros cantando e são eles que me trazem de volta à vida.

Percebo então que estou deitado sobre um gramado espesso. Minha coluna vertebral está em contato direto com o solo; tão direto que eu pareço estar retirando energia dele. Meu olhar se desprende da luminosíssima abóbada celeste e repousa sobre a grama, de um verde prodigioso.

No entanto, meus olhos já estão saturados de cor, e eu sinto a necessidade de fechá-los.

— Pois bem, o que você está fazendo? Eu pensei que queria me ver; afinal, quem foi que o chamou aqui? Vamos, levante-se. Sua consciência não está mais na Terra. Em alguns segundos você verá melhor... Pronto!

Meu guia, como de hábito, estava ao meu lado, e como de hábito ostentava um largo sorriso, por si só um verdadeiro discurso marcado pela bondade.

— No entanto, aqui não está muito claro — acrescentou ele num tom divertido.

"Não percebeu que estamos de novo no reino dos mortos? Realmente, eu me pergunto se você teria suportado a passagem direta do astral superior para este plano."

Meu amigo me olhou diretamente nos olhos e, com um ar malicioso, parecia me dizer:

"Que boa brincadeira teria sido esta."

— Vamos, não percamos mais tempo. O que tenho para lhe mostrar hoje deverá interessá-lo.

O lugar onde estávamos tinha a aparência de um imenso parque. Chorões, ou árvores semelhantes a eles, cresciam em abundância. O gramado estendia-se quase até perder de vista, salpicado de flores minúsculas semelhantes a confetes azuis e amarelos. Pessoas de todas as idades aí se comprazíam ou brincavam em atitudes as mais diversas.

Pus-me a pensar que os homens que vivem na Terra neste momento ficariam felizes ao ver seus mortos queridos levando uma existência tão doce.

— É curioso — disse ao meu guia. — Tenho a impressão muito nítida de conhecer este lugar.

— Não há nada de espantoso nisso; você já veio até aqui várias vezes! Este parque é o jardim de um hospital, ou, pelo menos, de alguma coisa semelhante. A palavra 'hospital' não é adequada, pois há nela uma ressonância sinistra.

"Você bem sabe que, quando um ser transpõe as portas da morte terrestre, sua alma, ou corpo astral, tem necessidade de repouso. Tem necessidade de recuperar as forças.

"Os hospitais astrais existem por essa razão. Eles remediam certas lesões que podem ter sido feitas no corpo astral. O hospital que vou lhe mostrar e que se situa num baixio do terreno, atrás desse pequeno bosque, não é único em seu gênero, mas nem todos são semelhantes a ele. Não é propriamente o seu equipamento que atrai a atenção, mas a sua forma.

"Oh, não espere uma forma que lhe seja desconhecida; aliás, você a conhece muito bem. É uma pirâmide.

"Você viu a atenção que os pesquisadores da Terra dedicaram às formas piramidais nestes últimos anos. Isto é um bem e um sinal dos tempos. Não fique inquieto; não vou procurar explicar todas as teorias matemáticas que se inscrevem nessas formas.

"Na verdade, a coisa essencial que é preciso reter da pirâmide é o fato de que suas proporções fazem dela um condensador de energia cósmica.

"O mais importante dos agentes que se concentram nessa forma é a luz astral, com as partículas de vida que ela comporta. Seu poder é, evidentemente, muito maior aqui do que na Terra.

"No extremo de suas possibilidades sobre a Terra, a forma piramidal perfeita pode fazer voltar à vida terrestre um corpo físico. Sua ação opera sobre o corpo astral antes de atingir o corpo físico.

"Aliás, tudo isso está de acordo com a ordem das coisas, pois a alma preexiste à carne, e não o contrário.

"Foram os enviados de um outro mundo que, em ligação com os atlantes, construíram a grande pirâmide egípcia de Quéops.

"Os pesquisadores terrestres começam a pressentir isso. É preciso encorajá-los em seus trabalhos. Numa data próxima, serão descobertos na areia textos que confirmarão essa opinião, em oposição à de certos arqueólogos limitados e conservadores. Serão textos de importância capital, vários deles escritos em língua copta.

"Um soberano de nome Zurad contribuiu de maneira notável para a edificação do que se chamou de a Grande Pirâmide. Ele agiu sob um comando de origem extraterrestre. Essa pirâmide deveria servir de tocha de sabedoria para a civilização humana atual.

"Aliás, é por essa razão que ela foi chamada um dia, pelos antigos, de Al Abhram, isto é, 'a luz', e isso sem levar em consideração a cor branca que a revestia originalmente.

"Há um fato matemático importante que os homens atualmente descobriram a respeito dessa construção. Ela foi edificada a partir do côvado sagrado, medida que, aliás, era utilizada pelo povo celta, dentre muitos outros. O côvado sagrado corresponde a 0,635660 metro.

"No entanto, o que os pesquisadores não notaram, ou não

quiseram reconhecer, é que a soma das diagonais da base da construção é igual a 25.800 polegadas (o côvado sagrado equivalia a 25 polegadas).

"Lembre-se: 25.800 corresponde ao número de anos que constituem o Grande Ano.

"Sei bem o que lhe dirão, como já o disseram aos estudiosos que o descobriram: que isso é puro acaso. Não se deixe influenciar; não é um puro acaso. Em vez disso, venha ver uma das pirâmides do astral."

Senti então que não poderia jamais me cansar com as lições do meu guia.

Sou constrangido a usar com freqüência o termo "guia", que me parece o mais apropriado, pois, até o presente, não me foi dado conhecer o nome daquele que também consideramos como um amigo.

Ocorreu-me chamá-lo de mestre, mas isso na falta de outro qualificativo, pois sei que ele não gosta desse termo, reputando que todo ser vivo, qualquer que seja o reino ao qual pertença, é igual aos outros aos olhos do Criador. Ele reconhece apenas seres mais ou menos experientes, mais ou menos avançados na via que conduz ao Espírito.

Numa concavidade verdejante do parque apareceu a pirâmide, dardejando altivamente seu topo em direção ao azul...

Que prodigiosa e estranha beleza!

Como todas as construções do mundo astral, suas paredes eram feitas de uma matéria que eu não saberia identificar. Não se trata de algo semelhante ao cristal, mas de uma matéria que me faz pensar no alumínio, resplandecendo em mil fogos sob uma luz que jorra ao mesmo tempo de todas as partes, doce e penetrante.

— Este lugar é realmente muito freqüentado — eu disse, ao ver dezenas de pessoas entrando e saindo do edifício por uma alta porta triangular.

— Oh! Em geral, quando se acaba de morrer para a vida terrestre, uma breve estada aqui é benéfica; eis porque você vê todo esse vaivém.

"Mas siga-me mais um pouco, vou fazê-lo entrar na pirâmide.

"Lembro-lhe de que você não deve se espantar com o comportamento de todas as entidades que encontrará pelo caminho, pois elas não podem vê-lo."

Lentamente, segui meu guia, que descia com passos seguros pelo pequeno declive que nos separava da porta de entrada do edifício.

Ele passou pela abertura triangular e confesso que tive uma sensação estranha ao seguir-lhe os passos.

O que era isso? Uma vaga reminiscência de momentos semelhantes já vividos?

Devia ser isso.

No lapso de um segundo, tudo o que constituiu o meu passado, minhas vidas anteriores, minhas dores e minhas alegrias, minhas provas, meus êxitos e minhas mortes, tudo me pareceu claro.

Compreendi tudo no lapso de um instante, tudo, mas esse tudo se desvaneceu no lapso de outro instante, deixando em minha memória uma estranha sensação de vazio.

Seria o efeito da pirâmide que já se fazia sentir?

— Como você vê — disse o meu amigo — assim como na pirâmide egípcia, os corredores de acesso aos diferentes compartimentos não são horizontais.

"O que importa antes de mais nada, nas salas de tratamento, não é a simetria nem uma disposição ou uma forma mais ou menos racional, mas a posição que elas ocupam com relação ao conjunto da construção.

"Graças à radiação cósmica e astral concentrada pela pirâmide, aqui não existem dois pontos semelhantes. Cada sala é, por isso, privilegiada, e utilizada mais para um certo tipo de cuidados do que para outros. As lesões mais graves do corpo astral são tratadas no grande compartimento situado no lugar mais elevado.

"É o compartimento que, na Terra, os homens chamaram de Câmara do Rei. Aí se regenera o corpo astral daqueles que, durante sua existência terrestre, se entregaram à droga ou à bebida. Daqui a pouco, farei com que você o visite."

O corredor que escolhemos descia interminavelmente, atravessado, de tempos em tempos, por galerias de tamanhos e formas as mais diversas.

Algumas tinham uma secção quadrada; outras eram triangulares ou trapezoidais.

O que me impressionou, antes de mais nada, foi o silêncio extraordinário. No entanto, nada de triste nem de pesado.

Que estranho hospital... parecia mais um santuário.

Homens e mulheres, trajando longas túnicas azuis, dedicavam-se serenamente às suas ocupações.

— Você tem razão — disse o meu guia voltando-se para mim.

— É mais um santuário que um hospital; o termo convém melhor. Por enquanto, eu faço você percorrer os corredores para que você possa compreender a organização dos lugares; mas daqui a pouco, para ir mais depressa, usaremos a teleportação astral.

"Entre comigo aqui. Não há ninguém nesta sala; assim eu poderei lhe explicar certas coisas sem que a sua atenção seja desviada."

O compartimento no qual entramos era bastante amplo, com cerca de cinqüenta metros quadrados. O ar, embora esse termo seja impróprio no mundo astral, me parecia mais leve, mais fresco que nas galerias de acesso.

Um paralelepípedo branco com as dimensões de uma grande mesa se erguia no centro da sala. As paredes me pareciam de um branco e de um azul transparentes, mas estas palavras são, sem dúvida, mal-escolhidas, pois eu sei que, na Terra, não se poderiam encontrar cores semelhantes, cores que, por si sós, fazem o lugar viver.

Então, meu ouvido percebeu leves assobios sem poder distinguir sua proveniência, nem emitir uma hipótese quanto à sua origem.

— O que lhe parece um bloco de pedra branca é, na verdade, uma mesa — disse o meu guia. — É em parte uma mesa de operações; olhe, ela é grande o bastante para que um homem possa se deitar estendido.

"Você vê esses grandes botões ao lado da mesa? Alguns são verdes, outros vermelhos, e eu lhe direi para que servem.

"Antes, é preciso que eu lhe dê, digamos, um pequeno curso a respeito da origem das doenças. É preciso, de início, que você saiba que toda doença, qualquer que seja, é, antes de mais nada, uma doença da aura, ou mais precisamente do corpo astral.

"Você já sabe que é o corpo astral que fornece ao corpo físico o seu influxo de vida e permite a ele se desenvolver.

"Se você quiser, olhemos as coisas de uma outra maneira:

"O corpo astral evolui no plano astral ou mental. Ora, você imagina o quanto o universo mental de uma pessoa pode influenciar o seu corpo físico.

"Um simples cansaço é uma doença de ordem mental. Atenção, não interprete mal o que estou querendo dizer. Quando digo doença de ordem mental não quero dizer que se trata de uma doença que põe em questão o equilíbrio psíquico da pessoa. Não é isso, em absoluto.

"Para falar em termos mais terra a terra, ou mais prosaicos, é a corrente de boa ou de má moral que o ser desenvolve ao seu redor a cada instante de sua vida que causa o seu estado físico. A tudo isso, é preciso também acrescentar a influência da corrente kármica.

"Já lhe ensinei que o homem, e aliás todo o universo, é regido por um dinamismo binário, ou, se quiser, pela lei do positivo e do negativo.

"Você também me compreendeu quando eu lhe disse que o homem é construído segundo uma estrutura ternária. A importância do número três não lhe escapou.

"Esse dinamismo e essa estrutura são tão reais no plano astral como no plano material propriamente dito. Resulta disso que, segundo o poder da alma, toda doença é o resultado de uma desarmonia entre os ritmos binários e as estruturas ternárias de um organismo. Nos níveis planetário e universal, o raciocínio é idêntico.

"Há mundos doentes, mundos que morrem de morte física.

"Um universo é um corpo que vive; enquanto corpo, é dotado

de uma Alma e de um Espírito. Os mundos e os planetas são os seus órgãos. Mas esses mundos e esses planetas são igualmente corpos com uma Alma e um Espírito.

"Os alquimistas de todas as épocas e de todos os lugares conheciam essas verdades.

"A Terra, no ciclo em que está, é, no presente momento, um órgão e um organismo doentes, mais doentes ainda pelo fato de os homens que vivem nela a corroerem com os piores ácidos que podem existir: o ódio e o egoísmo.

"Mas isso nos afasta do nosso assunto.

"Eu lhe dizia que era a alma, e não o corpo, a fonte do sofrimento. Partindo dessa constatação, é para o corpo astral que todos os cuidados devem convergir, pelo menos idealmente, pois na Terra ainda se está bastante longe de se poder ensinar corretamente esses métodos de cura.

"Há, no entanto, um número considerável de planetas onde isso é coisa banal. Outros, um pouco menos avançados que estes últimos, usam uma medicina a meio caminho entre esta e a dos terrestres. No astral, pelos instrumentos que vou lhe mostrar, você verá que se faz apenas o tratamento do corpo astral, pois ele é tudo o que nos diz respeito.

"O corpo físico e seu duplo astral ou mental são dotados de pontos privilegiados, e desses pontos depende a sua saúde.

"Ah! — exclamou subitamente o meu guia, abandonando seu ar sério. — Vejo o que você está pensando!

"Você está pensando nos pontos de acupuntura dos chineses!"

— Sim, é exato; não é disso que se trata?

— Não, em absoluto.

"Os pontos de acupuntura têm certas relações com pontos do corpo astral, mas de maneira bastante indireta. Os pontos de acupuntura estão, em geral, mais ligados ao magnetismo cósmico e ao magnetismo proveniente da própria Terra do que ao plano astral propriamente dito. Esse caráter cósmico da medicina chinesa encontra, aliás, confirmação no número de pontos privilegiados que ela descobriu no corpo:

"Trezentos e sessenta e cinco, o mesmo número de dias terrestres, repartidos em doze categorias, segundo os doze meses do ano.

"Assim, não é disso que eu queria lhe falar, mas dos diferentes pontos que se escalonam ao longo da coluna vertebral.

"Esses pontos são em número de sete, como as sete notas musicais fundamentais, às quais eles correspondem.

"Há várias maneiras de classificá-los; porém a mais simples é, sem dúvida, a que consiste em ir da base para o topo, isto é, da base da coluna vertebral até o topo da cabeça, seguindo o caminho da medula espinhal.

"Esquematizo um pouco pois, na verdade, apenas seis pontos se situam realmente ao longo da espinha dorsal, uma vez que o sétimo fica no topo da caixa craniana. Esses pontos são chamados pelos hinduístas — embora eles não sejam os únicos a mencioná-los — de *chakras*, isto é: rodas. Em imagens, são também chamados de lótus.

"Cada lótus tem um número diferente de pétalas, de acordo com a posição que ocupa.

"O primeiro chakra está ligado ao princípio da terra e se situa perto do cóccix. Nele, está enrolada sobre si mesma uma força terrível, a Kundalini. É ela que é utilizada, embora muito parcialmente, durante o ato sexual. A Kundalini desempenhou um papel muito especial na história da humanidade.

"Toda a força energética do eixo cerebrospinal concentra-se nesse lugar. Ela está enrolada como uma serpente e atua sobre os chamados nervos sagrados. É essa serpente que é preciso reconhecer no *Gênesis*. Lembre-se bem disso!

"A serpente dos tempos bíblicos é a energia bestial instintiva e puramente sexual que domina o homem, sendo os sexos simbolizados pela maçã.

"Não creia, por isso, que o ato carnal seja mau; ele só se torna mau quando é praticado sem amor. Sem dúvida, você já ouviu falar da ioga tântrica. Ela tem sido exaltada nestes últimos anos, não porque se trata de uma forma de ioga mas porque se trata de sexualidade.

"A ioga tântrica bem compreendida propõe-se a atingir o nível da consciência suprema por meio da força controlada da Kundalini. É uma via possível entre muitas outras mas, na minha opinião, comporta numerosos riscos.

"A propósito desse primeiro chakra, saiba que ele é particularmente sensível às influências da lua.

"Preste agora toda a atenção, pois a ciência das rodas e dos lótus tem uma importância extrema para o homem, que ao mesmo tempo é corpo e alma."

Ao dizer estas palavras, meu amigo dirigiu-se para uma das paredes da sala, cuja matéria me parecera um pouco diferente das outras.

Com a mão, tocou de leve a parede num lugar preciso. Logo, este passou a irradiar um vivo clarão branco, de onde surgiu, quase instantaneamente, uma silhueta humana.

— Não fique muito surpreso com a presença deste quadro luminoso.

"Esta sala serve, de tempos em tempos, de sala de estudos. Algumas das entidades que exerceram a medicina na Terra e que querem se aperfeiçoar podem continuar a exercer sua arte no astral.

"Entidades especializadas lhes ensinam, em lugares como este, quais podem ser os cuidados a ministrar ao corpo astral e, em conseqüência, a ciência dos chakras.

"Olhe bem para a silhueta luminosa que acaba de aparecer. Ela traz em si todo o resumo da ciência do lótus. Vê-se aí, distintamente, o eixo cerebrospinal, seus grandes centros magnéticos, assim como suas correspondências no organismo e no cosmos.

"No nível das vértebras do sacro encontra-se o segundo chakra, que responde ao elemento água. É por intermédio desse centro nervoso e magnético que é possível cuidar de doenças ligadas ao reumatismo.

"Se a força, e em particular a vitalidade sexual, se concentram no primeiro centro, o desejo carnal é criado no nível do segundo.

Remontemos ainda um pouco pela coluna vertebral, e veremos, no nível lombar, o terceiro plexo da medula espinhal: o do fogo.

"Ele está em correspondência permanente com as ondas emitidas pela substância material do planeta Vênus.

"Vou passar muito rapidamente pelo quarto chakra, que dirige essencialmente as funções do tato.

"O quinto chakra, que é diretamente oposto aos órgãos da garganta, controla todas as funções da boca, da deglutição à palavra.

"Mas, veja bem, seu papel não se limita a isso. Ele recebe e armazena uma das forças motrizes do universo, o éter, por intermédio do sexto chakra.

"Esse éter de ordem espiritual, e depois astral, forma e regenera as partículas de vida do organismo.

"O ser que, por meio de técnicas apropriadas, chega a desenvolver seu nível de consciência até o que se chama de abertura do seu quinto lótus pode, propriamente falando, alimentar-se de energia vital cósmica. O sol o alimenta completamente. Agora você entende um pouco melhor a veneração que os povos dos tempos antigos tinham pelo disco solar: os atlantes, os egípcios, os índios da América Central e do Sul.

"Demoremo-nos agora sobre o sexto plexo, que é muito mais rico que os precedentes. Está situado na base da nuca.

"Eu lhe digo a seguir a principal coisa que diz respeito a ele: é o chakra do Espírito.

"É por seu intermédio que a consciência humana chega a se comunicar com seu superego, a quebrar a cadeia das reencarnações. Ele é o centro da consciência espiritual e está em relação permanente com o bulbo raquidiano. Lembro-lhe que o bulbo raquidiano dos seres humanos rege a circulação sanguínea e a respiração."

— Compreendo agora por que você me falou tão extensamente a respeito da respiração iogue, do papel do sangue, de tudo o que se refere ao sopro de Vida que penetra no organismo, o 'prana'.

— É isso: você estabeleceu a conexão necessária — disse o

meu guia com um ar satisfeito. — Vejo que não se esqueceu, mas continue a me ouvir.

Aproximando um dedo do quadro luminoso, até o nível da nuca da silhueta, ele acrescentou:

— O canal que liga o bulbo raquidiano ao sexto chakra, isto é, na base da nuca, é particularmente sensível ao fluido vital cósmico que penetra nos universos; essa vibração, que é ao mesmo tempo luz, luz do Espírito, deu nascimento à luz da alma, ao astral, ao Éter, ao Akash; ela é o amém e o aum iniciais. Reflita a respeito dos papéis do quinto e do sexto chakras. Quando tiver se reintegrado ao seu corpo físico, faça o possível para que os homens meditem nestas palavras de Jesus Cristo:

"'Está escrito: Não só de pão vive o homem, mas de toda palavra que procede da boca de Deus. Eis o alimento substancial para quem sabe captá-lo.' (*Mateus*, IV: 4)

"Nesse momento, Jesus Cristo não falou por imagens, mas evocou a existência de um alimento que se concretiza para aquele que sabe vê-lo e deixá-lo ir até ele. Atualmente, ainda existem seres na Terra que se alimentam de energia cósmica.

"Por que não são vistos? Por que não se manifestam?, perguntarão os céticos. Simplesmente porque a comunhão com o Espírito só se pode fazer com a recusa de toda idéia de publicidade, qualquer que seja ela. Não se trata aqui de um número de circo!

"Os homens lhe responderão, talvez, que a razão não é suficiente, e no entanto ela o é. Algum dia, eles compreenderão o porquê de tudo isso.

"Mas eu lhe disse que havia sete 'chakras' e não seis.

"No entanto, o sétimo ocupa um lugar à parte, pois não está situado ao longo da coluna vertebral. Está no topo da cabeça; sua abertura coroa igualmente o ápice de uma vida na Terra.

"Quando a casca que encerra a sétima roda cair, o ser humano recuperará sua personalidade original, a que faz dele um Espírito.

"Então desdobrar-se-á o sétimo plexo, o do cérebro, o 'lótus de mil pétalas'. Essa é a sede da consciência crística adormecida em todo indivíduo.

"A consciência crística é a consciência iluminada e infinita, reflexo da inteligência perfeita. Ela provém dos mistérios insondáveis do Incriado.

"O 'lótus de mil pétalas' comunica-se com o exterior por meio do centro espiritual situado na raiz do nariz, entre os dois olhos, e que todo mundo conhece sob o nome de terceiro olho.

"Sobretudo, que não se diga: é hinduísta, é budista; isso é falso, pois trata-se de um dado universal. Os iniciados de todas as religiões, cristãos, muçulmanos e outros, sabem disso.

"Ouça Lucas, o discípulo de Jesus Cristo (XI: 34-35-36):

"'São os teus olhos a lâmpada do teu corpo; se os teus olhos forem bons, todo o teu corpo será luminoso; mas se forem maus, o teu corpo ficará em trevas. Repara, pois, que a luz que há em ti não seja trevas. Se, portanto, todo o teu corpo for luminoso, sem ter nenhuma parte em trevas, será todo resplandecente como a candeia quando te ilumina com a sua luz.'

"O bom senso do povo, ajudado pela vaga lembrança de um conhecimento anterior, fez da localização do terceiro olho a sede da intuição.

"Os homens disseram que ele era a Estrela do Oriente, ou ainda, o Olho de Shiva: Shiva, o destruidor do mundo da ilusão, aquele que quebra a roda kármica.

"A pomba que desceu sobre Jesus, no Jordão, para fazer dele o Cristo, é a alegoria do terceiro olho. A abertura do sétimo chakra corresponde a uma explosão psíquica no organismo de todo indivíduo em quem ela acontece.

"Olhe agora de maneira diferente para o quadro que você tem diante dos olhos: olhe as duas linhas, vermelha e verde, que se estendem do primeiro ao sexto plexo, cada uma delas de um lado da coluna vertebral.

"Uma energia circula aí constantemente. Ela é dotada de dupla polaridade, orientando por isso, de maneira binária, os seis chakras que ela liga e alimenta.

"Cada chakra possui um pólo negativo e um positivo. A medula espinhal compreende doze pólos, seis ascendentes e seis descendentes.

"Isso o fará compreender melhor, suponho, as relações entre o corpo humano e o cosmos, pois os doze pólos estão em relação com os doze signos do Zodíaco, seis em fase ascendente, do início da primavera ao fim do verão, e seis em fase descendente, do início do outono ao fim do inverno.

"O homem não é verdadeiramente um universo todo para si mesmo? Ele tem seu sistema sideral e seus planetas interiores dependendo estreitamente do disco solar, exatamente representado pelo 'lótus de mil pétalas de luz'."

Terminando essa frase, meu guia voltou bruscamente a cabeça e fixou a porta pela qual entramos. Eu imitei seu gesto, mas nada vi.

Porém, a espera não se prolongou por muito tempo.

Um ser de aparência humana entrou no recinto e se dirigiu diretamente para mim. Como os outros, ele era de uma idade indefinida, trajava uma longa túnica azul e sua cabeleira era medianamente longa.

De súbito, senti minha respiração parar. Fiquei perturbado e moralmente abalado pelo que me aconteceu.

Em menos tempo do que é preciso para narrá-lo, a entidade, prosseguindo em seu caminho com um passo decidido, atravessou o meu corpo.

Cada um dos átomos do seu ser, intercalando-se por um instante com os meus, fez passar em mim um estranho arrepio.

Lembrei-me então das palavras do meu amigo:

"Não se esqueça de que você não é dos seus. Você os vê, mas eles não podem vê-lo. Você não vibra exatamente na freqüência deles. Seus átomos misturam-se com os deles, como os do sal misturam-se aos da água para formar o mar."

O ser de rosto comprido olhou para mim, esperando minha reação com um olhar meio curioso, meio divertido. Sorri para ele; ele soube que eu o entendera.

Enquanto isso, a entidade de túnica azul se dirigiu para a tela luminosa e, com um gesto rotineiro, a apagou. Vi meu amigo levantar o braço meio estendido até a altura do meu rosto. Lentamente, ele afastou os dedos e voltou para a frente a palma de sua mão.

Num instante, a luz reapareceu na tela.

A entidade, que não teve tempo de sair da sala, ao ver a luz parou bruscamente.

Eu a vi mergulhar o olhar na luz. Então, ela fez o mesmo gesto que o meu guia. Eu deveria dizer "quase o mesmo", pois não tinha a sua amplitude. Se a posição da mão era idêntica, o braço permaneceu praticamente colado ao corpo.

Seu olhar se pôs a varrer lentamente a sala. Seus olhos esboçaram um sorriso, e depois a sua boca. Todo o seu rosto se iluminou. Então, sem dizer uma palavra, ele dirigiu-se para a porta e saiu.

Meu guia nada mais disse. Aliás, não experimentei a necessidade de interrogá-lo.

Sei que o ser compreendeu que uma entidade do astral superior estava presente na sala.

Agora sei também que meu amigo não utiliza seus poderes a distância a não ser raras vezes, e em situações muito precisas. Ele não dissipa uma energia que ele sabe ser preciosa e de origem divina.

Se, para fazer jorrar uma luz, basta-lhe roçar um botão, ele roçará esse botão; não fará nenhuma ação espetacular com o único propósito de exibir seus poderes. Lembro-me de que me disse um dia, por ocasião de um dos nossos primeiros encontros:

"Não derrame sua energia em discursos estéreis, não procure convencer, por todos os meios, quem não pode ser convencido. Da mesma maneira, se o Espírito Divino lhe fez o dom de um poder, não o utilize para provar suas capacidades. Guarde o seu poder para o dia em que você terá necessidade dele, ou em que outros terão necessidade dele. Se não agir assim, você e o seu poder serão depreciados, e você não será, aos olhos de todos, senão um prestidigitador entre outros, alguém que faz bons truques e do qual se espera apenas uma coisa: ser apanhado em erro."

A sala de estudos estava mergulhada no silêncio e meu guia parecia esperar que eu estivesse atento ao que ele ia me dizer.

— Vamos, é preciso terminar o que começamos... Não será por muito tempo; reconheço que minha exposição é um pouco árida...

"...Não é preciso dizer que Jesus conhecia a fundo a ciência dos chakras. Depois de sua ressurreição, ele passou muito tempo na Terra a ensinar aos seus discípulos o que o mundo conhece hoje sob o nome de 'disciplina iogue'. Ele lhes ensinou como fazer circular a energia vital ao longo da coluna vertebral por meio da respiração e da concentração. Ensinou-lhes como abrir à vida consciente cada um dos seus chakras a fim de obterem, em comunhão com o Espírito, diferentes poderes sobre eles mesmos, sobre a natureza e sobre os outros.

"A partir desse momento, a fé dos discípulos de Jesus Cristo não foi mais uma fé cega; ela se transformou em fé atuante sob a influência do Conhecimento.

"Paulo e João foram os dois homens que compreenderam melhor o ensinamento de seu mestre sobre este capítulo.

"Eu poderia estender-me por muito tempo a respeito desse assunto, porém restam-me tantas coisas a lhe dizer...

"É preciso, no entanto, que você conheça certos pontos a respeito de um dos textos mais esotéricos de todo o Cristianismo: o *Apocalipse*.

"Ele foi realmente escrito por João, o discípulo, e não por um outro João, como pretendem alguns. João menciona aí a ciência dos sete lótus. Que os homens releiam o *Apocalipse* (I: 20):

"'O mistério das sete estrelas' representa, no nível de leitura mais elevado, o mistério das sete rodas de luz. De acordo com esse 'mistério', Jesus Cristo ensinou aos seus discípulos uma técnica meio fisiológica e meio psíquica.

"Essa técnica tinha por objetivo, por mais surpreendente que isso possa parecer a certos cientistas, a supressão da carboemoglobina do sangue em proveito da oxiemoglobina. Em outras palavras, trata-se de um método que visa substituir o gás carbônico do sangue pelo oxigênio. O organismo se encontra, devido a isso, embebido em átomos de oxigênio e estes criam uma força poderosa que percorre a medula espinhal.

"Essa técnica, aplicada em seu mais elevado grau de perfeição, permite uma metamorfose total das células do organismo, que se tornam, por si sós, força energética pura e simples.

"Isso permite compreender, ao primeiro olhar, o princípio da teleportação do corpo físico.

"Lembre-se, como eu já disse, que a matéria está, em geral, carregada negativamente. Ora, na matéria, você admitirá que é preciso incluir o corpo físico."

— Sim — disse eu. — Os tecidos do organismo humano têm, pois, uma polaridade negativa.

— É isso mesmo, e ainda mais devido à presença de uma quantidade muito grande de gás carbônico no sangue.

"É preciso, no entanto, levar em conta uma exceção, e é aqui que as coisas se tornam interessantes.

"O corpo inteiro está carregado negativamente, exceto... o cérebro e seus auxiliares, no sistema nervoso, que são dotados de uma polaridade absolutamente positiva. Eles estão, de fato, repletos de oxigênio, e portanto de luz, de partículas de vida. Os americanos observaram esse fato alguns anos antes da última guerra mundial. Estudos muito avançados nesse sentido devem ser realizados em proveito de toda a humanidade.

"Jesus Cristo, seus apóstolos e os iniciados orientais não foram, com certeza, os únicos detentores da técnica das sete estrelas.

"Perto de sua época, no próprio Ocidente, há seres que praticaram a ciência dos chakras sem conhecer a sua existência, a tal ponto era intenso o seu apetite pelo divino. Penso em Teresa Neumann, que se alimentava da força que aciona o motor cósmico, a do quinto chakra, a da luz do sol, da luz do Éter.

"A mesa que está aí, no meio desta sala, é, como você sem dúvida já percebeu, uma mesa de tratamento. Nela os pacientes se deitam, e os botões multicoloridos que você pode ver servem para regular a freqüência das vibrações que a parte plana da mesa tem capacidade de emitir nos locais dos diferentes chakras de acordo com a vontade dos médicos, isto é, de acordo com as necessidades dos doentes. Mas isso basta por ora. Segure em minha mão e me siga, vamos subir."

Tomei a mão de meu amigo e toda percepção me pareceu instantaneamente arrebatada.

A vontade do meu guia substituiu a minha. Senti que estava sendo tragado em direção ao teto da sala com velocidade espantosa, mas também com uma grande doçura.

Um turbilhão de luz me envolveu, e tudo terminou... O cenário mudou.

Ouvi uma voz atrás de mim que me disse:

— É preciso que você se habitue com esse meio de locomoção. Pensar que se está lá onde se gostaria de estar... Aí reside o segredo; aqui, não há nada de mais simples.

Eu mal me refizera da minha viagem e meu guia já havia percorrido o vasto cômodo no qual agora nos encontrávamos.

Sua forma era a de um retângulo. Eu não saberia dar as proporções exatas, mas sua superfície parecia ter cerca de cinqüenta metros quadrados.

Dessa vez, não estávamos sozinhos. A atmosfera era a de uma sala de trabalho em plena efervescência.

— Aqui, as entidades que se ocupam dos tratamentos trabalham por turnos — afirmou o meu guia. — Estamos na sala situada na parte mais alta da pirâmide. Aí, as radiações são muito fortes, e eis porque não é recomendado trabalhar mais de um dia de tempos em tempos, pelo menos quando se está num estágio de evolução espiritual que não ultrapassa o deste plano. Falo, obviamente, em dias astrais.

De início, esse compartimento me pareceu a réplica do precedente, diferenciando-se dele apenas pela cor dourada das paredes. Sua transparência parecia possuir virtudes apaziguantes.

Outra coisa atraiu a minha atenção: também ali um bloco que parecia feito de pedra estava situado no meio da sala. Dessa vez, no entanto, não se tratava de uma mesa.

— É um cofre!
Meu guia fez essas palavras ressoarem em mim com insistência.
— Você pode se aproximar...
Porém, não cheguei a me habituar facilmente com a presença dos seres atarefados que iam e vinham ao nosso redor, ignorando a nossa presença. Foi preciso que meu guia desse um primeiro passo em direção ao centro da sala para que eu me decidisse, por fim, a fazer um gesto.

Foi então que consegui distinguir sobre o solo, ao redor do cofre central, pequenas pirâmides amarelas com cerca de dez centímetros de altura.

Maquinalmente, pus-me a contá-las: havia doze.

— Sim, doze — repetiu o meu amigo. — Doze como os meses do ano terrestre, doze como os doze signos do Zodíaco, como os doze salvadores de cada um dos ciclos da humanidade, os doze discípulos de Jesus Cristo, os doze pães ázimos das doze tribos de Israel. Doze foi o número do universo para Pitágoras; doze foi o número de mandamentos de Moisés.

— Houve doze mandamentos?

— Sim, alguns homens já estão informados desse fato. Moisés revelou inicialmente doze mandamentos. Os dois últimos, de natureza mais esotérica que os precedentes, logo foram subtraídos ao conhecimento de todos. Seu ensinamento corria o risco de ser mal-compreendido. Em três ou quatro séculos, talvez, se o homem sair vitorioso do nascimento de 'Aquarius', os dois mandamentos misteriosos serão revelados.

"Mas agora deixe de lado essas pirâmides e volte sua atenção para o cofre. Olhe como suas paredes são espessas; como as do cofre da Grande Pirâmide do Egito, elas têm a cor vermelha. Aqui elas não são de granito, mas de uma matéria ideal nascida do pensamento das altas entidades astrais.

"Na Terra, um bom número de especialistas ainda acha que o cofre da Grande Pirâmide, que é quase idêntico a este, foi construído com o propósito de servir de sarcófago ou de qualquer coisa de análogo.

"Nada disso!

"Que um ser humano, dotado de poderes sensitivos mais desenvolvidos que a média, se deite dentro dele. Ele perceberá facilmente a intensidade das forças concentradas nesse lugar. As sessões de tratamento, praticadas de maneira repetida e vigiada no cofre que você tem diante dos olhos, regeneram de maneira prodigiosa todo organismo astral gravemente lesado. As doze pirâmides desempenham apenas um papel anexo, e não acho que seja necessário explicar a você esse papel.

"Agora, partamos! Nada temos a fazer aqui. O tempo urge para você. É preciso que relate isso aos homens sem omitir detalhes.

"Tanto quanto puder, você e o ser que trabalha ao seu lado pela mesma causa precisam estimular a reflexão dos homens."

Capítulo 7

"É Preciso que Muitos dentre Eles se Lembrem de que um Dia Foram... Atlantes"

Uma areia quente apóia a planta dos nossos pés. A luz penetrante do cosmos astral faz brilhar cada um dos seus grãos.

A alguns metros de nós, um mar límpido faz rolar docemente suas ondas de reflexos róseos e verdes.

A laguna está deserta, selvagem, tranqüila. Paisagem do começo dos tempos, natureza da natureza, espelho que reflete a face do Ser Único.

Mortas estão as usinas e as máquinas; longe estão os gritos da multidão e o passo cadenciado dos exércitos que desfilam. Minha vontade rejeitou o velho universo em plena heresia.

— Onde você mora, Mestre? Você me fez perambular de um extremo ao outro do universo da alma; você me contou a história dos homens, da sua Terra e do seu exílio, e logo me falará a respeito dos mundos; mas e você, onde fica?

— Você veio à minha casa, no outro dia... Lembre-se daquela selva, daquelas flores gigantes de perfumes embriagadores. Lá está o meu domínio; lá e no universo superior da Alma.

"Não se surpreenda; não tenho casa de pedra nem de madeira. Minha casa é aquela que me foi oferecida pela luz do Espírito e do astral superior.

"Uma casa para me abrigar, para fazer o quê? Para me abrigar do quê? Os milênios me livraram do corpo. O que eu poderia temer?

"Escolhi esta vida, ainda por certo tempo, a fim de completar uma missão que o meu corpo físico tinha empreendido. Em seguida, eu me aproximarei do Pai infinito e de um outro eu mesmo.

"Assim como meus irmãos do astral superior, por que eu teria uma casa? Para repousar? Você acredita que o repouso seja necessário?

"A fadiga morreu com a minha carne. Minha casa é o astral superior dos homens, e amanhã será o universo, pois a casa de Deus é o universo."

— No entanto, sua aparência... Você não se assemelha a nenhum dos seres do astral que eu vi até agora.

— Não sou da Terra, você sabe disso. Nasci num planeta muito afastado do seu; mas eu sei o que você quer dizer. Você se surpreende por não ver nenhum dos meus semelhantes na companhia dos homens do astral. No reino dos mortos você não os encontrará.

"Somente alguns participam do 'governo' de todo o astral.

"Na realidade, eles estão ligados ao alto plano astral do seu planeta de origem, como eu de tempos em tempos estou. Desse modo, para cumprir a minha tarefa, não estou no astral do meu próprio mundo. É preciso que você aprenda que não existe um astral, mas 'astrais'.

"Cada mundo, cada planeta, tem o seu astral particular. Todo corpo material vivo e visível é reflexo de um corpo invisível.

"O homem descobriu um universo num átomo. Agora, é preciso que ele descubra que a vida corre nas veias do universo.

"Eu quero que você perceba tudo isso por si mesmo. É necessário que você volte à Terra sem voltar ao seu corpo. É preciso que você plane acima dela por um momento e, depois, se projete no Espaço, subindo muito alto, muito alto, além das camadas da atmosfera, e depois olhe para Eretz, a terra de origem."

Meu amigo fixou seus olhos nos meus e foi como se tivesse puxado uma cortina.

Instantaneamente, vi o meu corpo repousando abaixo de mim num sono profundo, quase hipnótico. Sua imobilidade era perfeita.

"Plane por alguns instantes, repouse."

As palavras do meu guia voltaram à minha memória.

"Suba; o motor é a sua vontade."

Com dificuldade, meu corpo astral estabilizou-se e começou sua ascensão. Integrei-me ao teto do meu quarto e depois o abandonei debaixo de mim.

Fechei os olhos, refugiando-me em mim mesmo e concentrando toda a minha força de vontade. Pareceu-me que fui projetado para diante com uma força espantosa. Não tive nenhuma sensação física. De repente, a voz do meu guia ressoou em mim:

— Abra os olhos e deixe de lado todo o medo e toda a apreensão; caso contrário você voltará violentamente ao seu corpo.

A visão era extraordinária. Uma massa enorme estava diante de mim. Manchas brancas, cinzentas e ocres espalhavam-se pela sua superfície.

Levantei um pouco o olhar e divisei um contorno convexo. Era a Terra! A Terra, tal como apenas um cosmonauta pode vê-la!

A partir do meu umbigo e em direção à imponente massa alongava-se uma fina fumaça cinzenta, como se estivesse esticada e vibrando por inteiro: meu "cordãozinho de prata", disse a mim mesmo. É ele que me reúne ao meu corpo físico; é ele que, um dia, o dia em que o meu coração deixar de bater, se dissolverá lentamente no Éter, restituindo-me a liberdade.

— Você ainda não chegou. Continue a subir, que está muito perto — disse a voz.

A ascensão recomeçou. Abandonei maquinalmente meus braços ao longo do corpo; tentei não pensar em nada enquanto sentia os efeitos da aceleração.

Um vazio se fez sentir lá onde nasce o pequeno cordão cinzento que se estende indefinidamente, sempre renovado.

— Pronto, você chegou.

Uma grande bola estava suspensa no espaço, ligeiramente abaixo de mim. Seus reflexos eram azuis e ocres. Reinava ali uma calma infinita; um clarão estranho e muito brilhante envolvia tudo.

A partir desse momento, um sol impassível dardejava sobre mim os seus raios, que não chegavam a me dar calor nem a me ofuscar. A voz do meu amigo continuava a me guiar, incansavelmente.

— Deixe-se levar um pouco para o lado; não olhe na direção do sol. Agora, pare e fixe os olhos na Terra, calmamente. Procure perceber a aura da Terra. Você está surpreso? Não deveria... Você sabe que todo corpo emite ao seu redor um halo de luz segundo a sua natureza, seu estado de saúde física e moral.

"A Terra não é exceção. Ela vive. Eu já lhe disse isso. Use a técnica que você conhece; prenda-se apenas aos contornos do globo. Que todo o restante se desvaneça diante dos seus olhos.

"Isso não é mais fácil com a visão astral do que com a visão terrestre?"

A radiação secreta do planeta me apareceu aos poucos, sob a forma de uma larga faixa luminosa em perpétuo movimento.

A voz recomeçou:

— Que cores você vê?

— Cinza, cinza mais ou menos escuro, mais ou menos azulado, de acordo com os lugares.

— A Terra está doente. A Terra está cansada de levar consigo homens que se matam uns aos outros; a Terra está fatigada de alimentar seres que não conseguem passar uma hora de sua existência sem emitir um pensamento nefasto.

"As pequenas criaturas eretas se consideram os reis da Criação sem nem sequer compreender o seu funcionamento. Elas não entenderam que o corpo humano e seu encéfalo emitem vibrações que são captadas por tudo o que os circunda.

"A Terra é obrigada a absorver as correntes negativas geradas pelo ser humano. É isso que perturba a sua vida profunda, e é disso que ela sofre.

"É todo o ódio contido na raça humana que ela rejeita na sua triste aura. Se os homens persistirem no caminho que escolheram até agora, a radiação do seu planeta se obscurecerá mais a cada dia, até a saturação completa. Uma catástrofe final será a conclusão necessária de tudo isso.

"A Terra soltará um grande suspiro e voltará ao zero. Isso já aconteceu e corre o risco de acontecer de novo de maneira relativamente rápida.

"Não é necessário que o mundo faça novamente a experiência da Atlântida e das civilizações que a precederam.

"A aura da Terra não é sempre a causa direta dos grandes cataclismos que devastam a superfície do globo. Veja, a aura que é o reflexo da vida de um organismo serve igualmente de ímã e de escudo.

"Você sabe o que significa a expressão 'ter os átomos enganchados com alguém'*?

"Isso quer dizer, simplesmente, que a radiação áurica de dois seres está em concordância, está em harmonia, que desempenha, num certo sentido, o papel de ímã.

"Acabo de dizer que a aura também serve de escudo, e você já notou que um escudo não tem por efeito magnetizar mas, pelo contrário, repelir, proteger. O corpo doente perde suas defesas naturais e o organismo enfraquecido abre suas portas às influências externas. Da mesma maneira, o planeta doente se deixará golpear por todos os ataques vindos do cosmos.

"Ele não é capaz de resistir da mesma maneira que seria se estivesse na plena posse de suas forças; não é capaz de resistir às influências dos cometas, dos enormes meteoros, que sua trajetória cíclica faz encontrar periodicamente.

"Devido à ação dos homens, a Terra do século XX é obrigada a se preparar para catástrofes de origem cósmica, ao mesmo tempo que de origem propriamente terrestre. Em parte, é por isso que eu solicitei que mais um livro fosse escrito a esse respeito.

---

* Expressão da língua francesa corrente. (N.R.)

"Os representantes das forças nefastas não são nada mesquinhos com relação aos meios. Que os seres animados de Paz e de Amor não poupem esforços!

"É preciso que os homens do século XX procurem bem no fundo de si mesmos. É preciso que muitos dentre eles se lembrem de que um dia, há muito tempo, foram atlantes. É preciso que eles enraízem profundamente no coração o pensamento de que, se estão aí, hoje novamente, não é para cometer o mesmo erro de outrora.

"Que não se fale de Fim do Mundo! A vida sempre deve vencer.

"O que pode se produzir é o fim de *um* mundo, o dos homens atuais, aquele que eles presumem estar em pleno progresso, aquele cujos dirigentes só pensam em si mesmos.

"A Atlântida pereceu na água e a inclinação do eixo da Terra alterou-se de maneira considerável.

"É possível que a civilização moderna do século XX pereça pelo fogo, completamente impotente, e que o eixo da Terra seja completamente invertido.

"Assim são as coisas: as civilizações têm sido alternadamente destruídas pelo fogo e pela água.

"A Atlântida foi apenas um remanescente da Lemúria. Não é necessário que o mundo humano de amanhã seja apenas uma conseqüência reduzida do de hoje. A Atlântida ainda é, para a maior parte dos homens, uma lenda. Os homens riem, mas saibam eles que, daqui a trinta anos, tornar-se-ão os tristes protagonistas de uma outra lenda.

"O homem precisa aprender a amar o seu planeta. Para o seu próprio bem, pois precisa manter com vida aquele que lhe serve de fonte de ensinamentos. E mais ainda para o bem do planeta, pois ele é um ser vivo em todos os sentidos da palavra, e como tal sofre."

Meu guia fez uma pausa e depois recomeçou, fazendo com que estas palavras ressoassem claramente no fundo de mim mesmo:

— Cada um dos órgãos do planeta é um lugar sagrado. Eles estão distribuídos em cada um dos continentes, e também sob os mares. São rios, montanhas, grutas naturais. Os grandes fundadores de religiões, com muita freqüência, consagraram vários desses lugares, que se tornaram, desde então, locais de peregrinação. Nada é produto do acaso. Os órgãos visíveis da Terra são centros magnéticos.

"Alguns ainda há que não foram revelados, mas tomarão amanhã todo o seu valor. A Era de Aquarius e do sopro do Espírito deverá lhes desvelar.

"Você não deve se surpreender com o fato de Jesus ter escolhido o Jordão para aí receber a Pomba na presença de João Batista.

"As águas do Baixo Jordão são dotadas de uma particularidade. Assim como as do Ganges, elas emitem radiações que têm por conseqüência eliminar o excesso de íons negativos dos organismos.

"As águas do Ganges são, além disso, particularmente purificantes e esterilizantes. Isso poderia fazer sorrir quando se sabe do grau de poluição desse grande rio sagrado da Índia, mas a verdade, no entanto, é essa.

"O fato de alguém ter as vestes maculadas de lama significa que ele perdeu todas as suas faculdades?

"Que os cientistas não considerem, portanto, anfitriões que só gostam de convidados que trajam *smoking*, e que façam pesquisas aprofundadas sobre as águas do Ganges. Uma gruta secreta está escondida sob as águas do grande rio. Aí existem seres rezando. É deles que emana a energia transmitida pelas águas sagradas.

Mais uma vez, meu guia parou de falar. Percebi que eu não tinha mais nenhuma sensação de mal-estar por flutuar de um lado para o outro na imensidão do cosmos.

— Procure Vênus, a Estrela da Manhã. Você a encontrou? Procure Marte lá embaixo, do outro lado...

"Você não acha estranho que esses dois planetas enquadrem desse modo o globo terrestre? Lembre-se de Vênus, deusa do Amor, e de Marte, deus da guerra. Não teriam os seus Amores dado nascimento à Terra? Seu planeta não está curiosamente exposto à luta entre o Amor e o Ódio, a Paz e a Violência?

"Estranha dualidade da matéria, estranhos nomes dados pelos Antigos aos dois vizinhos do nosso planeta, você não acha? "Retome a sua visão normal e aproxime-se da Terra. Procure uma pequena mancha que se assemelha à Grécia. Procure bem; ela ainda está parcialmente mergulhada na escuridão, pois a aurora mal está surgindo para ela.

"Pense na sua viagem a Delfos; pense no momento em que você colocou a mão sobre aquela enorme pedra alongada e cônica, o ônfalo. Os homens a arrancaram do flanco da montanha onde ela estava outrora.

"Foi um grave erro, pois ela indicava um dos centros sagrados da Terra, um desses lugares privilegiados onde os iniciados sentem bater o seu pulso.

"Para os gregos, Delfos era o centro do mundo antes de ser o centro geográfico da sua pátria. Se para os homens de hoje esse lugar perdeu esse mérito, se ele não tem mais esse valor, ele deve no entanto conservar um certo valor.

"Delfos é um centro magnético. Mais do que em muitos outros lugares, o que se chama de Espíritos da natureza estão aí reunidos.

"Não é por essa razão que é preciso se interessar pela montanha sagrada pois, *a priori*, a presença de 'elementais' não deve ser procurada.

"O que é preciso ver aí, antes de mais nada, é um lugar onde o homem está perto da Terra, perto da natureza, devido a certas particularidades físicas.

"Mas, veja bem, é preciso que eu lhe fale mais um pouco a respeito do ônfalo, pois se deve tirar proveito de tudo o que pode ser utilizado para aproximar os povos.

"Na Índia, encontram-se objetos de culto que têm a forma de uma pedra alongada, erigida sobre um suporte circular. São chamados de Lingam. Simbolizam a energia divina que vem espalhar sua graça sobre a Terra, a ação positiva do Espírito sobre a Matéria. Alguns dizem que o Lingam é um objeto de culto fálico, mas se enganam por não levar sua análise longe o bastante.

"O ônfalo é um Lingam, sua significação é idêntica. Ele une a força transcendente à força transcendida e resume, por si só, o hermafroditismo divino. Falo de Delfos, mas não lhe falarei do Olimpo, montanha falsamente sagrada, antro de seres que se tomaram um dia por deuses, esquecendo-se de que eles próprios tinham sido criados.

"O próprio poeta Ovídio, relatando em suas *Metamorfoses* as lendas 'greco-romanas', não atribui a criação do mundo a Júpiter, que, no entanto, é consagrado como o rei de todas as divindades. Ele confessa sua ignorância, falando vagamente de um deus ajudado pelo progresso da natureza (1.1/23).

"Os próprios Antigos admitiam que Júpiter não era o Incognoscível.

"Você pode ler, nas *Metamorfoses*:

"Em seguida, quando Saturno foi precipitado nas trevas do Tártaro e Júpiter se tornou o senhor do mundo... (1.91/127)"

Meu guia mudou subitamente de tom. Sua voz se fez mais doce. Nesse momento, ele não era mais simplesmente o mestre que fala a um discípulo que precisa aprender para, em seguida, repetir; era o amigo que fala ao amigo.

— Agora, venha até mim. Deixe esse lugar. Ele não pode lhe ensinar mais nada.

"Quis fazer com que você visse com o que se assemelhava a Terra pilhada, ferida em sua carne e em sua alma. Feche os olhos e pense com força na praia de areia quente onde eu estou e onde você está agora."

Uma espiral de luz tirou-me a visão que eu tinha da Terra. O tempo ficou suspenso sobre uma palavra do meu guia, sobre um desejo que nasceu em mim numa fração de segundo.

Meu amigo me esperava na praia.

Estava sentado na posição de lótus, os olhos fixos em mim, imperturbavelmente.

— Meu corpo astral permaneceu aqui, diz ele, mas o meu Espírito não o abandonou. Sente-se, estaremos mais à vontade para discutir. Quero falar-lhe ainda da vida da Terra. E ainda vou lhe falar da Índia e do Tibete.

"Você dirá: de novo! Esses países são mais ricos do que os outros?

"Não são mais ricos! São apenas mais velhos, na medida em que sua geografia física não mudou de maneira considerável desde o último dilúvio.

"Continentes como a Europa, a África e a América foram em grande parte remodelados; países inteiros desapareceram e outros surgiram dos oceanos. Os últimos grandes sobressaltos da crosta terrestre remontam a muito menos tempo do que os homens pensam. Ocorreram entre 12.000 e 9.000 anos terrestres atrás.

"Os Espíritos dos seres das humanidades anteriores empenharam-se, a fim de bem executar o Plano divino, para que uma parte da Ásia fosse poupada e permanecesse um importante centro espiritual. A Índia foi, há 13.000 anos, um país extremamente rico. Todos conheciam as leis da materialização; no entanto, como tinham tudo à disposição, acabaram por se deixar levar pelo comodismo.

"Os indianos pagam hoje os séculos de inação e de negligência completa dessa época. Eles conheceram a abundância e agora conhecem a fome. Servem de exemplo à roda do karma.

"Não pense que Deus os castigou. Deus jamais castiga. O homem castiga a si mesmo, e, com bastante freqüência, não há pior castigo do que aquele que uma Alma apaixonada pelo Divino inflige a si mesma.

"A missão da Índia consiste em apontar uma direção espiritual. Também consiste em fornecer ao mundo seres de elite capazes de fazer muito pela humanidade.

"Saiba que se pode fazer muitíssimo pelos outros, até mesmo permanecendo aparentemente inativo.

"Na Terra, a maioria dos indivíduos não conhece mais o poder da prece. Uma prece é uma onda de bondade capaz de percorrer o mundo e os universos. Bem dirigida, ela não conhece barreiras.

"A Ásia — em particular a Índia e o Tibete, mais do que qualquer outro país — conservou técnicas que permitem o controle preciso e eficaz das ondas emitidas pelo cérebro humano."

— Você está se referindo aos mantras?

— Também, mas há outras técnicas além do mantra.

"No Ocidente, falou-se muito, nestes últimos anos, de um método chamado de 'Coué'. No entanto, ele não tem nada de novo. Os ocidentais apenas retomaram a técnica milenar dos mantras.

"Mantra significa 'ferramenta do pensamento'.

"Toda frase pronunciada de uma certa maneira, na qual se faz predominar certas sonoridades, em particular os tons graves, tem o poder de se dirigir ao Eu daquele que a pronuncia; isto é, à sua Alma, à parte da sua consciência que habita o corpo astral.

"Seres especialmente treinados, e sob a influência de uma vontade espiritual poderosa, tocam, por meio da prece, seu Superego, ou Espírito, comunicando-se assim com o Divino. O Espírito acaba, dessa maneira, por agir sobre a matéria. No cosmos, não existe nenhum segredo, nenhum milagre.

"É preciso simplesmente compreender e utilizar as leis de Deus. Eu disse há pouco que as sonoridades de ressonância grave tinham uma importância particular no mecanismo da prece. Este é um princípio que foi especialmente aplicado em duas religiões, o budismo tibetano e o cristianismo.

"Você já ouviu os monges tibetanos orando?

"O som de sua voz se faz a tal ponto grave que parece sair das entranhas da terra. A monotonia aparente desse canto não é estranha ao objetivo visado. As sonoridades repetidas regularmente, ciclicamente, com leves variações, têm um papel hipnótico.

"O monge tibetano pratica, portanto, sobre si mesmo, uma espécie de auto-hipnose, por meio da qual consegue se 'desconectar' momentaneamente do mundo da matéria e entrar em contato com sua Alma e, depois, com seu Espírito.

"Se você se detiver sobre a obra de Johann Sebastian Bach, perceberá que, no Ocidente, ele foi o primeiro músico a compreender, conscientemente ou não, esse mecanismo. O mínimo que se pode dizer é que ele o aplicou de maneira regular em suas composições religiosas.

"Para a repetição de sons muito sutilmente diferenciados de

mil e uma maneiras, ele utilizou o violoncelo num registro extremamente grave. Ouça com atenção a *Paixão Segundo São Mateus*; siga, em particular, as nuanças das respostas de Jesus Cristo e seu acompanhamento pelo instrumento de arco. Porém, é com o órgão que o Ocidente dá provas de gênio no domínio da música de cunho espiritual.

"Há um instrumento mais rico que esse?

"Veja bem, a repetição cíclica dos sons não tem, simplesmente, um caráter hipnótico; ela resume e esquematiza a marcha cíclica do universo, o movimento circular do motor cósmico.

"A música dita eletrônica de certos autores jovens do século XX retoma esses princípios.

"Se ela conhece um tal sucesso, é porque o homem sabe inconscientemente o que ela significa e que ela desencadeia em si mesmo um mecanismo benéfico:

"Ela faz vibrar as suas cordas mais íntimas, que correspondem ao que ele é e não ao que ele quer ser e parece ser."

Enquanto o meu guia me dirigia a palavra, eu não conseguia deixar de admirar o fluxo e o refluxo das ondas que vinham extinguir-se na orla.

A abóbada celeste revestira-se de um manto de cor lilás. Nenhum sopro de vento. Reinava ali um silêncio infinito, simplesmente pontuado pela respiração entrecortada do mar. Creio que meu amigo percebeu o meu maravilhamento diante de tanta serenidade.

Ele parou de falar e me fez ouvir o silêncio. As próprias ondas estavam apenas sussurrando.

Ouvi e pareceu-me que o ar cantava, que a luz astral fazia tilintar mil delicadas sinetas.

— A luz é um som; ela é palavra divina — disse simplesmente o meu guia, olhando-me fixamente com seus pequenos olhos. — Nas camadas elevadas do astral, o homem se beneficia de um gozo antecipado da Paz. As cruéis dualidades constitutivas da matéria se desfazem aqui.

"Você sabe que a verdade absoluta não está neste lugar, longe disso. Mesmo assim, é uma etapa importante no caminho ascendente que leva até lá.

"Aqui, nenhuma entidade combate o vizinho, não pilha a natureza nem ofusca a luz.

"Você sabe o que é a Paz de Deus?"

Meu guia me fez esta pergunta de maneira um pouco brusca, enquanto todo o meu ser se abandonava à doçura de viver.

— Não — disse eu, sem me dar realmente ao trabalho de refletir.

— A Paz de Deus é o que é preciso estabelecer na Terra dos Homens.

"É uma Paz cheia de energia e nada passiva. É a Paz que não é uma trégua; Paz que desce do Espírito Santo sobre os seres e anseio de Paz que sobe dos seres para o Espírito Santo.

"Saiba bem disto: a Paz de Deus é uma paz de ordem cósmica, não porque está inexoravelmente sujeita às leis do cosmos, mas porque decorre da harmonia que existe entre o homem e o cosmos. É a Paz do homem no universo, mas também é a Paz do homem em si mesmo.

"Ela é a porta aberta da Morada original, o limiar que marca o fim de um ciclo e o início de outro.

"A alma se funde com o Espírito no imaterial. No mundo material, é o advento de Ganimedes, aquele que verte o néctar na taça dos deuses; é o advento de Aquarius, signo de água, como o peixe de Jesus Cristo, mas, acima de tudo, signo de ar, sopro do Espírito. Num primeiro momento, você deverá trabalhar, você e aquela que partilha tudo com você, para o advento do novo Ciclo na Terra.

"Num segundo momento, vocês trabalharão para o desenvolvimento do homem, a fim de tirá-lo do mundo das dualidades. Forjem cuidadosamente a obra de vocês; façam dela um instrumento que sirva para a reintegração da Alma no Espírito."

— Mestre, desenvolver idéias é fazer uma ação; mas será que orar também é fazer alguma coisa pela humanidade? A prece tem um eco fora de nós mesmos e do nosso Superego?

— Certamente! O homem que faz uma prece dirige-se ao seu

Espírito, mas sua aura dirige-se ao resto do mundo. Assim como o bulbo raquidiano e o cérebro, ela emite radiações positivas. Eflúvios benéficos podem ser assim derramados sobre a Terra e mudar radicalmente a própria aura da Terra. Cabe apenas aos homens salvar-se ou perder-se. Não acuse os monges reclusos de inação, pois eles trabalham de mãos dadas com os artesãos da Paz que trabalham na vida ativa.

"Mas você não acha que saímos do nosso assunto? Quero que você conheça e faça conhecer os grandes centros da vida terrestre."

Com muita nobreza, meu guia se levantou e deu alguns passos em direção ao mar. Jamais notei tanto a sutileza de sua silhueta.

— Sei bem que isso é difícil neste cenário — disse ele — mas tente imaginar o Himalaia! Você vê aqueles cimos que se debruçam sobre a Terra?

"Acredite em mim, não é por nada que ele foi chamado de o Teto do Mundo. O Tibete é um dos raros lugares que não sofreram o Dilúvio.

"Pode-se ainda encontrar nele cidades inteiras de 12.000 anos ou mais. Os chineses não penetraram em seu segredo; sua raça não está pronta.

"Mas não é sobre elas que eu quero lhe falar. Sem dúvida, você já ouviu falar a respeito do Monte Meru, também chamado de Kailasa*.

"Ele é o grande cimo sagrado do Tibete, a medula espinhal do mundo, o eixo da roda sagrada simbólica.

"Se você tem algumas lembranças geográficas, sabe que os quatro grandes cursos d'água que são o Karnali, o Satlej, o Indo e o Brahmâ-putrâs nascem no cerne mesmo do Kailasa. Eles figuram os quatro pontos cardeais e os raios da roda sagrada. Até aqui, você vai me dizer que isso não é tão extraordinário assim. Eu concordo.

---

* Ou, ainda, Kailash.

"O que você ainda não sabe é que existem, aos pés do Meru, dois lagos:

"Ao leste, o Manasarovar, e a oeste, o Raskatral. Você não precisa decorar-lhes os nomes; o importante é conhecer sua existência e sua posição.

"O primeiro tem a forma geral de um sol; ele é exatamente o astro do Oriente e simboliza, para os tibetanos, todas as potências da luz.

"O segundo, mesmo que você pense que se trata de um acaso, se estende para o oeste num crescente lunar.

"Os peregrinos que outrora se encaminhavam para esse lago viam nele as forças noturnas, forças assustadoras porque desconhecidas e mal-utilizadas.

"Todo esse simbolismo não lhe faz pensar na tradição alquímica ocidental?

"Lua e sol, negativo e positivo; eles não lembram a você as duas polaridades da corrente vital que liga os chakras da medula espinhal?

"Os dois lagos do Kailasa são os dois pontos de partida dos rios de energia cósmica e psíquica que percorrem o eixo do universo espiritual. O lago do sol representa o lótus de mil pétalas da Terra, sua consciência suprema; o lago da lua representa o chakra básico da Terra, sede da Kundalini e das potências interiores.

"Você não acha surpreendente ver duas extensões de água simbolizarem desse modo o curso da evolução do homem, da Terra, do universo?

"Eu lhe falarei novamente a respeito do lago do sol levante num dos nossos próximos encontros, pois a Árvore da Vida está muito ligada a ele. Sim, é isso mesmo: a Árvore da Vida.

"Veja que ela não é uma invenção cristã nem bíblica.

"O homem tenta e tentará novamente implantar sua famosa energia atômica nas regiões sagradas do Tibete. Se ele continuar assim, caminhará em direção ao desastre.

"Ele matará a Terra, seccionando seus centros vitais. É preciso fazer conhecer essa região do mundo e atrair para ela a atenção de todas as pessoas. Que, por fim, se leve em consideração um lugar que é, ao mesmo tempo, um símbolo e uma verdadeira potência. Como você e eu, como todos os seres que traz consigo e que alimenta, a Terra respira.

"O dia e a noite correspondem à inspiração e à expiração. A inclinação atual de certas pessoas para o que eles chamam de ecologia deve ser encorajada. A ecologia, no entanto, está bastante incompleta. Ela prega o retorno à harmonia entre o homem e a natureza essencialmente para a melhora das condições da vida humana. Seu erro está em não considerar o planeta Terra como uma entidade viva.

"Por outro lado, a sociedade ecológica, tal como ela é concebida atualmente pelos homens, jamais verá a luz do dia no atual ciclo de evolução da sociedade.

"O abandono dos veículos motorizados em troca de meios de locomoção mais próximos da natureza é pura utopia, ou, pelo menos, se fará apenas durante um lapso de tempo muito reduzido, conseqüência de um marasmo econômico mundial, de catástrofes sísmicas e de conflitos internacionais.

"A volta a uma existência mais rústica não é realizável e nem mesmo desejável. Embora seja o único movimento político digno de interesse imediato, a ecologia imita as outras organizações devido ao seu desconhecimento e, eu deveria dizer, à sua ignorância a respeito dos ciclos da humanidade.

"O homem foi concebido para seguir em frente. Sua pátria não é a Terra.

"Estou esquematizando de propósito ao dizer que, se é preciso suprimir o motor a gasolina, não é para restabelecer a bicicleta. Os pesquisadores precisam orientar-se para a pesquisa da energia cósmica, e entendo por isso a energia proveniente das forças ocultas da natureza, e não a energia atômica. A solução de todas as coisas está na luz e na vibração do som.

"O homem não foi feito para continuar cavalgando pelos campos ou para acionar dois pedais, ou ainda, para pressionar o acelerador de um motor a gasolina. Irremediavelmente atraído para o alto, em todos os sentidos da palavra, ele deverá refazer, até um certo ponto, o caminho trilhado pelos construtores da Atlântida. Acredite em mim: o homem foi feito, fisicamente falando, para o ar. Os primeiros séculos da Era de Aquarius, signo do ar, signo inspirador do Sopro, verão o homem físico rir de suas antigas apalpadelas sobre duas ou quatro rodas. Um novo tipo de engenho aéreo será vulgarizado.

"Não obstante, afirmo-lhe que se esses progressos vierem à luz, será de início de maneira indireta, e depois direta, sob o efeito da ajuda de seres vindos de um planeta diferente da Terra.

"Os primeiros anos do século XXI verão a chegada de homens vindos das estrelas. Eles se unirão aos terráqueos, renovando desse modo o gesto dos Elohim bíblicos.

"Eles permitirão que a humanidade compreenda o que se deve entender exatamente por 'história cíclica' e por 'espiral cósmica'."

Ao fim de um curto silêncio, meu guia voltou-se para mim:

— Agora, volte ao seu corpo — disse. — Amanhã você tomará papel e tinta e, com a sua esposa, fará com que os seus semelhantes saibam que, na medida em que são de carne e osso, se a Lua e o Sol são seus pais, a Terra é sua nutriz. Essas palavras parecerão obscuras a algumas pessoas, mas o que eu lhe disse até agora é claro e suficiente para que o que quer compreender, compreenda.

Capítulo 8

Três Releituras na Memória do Universo

O céu lembra o de uma manhã fresca e brumosa.

A cidade grande de fachadas cinzentas ainda parece adormecida. No entanto, uma atmosfera pesada reina na praça por onde caminho à semelhança de um autômato, sem saber por que nem para onde.

Diante de mim, um longo edifício de muros altos e austeros me faz pensar numa fortaleza. Uma enorme porta de madeira, descorada pelo tempo, barra a entrada.

Do que se trata? De uma prisão? De uma praça-forte? De uma caserna? Não me preocupo. Continuo meu caminho, espantado e inquieto com a calma que reina no lugar.

Aonde me levam minhas pernas? Minha vontade parece impotente para intervir no desdobramento dos gestos que executo, como uma marionete da qual se removem os fios.

À minha direita, no fundo da praça, uma enorme ponte de pedras, igualmente cinzentas, projeta suas formas pesadas por cima de um largo rio.

Como um relâmpago, um nome atravessa o meu espírito: Ienisseï. De súbito, fazendo explodir o silêncio, um som de tiro retumba. Seu eco repercute nas fachadas sem vida da grande praça. Minhas pernas decidem parar.

Tenho a impressão de estar ali, sozinho, como um cervo encurralado. Do outro lado da rua que me separa da fortaleza distingo uma coluna de homens, vestidos com vagos uniformes, precipitando-se para não sei onde, correndo ao longo dos muros, com os fuzis debaixo do braço.

Agora, o fogo crepita por toda parte.

Parece-me que cada uma das janelas da grande praça anima-se bruscamente com uma vida infernal.

Aterrorizado, não sei o que fazer. Meu olhar tenta percorrer o contorno do horizonte. Lá embaixo, uma tropa de homens surge de uma pequena rua. Eu corro, corro com todas as minhas forças em direção à ponte, que me parece, sem que eu saiba por quê, a minha única esperança.

Mais vinte metros, mais dez metros; as balas assobiam nos meus ouvidos.

Mas o que foi que eu fiz? Sou eu que eles querem matar? Finalmente, estou sobre a ponte. Sem que a minha vontade intervenha, transponho o parapeito e mergulho de cabeça nas águas do rio. Uma opressão no nível do diafragma desperta em mim uma lembrança imprecisa. Salto num buraco negro. A água não me parece fria; para dizer a verdade, não a sinto. Sei apenas que ela está por toda parte ao meu redor, e que devo esperar para voltar à superfície, como um flutuador. O tempo parece parar.

Perco um pouco da consciência do que me acontece. Subitamente, volto à superfície d'água. Ponho-me a nadar freneticamente.

Depressa, lá embaixo, na outra margem!

A mesma palavra atravessa sempre o meu espírito: Ienisseï! Ienisseï! Nadar não me parece um esforço. Meus membros, que eu não consigo mais controlar, estão sob efeito de um anestésico? A água não resiste ao meu avanço. A margem está ao meu alcance;

eu me agarro nela; vejo minhas mãos sangrarem, cortadas pela pedra, mas não sinto nenhuma dor.

Tiros ainda ressoam nos meus ouvidos, e no entanto estão mais afastados.

Num último impulso, precipito-me numa ruela. Meu corpo parece se arrastar, esgotado. Meus passos ficam mais lentos; caminho agora apoiado nos muros, como um criminoso em fuga, esgotado.

Insensivelmente, na extremidade da pequena rua, um canto se faz ouvir, monótono e profundo, semelhante a uma salmodia.

Um pequeno grupo de homens em túnicas negras desfila lentamente, vindo na minha direção.

Paro, como se estivesse tranqüilizado pela sua presença. Vejo que o homem que marcha à frente deles é um padre ortodoxo. Seu rosto de patriarca acaba por me tranqüilizar. Suas mãos trazem uma taça.

O pequeno grupo de homens passa diante de mim. Seu canto me atinge no mais profundo do meu ser. Ele é, no meu espírito, um porto de paz no meio de uma cidade onde se mata sem que se saiba por quê.

Como os outros, todo vestido de negro e usando um barrete cilíndrico, um sacerdote pára e se dirige a mim.

Gostaria de dizer a ele que sou estrangeiro, que não vou compreender, mas, para o meu grande espanto, entendo o sentido das palavras dele:

"Eles ainda estão longe?... O Serviço de Deus se fará... Aconteça o que acontecer..."

Não sei se tenho tempo de responder ao homem de negro, cujos olhos se enchem de lágrimas.

Sinto-me tragado em direção ao alto. Sinto-me arrancado para fora de mim mesmo. Com uma rapidez e uma doçura espantosas, sou levantado, deixando sob mim o corpo de um homem de cerca de quarenta anos, em farrapos, com o ar perplexo...

Uma mancha vermelha tinge sua pobre veste, no braço direito. Minha consciência parece engolida por um abismo do tempo. Nada mais existe...

O homem de rosto azul, encostado numa rocha enorme, me contempla em silêncio. Percebo que ele presta uma extrema atenção ao meu relato.

— Você bebeu na memória do universo — diz ele, simplesmente.
— Na memória do universo?
— Por que não? — respondeu o meu guia, com um ar divertido. — O universo vive como você e eu, ou pelo menos segundo os mesmos princípios básicos... Então, reconheça que ele tem todo o direito de ter uma memória. Mas há um detalhe: para ler as lembranças de uma pessoa, é preciso ser convidado. Você admitirá que não se pode confiar em qualquer um! Desse modo, para abrir a porta da memória do universo, é preciso que alguém lhe tenha dado a chave.

— Se eu tenho esse privilégio, foi você que o concedeu a mim?
— Não, você não o tem, em absoluto.

"Cada ser começa por forjar para si uma chave por meio de estudos, de pesquisas espirituais.

"Essa chave permite, de tempos em tempos, entrar em contato com a parte de si mesmo que ele mais desconhece, e que, no entanto, é mais que uma parte, pois é ele mesmo, quero dizer, o Espírito.

"Sim, toda criatura pode estar próxima do Espírito que a anima, muito mais próxima do que ela acredita. O fato de esquematizar a composição do homem, de dizer que ele é feito de um corpo, de uma Alma e de um Espírito, não deve levá-lo a pensar que o Espírito está, necessariamente, longe da consciência que toma parte na vida terrestre. Você nunca sentiu uma forte pressão entre os olhos depois de uma concentração prolongada, ou de manhã ao despertar? É simplesmente o seu Espírito que quer travar um diálogo com a sua consciência terrestre.

"Se você guardou bem o que eu lhe disse, pode compreender por que o apelo do Espírito se faz sentir entre as sobrancelhas.

"Conceda a si mesmo alguns instantes de silêncio e de meditação, e talvez você ouça a voz dele, que é, na verdade, a sua voz 'supraconsciente'.

"Você não é, certamente, o único em quem esse fenômeno se manifesta; mas se muitos seres ignoram esse fenômeno, é porque não se preocupam com isso, não sabendo que ele corresponde a algo muito importante.

"Você acha que tudo isso nos leva para bem longe da memória do universo, não acha?

"No entanto, não estamos muito afastados dela. Eu lhe fiz compreender que a própria pessoa podia abrir as portas da comunicação com seu próprio Espírito. Isso representa o primeiro passo para se ter direito às grandes confidências de que lhe falei. Chegando a esse estágio, o ser humano pode receber ou não das altas entidades astrais uma espécie de passe livre que lhe dá acesso ao que se poderia chamar de 'sala das lembranças'.

"Ser destituído de ambição puramente material é a condição prévia para tal.

"Há, na Terra, um número maior do que se pensa de homens e mulheres que têm a capacidade de mergulhar na memória do universo. O problema é que muitos dentre eles ignoram por completo as suas possibilidades e não guardam a lembrança consciente das suas experiências. Quanto a você, sua prática do desdobramento astral ajuda a memorizar o que você vê e aprende. Não fique muito contente com isso, pois as verdades às vezes são difíceis de suportar. Não que o Criador Único não tenha feito tudo para o bem maior de tudo o que vive, mas porque o intelecto aprisionado em um corpo, o mental, se você quer, adquire hábitos de pensamento, concepções estreitas e errôneas que constroem um mundo onde poucas coisas são perfeitas e onde muitas fazem parte do domínio do 'aproximadamente'."

— Sim — eu disse, um pouco perturbado — mas você me falou que a verdade absoluta era incognoscível para o homem; que restava sempre alguma coisa a aprender na infinidade do Tempo.

— Com certeza, mas isso não contradiz o que eu acabo de lhe afirmar...

"A memória do universo nada mais é que uma memória das coisas físicas.

"Mergulhando nos anais dos Mundos do Tempo, você só poderá encontrar neles soluções para os problemas históricos, geológicos, em suma, tudo o que pertence ao domínio do universo material. A solução para problemas de ordem puramente divina não se encontra lá.

"O próprio Cristo não quis definir nesse sentido o que era a verdade quando Pilatos lhe perguntou: 'O que é a verdade?' João, em seu evangelho, percebeu isso de maneira muito clara (XVIII: 38)."

— Compreendo tudo isso, Mestre, mas como funciona a memória do universo?

— Posso apenas lhe dizer que a luz astral atua como um filme sobre o qual se imprime, de maneira indelével, toda coisa realizada em qualquer ponto do universo. Desse modo, ninguém pode refazer uma ação já feita; ela existe para sempre. Cada gesto de cada homem participa, numa medida significativa, da evolução da humanidade, e pode ter consequências insuspeitadas segundo o princípio da reação em cadeia. O karma e a reencarnação se encarregam de reparar tudo.

Com uma agilidade felina, meu amigo se pôs a escalar alguns rochedos.

— Você vê essa paisagem maravilhosa, esse panorama grandioso? Ele contém em seu coração um ponto particular, que eu logo lhe darei a conhecer. Por enquanto, contemple essas montanhas com reflexos cristalinos de um verde ligeiramente semelhante ao da esmeralda. É a primeira vez que eu o trago aqui.

Senti o quanto o meu guia me conhecia e conhecia o hábito dos homens, que consiste em ignorar os instantes de plenitude que se apresentam a eles de tempos em tempos em suas vidas.

Ouvindo o meu amigo, quase esqueci a beleza dos altos cimos cobertos de neve, e da natureza mais do que luxuriante que servia de pano de fundo.

Pus-me logo a imitar o meu guia e escalei com grande prazer alguns rochedos que faiscavam na luz envolvente das altas camadas astrais.

Eu queria dizer ao leitor o que sente o coração num cenário como esse, mas preciso, com toda a honestidade, confessar a impossibilidade de cumprir essa tarefa.

Já tentei partilhar minhas impressões de quando o meu guia me fez percorrer as selvas, os oásis, as praias do astral. No entanto, uma palavra não é mais que uma palavra. Ela pode descrever uma cor, uma luz. Porém, como poderia expressar a Alma de uma cor, a Alma de uma luz?

Aqui, tudo vive, e saiba que ao dizer isso não falo por imagens. O que naquela vez me impressionou, mais do que qualquer outra coisa, foi a cor verde da montanha, nas partes não cobertas de neve. Você está pensando em vegetação, e eu também pensei nisso; mas, ao olhar mais de perto, vi que se tratava apenas da rocha.

Certo dia, meu guia me fez esta reflexão:

— No astral, a cor dominante é a verde. Você não deve se espantar com isso, pois o verde sempre teve propriedades regeneradoras, de força e de vida. Você sabe, igualmente bem, que os homens fizeram do verde a cor da esperança. Isso é natural, pois provém neles de uma lembrança inconsciente.

"O Astral representa, para aqueles que ainda não completaram sua evolução terrestre, a esperança da Vida Após a Morte. Você acha normal ver vegetais verdes, mas se surpreenderá ao ver certas rochas verdes. O verde será rico, profundamente vivificante, cor de esmeralda, cor do Graal."

Olhando para o topo da montanha, meu amigo parou por um breve instante e depois recomeçou:

— O relato que você me fez há pouco é o de uma viagem no tempo. Oh, não uma viagem no tempo como em geral a concebem os autores de ficção científica. Você não tem necessidade de entrar num veículo estranho, numa daquelas 'máquinas do tempo', segundo a expressão consagrada. Seu corpo simplesmente permanece na sua casa; é só a sua alma que parte para horizontes longínquos.

"Há no universo lugares privilegiados, onde é possível ler, melhor do que em outros lugares, na Memória do Tempo, a do universo. O mundo astral tem vários desses lugares. Um deles, sem que você o saiba, está a alguns metros de você.

"Na Terra, os videntes usam esferas de cristal. Cada uma dessas esferas pode se comparar a um desses lugares privilegiados do universo.

"Os raros videntes autênticos conhecem os princípios do seu funcionamento. Eles sabem que podem ler aí com mais facilidade o passado que o futuro, pois o futuro apresenta apenas probabilidades, enquanto o passado oferece certezas. O vidente não é um profeta; eis porque ele deveria, antes de mais nada, dedicar-se a elucidar os grandes enigmas do passado do homem.

"Na ausência de toda luz solar, a bola de cristal tem a propriedade de captar e concentrar uma grande energia proveniente da luz astral, que está na posse de uma infinidade de dados relativos ao universo físico. Eis uma razão a mais que permite dizer que todo o universo está resumido na mais ínfima partícula de energia. A forma do cristal, sua estranha transparência, exercem sobre o homem um papel hipnótico e põem o seu Eu em relação com o filme do universo gravado na luz astral. No lapso de alguns minutos, você viveu uma experiência idêntica à dos videntes, embora você tenha atuado de maneira involuntária durante o sono. Seu Eu ou seu subconsciente desprendeu-se do seu corpo e se colocou em relação com um lugar de características idênticas às da esfera de cristal.

"Agora, siga-me e não tenha medo de cair. Nada poderá lhe acontecer; só o medo cria o perigo e abre o corpo para as feridas."

Enquanto pronunciava estas palavras, meu amigo saltava de uma rocha para outra, agarrando-se às anfractuosidades da parede de reflexos de esmeralda e indicando-me o caminho a seguir.

— É um episódio da Revolução Russa que você viveu através dos Anais do universo. Sem dúvida, você já entendeu isso — prosseguiu ele.

Fiz-lhe um sinal dizendo que sim.

— É próprio desse tipo de experiência o fato de que se percebe a realidade dos fatos históricos emprestando-se os olhos de um ser que viveu essa realidade.

"Você não é, com certeza, esse ser, e ele não se identifica com você no instante da visão, e não lhe cede o seu corpo.

"Se o homem por cujo intermédio você vê viesse a morrer, isso não resultaria em nenhuma conseqüência para você. Você simplesmente teria a impressão de que o filme quebrou, nem mais nem menos."

— É realmente incrível. Você acha que muitos homens poderiam admitir isso?

— Muito poucos, eu concordo. Os seres humanos têm o deplorável hábito de colocar limites em tudo, exceto em suas discussões estéreis.

"Eu lhe afirmo, nada é impossível. Se o mundo da matéria impõe certos limites, os outros mundos facilitam a comunicação, o que faz com que tudo seja concebível e realizável através da imensidão dos universos.

"Ainda é preciso muito tempo para que isso seja entendido na Terra...

"Chegamos. É aqui!"

Um longo corredor se abria diante de nós na parede da montanha.

Sem pronunciar mais uma palavra, meu guia seguiu por ele, fazendo simplesmente um sinal para que eu caminhasse ao seu lado. Não havia escuridão, como seria "natural" encontrar num lugar assim, mas, pelo contrário, uma luz viva muito branca, que parecia nascer no próprio âmago da pedra.

Procurei dissimular meu espanto para não romper o silêncio do local.

— Não é um santuário — disse o meu amigo. — Seria mais um centro de estudos, uma enorme biblioteca, se você quiser.

O corredor não me pareceu muito comprido.

Uma luz verde indicava o seu fim. Pouco a pouco, a luz nos envolveu. Uma abertura circular fora escavada na parede esquerda da galeria. Era daí que vinha a misteriosa luz, e foi esse limiar que transpusemos. De início, a atmosfera pareceu-me a de um sonho, a tal ponto era estranho tudo o que eu vi e tudo o que vira. Uma sala imensa em forma de semi-esfera se abria aos nossos olhos. Uma profunda sensação de vertigem me invadiu, enquanto eu arriscava alguns passos em direção ao centro do compartimento.

Parecia que todos os ruídos eram absorvidos tanto pelas paredes da semi-esfera como pela singular qualidade da luz verde. Eu não sei. Pensei perceber formas através da abóbada, mas isso sem dúvida foi uma ilusão, pois ela era constituída de uma matéria semiopaca, semitranslúcida, que deixaria estupefatos mais de um dos nossos arquitetos. O próprio solo é feito dessa matéria, embora, talvez, mais transparente.

— Olhe debaixo dos seus pés — disse de súbito o meu guia. — Você não vê o vazio?

No lapso de um segundo ou dois, um clarão branco me ofuscou a vista. Senti a mão do meu amigo agarrando-me vigorosamente pelas costas, como se fosse para impedir que eu caísse num abismo.

— O que está acontecendo? — eu disse, tentando recuperar minha lucidez.

Meu guia pôs-se a rir com seu riso poderoso e tranqüilizador.

— Vi você partir no Tempo — disse ele, retomando a seriedade.

"Debaixo de nós, há o vazio — prosseguiu ele. — Ou melhor, há um hemisfério inverso, idêntico a este.

"Esta sala no cerne da montanha é, na verdade, um globo. O solo semitransparente sobre o qual caminhamos constitui apenas o plano de demarcação entre as duas semi-esferas.

"Permanecer por alguns instantes no centro deste compartimento tem como resultado suspender-nos momentaneamente fora do tempo, por pouco que tomemos consciência do vazio que se cria acima e abaixo de nós.

"O jogo da luz verde que nos acaricia de todos os lados também não é estranho à ação terrivelmente hipnótica deste lugar.

"Com um pouco de concentração e de hábito, pode-se facilmente escolher qual período da história física do universo ou da Terra se quer viver pelos olhos de um dos seus contemporâneos. Inicialmente, um vazio invade o espírito; é sem dúvida o que você sentiu há alguns instantes; depois, de novo, torna-se consciência da existência da abóbada, que, no entanto, ganha aos nossos olhos uma tonalidade branca muito profunda. De maneira quase instantânea, um filme se desenrola ao nosso redor, o do período e do lugar que escolhemos; em seguida, as imagens são projetadas em direção a nós numa velocidade inacreditável, absorvendo-nos em si mesmas e nos fazendo, desse modo, viver a História, tal como ela ocorreu.

"Creio que este é um lugar que se poderia recomendar a todos os historiadores", acrescentou o meu guia em tom de brincadeira.

"Porém, não permaneçamos no centro da sala, senão sucumbiremos ao seu encanto antes da hora. Voltemos para perto do orifício circular que nos permitiu a entrada aqui.

"Você sabe que depois de cada morte física cada pessoa é levada até um lugar de funções análogas às deste? Cada entidade do astral médio vê desenrolar-se dessa maneira o filme da sua vida. É ele que vai, segundo a expressão 'em sua alma e consciência', ser o juiz da existência que ele levou e fez seus semelhantes levarem.

"Nunca lhe pareceu bizarro e absolutamente ilógico que Deus pudesse julgar e punir suas criaturas? Deus jamais julga e tudo perdoa.

"Somos nós que nos julgamos e que não nos perdoamos nenhuma das nossas falhas; somos nós que criamos as reações em cadeia do Karma, que intervimos quanto à escolha do tipo de vida que teremos de levar de novo na Terra, se houver necessidade disso.

"Todas as grandes religiões reveladas fazem de Deus um 'Ser' eternamente bom e misericordioso; então, me diga, por que falar de um julgamento implacável, seguido — para os que incorrem em faltas — por um inferno eterno? Se existe o inferno, somos nós que o criamos, à nossa medida, quando, depois da morte da carne, não conseguimos ultrapassar, pela elevação dos nossos pensamentos, o Oceano turvo das baixas camadas do astral.

"O inferno eterno de chamas e de golpes de forcado foi inventado por maus sacerdotes que exploraram a tendência supersticiosa dos homens para estabelecer o seu poder temporal."

— Cada entidade preside ao seu próprio juízo final? — disse ao meu guia com um tom semi-interrogativo.

— É preciso desconfiar das palavras... O 'Juízo Final' não é, necessariamente, o juízo que o homem se faz depois de cada uma das suas mortes físicas! Não se esqueça de que, no 'Juízo Final', existe o termo 'final'.

"Devido ao seu lugar no cosmos, a Terra e os homens estão sujeitos a ciclos; isso você sabe. Para aperfeiçoar sua evolução, os homens dispõem de períodos muito longos, chamados 'períodos de humanidade'. No final de cada um desses períodos, uma parte de um dos universos que constituem o Grande Universo muda de maneira brutal. Mundos explodem e depois recomeçam do zero, tomando um outro rosto.

"As Almas que, no final de cada período da humanidade, não puderam se desfazer dos apetites materiais, são simplesmente dissolvidas com os mundos que as abrigaram. Eis aí o único, o exclusivo castigo que a alma deve temer, embora não se trate de um castigo, mas de uma aniquilação.

"No entanto, tranqüilize os homens, pois são raras as entidades que jamais chegam a se elevar.

"Eis o que é preciso entender exatamente por 'Juízo Final'. Ele não ocorre depois da morte física, nem depois de cada ciclo do zodíaco, mas depois de cada período muito longo da humanidade.

"Mas, venha, vamos sair. Preciso conversar com você sobre certas coisas para as quais não é necessário que fiquemos aqui."

A visão do ar azul me fez soltar um pequeno suspiro de alívio.

— Você não gosta deste lugar?

— Não é isso, mas confesso que dentro dele sinto alguma dificuldade para me manter em equilíbrio sobre as minhas pernas. É a forma da sala, a luz ou ambas, eu não sei!

— É justamente o que eu pensava — contentou-se em responder o meu amigo! — Estaremos melhor aqui para discutir... Em alguns minutos, você talvez pense que sou eu que lhe dá vertigem porque abordo muitos problemas em pouco tempo, e que salto de um assunto para outro sem transição... Mas nem eu nem você somos responsáveis por esse ritmo. O tempo urge. Ouça bem!

"Sem dúvida você notou que, desde há alguns anos, dois tipos de literatura se desenvolveram particularmente na Terra."
— Sim, a literatura sobre OVNIs e a literatura dita 'esotérica'.
— É isso, mas você deveria acrescentar, na categoria OVNI, os textos que relatam uma arqueologia não-tradicional.

"Notei, com muita freqüência, que os escritores dessas duas tendências não chegam a entrar em acordo: ou declaram que os deuses dos tempos antigos eram homens de carne vindos de um planeta diferente da Terra e que, portanto, poderia ser que Deus não existisse, ou então expõem doutrinas esotéricas que apelam para diferentes religiões sem se preocupar com os problemas arqueológicos levantados pela literatura sobre OVNIs.

"Cada um, veja você, permanece na sua posição sem se ocupar do seu vizinho. Raríssimos são os seres que propuseram uma síntese entre esses dois tipos de opinião. E, acredite em mim, é desse lado que é preciso procurar. Aliás, há alguma coisa que se oponha a isso? Se lhe for feita a seguinte pergunta:

"'Os homens entraram em contato com os habitantes de um outro planeta no passado longínquo da Terra, assim como num passado muito mais recente?', você poderá responder 'sim' sem medo de errar.

"Os homens não só conheceram outros homens vindos do Espaço como também são, de certa maneira, descendentes deles. Mas você afirmará que esse não é um motivo suficiente para negar Deus e as religiões. Há, por acaso, um único texto sagrado que afirme que o homem só viveu na Terra?

"Em 1961, na Virgínia, um pequeno grupo de eruditos reuniu-se secretamente e se separou depois de ter concluído que é matematicamente possível a existência de cinqüenta milhões de civilizações só na galáxia que inclui a Terra.

"Eu lhe afirmo que eles não erraram, mesmo que essa cifra não seja totalmente exata.

"Há planetas onde a vida não é tão evoluída como na Terra, mas há outros onde ela o é infinitamente mais.

"Eu não lhe ocultarei que há um termo que não aprecio, em

absoluto: trata-se do termo 'extraterrestre'. Foi utilizado por tantas pessoas e em tantas circunstâncias, a torto e a direito, que não significa grande coisa. É uma palavra que tem hoje um estranho sabor de ficção científica e que, embora desperte a curiosidade, faz sorrir. Além disso, imagina-se, muito freqüentemente, os seres do espaço exterior como agressores. Não! Eles não vêm espiar os procedimentos do homem para exterminá-lo; os terráqueos não podem livrar-se, de uma vez por todas, das idéias de ódio e de guerra que ainda carregam consigo, e que fazem com que se sintam perseguidos e acuados como animais daninhos?

"Por que sempre ver o desconhecido sob os traços de um inimigo? A Terra e os homens devem muito aos outros Mundos, muito mais do que o crêem.

"A Bíblia e os outros textos sagrados mesclam estreitamente a criação da vida em geral no cosmos, seus princípios de evolução e a criação da vida humana e dos seres humanos. De tudo isso resulta muita confusão. A verdade é que em tempos muito remotos, seres vindos de um planeta muito afastado da Terra intervieram no processo de evolução desta.

"Não há nenhuma razão válida para que esse simples fato pareça inverossímil, mesmo ao mais racional dos seres humanos.

"Um dos maiores cientistas da Terra é atualmente o professor Carl Sagan. O trabalho que realizou sobre a Terra é de uma extrema importância.

"Há alguns anos, ele demonstrou a possibilidade de o homem conquistar o planeta Vênus.

"Quando digo conquistar, a palavra não é muito forte. Mediante a introdução maciça de algas na atmosfera do planeta, ele quer transformar as condições venusianas até torná-las suportáveis para um organismo humano. Isso certamente levaria milhares de anos.

"Carl Sagan quer modificar ou acelerar o esquema de evolução de um planeta, assim como outros seres fizeram outrora com a Terra.

"Não se encontram aqui as teorias dos ciclos de que com freqüência lhe falei?

"O homem foi trazido à Terra por seres do espaço exterior. Ele nunca foi um macaco e menos ainda uma alga azul. O homem sempre foi homem no sentido de que não resultou da evolução de uma espécie animal ou vegetal; apenas, nem sempre foi o homem tal como o entendemos atualmente, isto é, seu aspecto físico foi modificado mais de uma vez. A experiência que lhe farei viver daqui a pouco lhe dirá mais sobre o assunto.

"Você se lembra de que eu lhe disse que a carne é uma projeção do Espírito. Isso não contradiz o fato de que foram seres estranhos à Terra que nela implantaram o homem e modelaram seu organismo e seu aspecto físico.

"A contradição é apenas aparente. Por uma vez, uma só, peço-lhe para acreditar em mim simplesmente, sem que eu tenha de lhe fornecer provas. Eu precisaria, para lhe explicar tudo isso de maneira clara, lançar mão de concepções hoje absolutamente desconhecidas na Terra. Os seres humanos compreenderão mais tarde as leis muito precisas que regem a criação da Alma e do corpo, sua interdependência. Quero falar das leis técnicas, de uma espécie de biologia espiritual, se prefere, pois os princípios verdadeiros e fundamentais são aqueles que eu sempre expus.

"Importa não pular etapas; cada coisa vem no seu devido tempo, quando o pensamento estiver maduro.

"Voltemos agora à esfera. Vou lhe mostrar uma coisa que, se bem o creio, ficará gravada na sua memória.

"Você relatará o que vir aí."

Penetramos de novo na montanha. Meu guia parecia caminhar com um passo mais rápido que o normal. Caminho ao longo das paredes de luz branca, de onde a minha imaginação fez surgir cem olhares indiscretos que me diziam: "O que você vem fazer aqui? Vem violar os segredos do Tempo? Vem violar os segredos da sua memória de homem? E a de todos os homens?"

Desde o dia em que a existência do meu guia se revelou à minha, esse instante foi, talvez, o mais atordoante! O homem que penetra no rochedo à procura do passado de sua raça perde toda noção de tempo, de si mesmo, do lugar onde se encontra.

Meu guia parou e, em sinal de bênção, traçou um círculo imaginário no meu coração:

— Que ele se lembre e compreenda — acrescentou, simplesmente, com uma voz doce e quente.

O centro da esfera, marcado por um minúsculo ponto verde, me atraiu como um ímã.

No lapso de alguns segundos, senti meus olhos cravarem-se na abóbada luminosa, como se saíssem de suas órbitas. Uma calma impressionante surgiu, no entanto, para lançar um véu sobre o meu ser. Os pensamentos desordenados que me assaltavam foram apagados do quadro da minha Alma.

O solo desapareceu debaixo dos meus pés; sinto-me como que em queda livre numa bruma esverdeada. Então, a voz do meu guia ressoou em mim com uma força espantosa.

— Não tenha medo; deixe-se levar; eu o estou guiando.

Essas palavras se abateram sobre mim como um relâmpago.

A abóbada da esfera surgiu então ao meu redor com uma nitidez extraordinária. Era de um branco leitoso. Quando seu brilho apareceu, não sei se gritei. Ela se fechou em volta de mim com uma velocidade inimaginável. Tornei-me uma coisa só com ela, e uma luz violenta, de um amarelo frio, me atravessou... Dilacerei o véu do Tempo...

Um murmúrio subia de um quarto mergulhado na semi-obscuridade. Porém, tratava-se de um quarto, ou de um corredor? Não, nem um nem outro. Eu não sabia.

As paredes pareciam feitas de metal. Diante de mim, atrás de mim, do meu lado, homens e mulheres esperavam. Alguns estavam nus, outros vestiam roupas semelhantes a tangas. Todos estavam calmos.

Com um ruído semelhante a um sibilar abafado, uma grande porta se abriu, deslizando diante de nós. Um pálido raio de sol tocou o meu corpo e notei a espessa cabeleira loira dos meus companheiros.

Uma pessoa entrou por uma porta atrás de nós. Era estranhamente alta e magra. Também ostentava uma cabeleira loira, porém mais longa que as dos outros. Trajava vestes muito largas, de uma cor clara, levemente alaranjada.

Pelo desembaraço com que se deslocava, pareceu-me que era o chefe, pois compreendi que naquele momento eu estava como eles, nu e na espera de não sei o quê.

O grupo se agitou; acho que os primeiros do nosso grupo foram convidados a descer por uma espécie de escadaria larga. À medida que avançamos, vi a paisagem que se estendia ao longe e o solo onde íamos colocar os pés: uma imensa planície verde, com algumas montanhas na lonjura.

O céu estava nublado como numa manhã de outono. Desci por minha vez os degraus; eu não tinha escolha; minha vontade era a do ser que me emprestava a sua visão. Foi então que apreendi toda a diferença... a amplitude extraordinária da experiência que vivi.

Meus companheiros eram atarracados, de pele extremamente pálida, com uma coloração ligeiramente azulada, e as mulheres tinham seis seios...

A vegetação era alta; afundamo-nos nela até meio-corpo. Ninguém dizia uma palavra. Não senti o vento soprar, mas longos assobios entrecortados de silêncio me fizeram adivinhar sua presença.

Outros seres muito altos em trajes alaranjados misturavam-se a nós e, com a ajuda de gestos, fizeram-nos avançar numa certa direção.

Então o meu corpo deu meia-volta, como se procurasse voltar ao lugar de onde viera, no alto daqueles largos degraus de metal prateado.

Uma enorme superfície escura ocupou todo o meu campo de visão. Precisei de alguns instantes para me refazer da minha surpresa e constatar que se tratava de um objeto, ou melhor, de um veículo de forma elíptica com mais de duzentos metros de comprimento. De sua superfície cinza-escura e lisa parecia emanar um pálido clarão amarelo.

O clarão envolvia o enorme engenho com um halo muito esmaecido. Mulheres e homens continuavam a sair do ventre do monstro imperturbável, num fluxo contínuo. Prossegui no meu caminho, abrindo penosamente uma passagem na vegetação. Eu não sabia para onde ia nem por quê. Eu era apenas um carneiro num rebanho, e minha única esperança era a de estar nas mãos de um pastor que não estivesse conduzindo seus animais para o abate.

Numa última e rápida olhada para trás, percebi que aquela enorme massa cinzenta repousava sobre três pés, que se afastavam largamente para o exterior. Nenhuma janela, nenhuma outra porta a não ser a gigantesca boca de onde saía meus semelhantes. O desfile parou bruscamente ao comando de um dos grandes seres loiros que nos dirigiam e que, provavelmente, eram responsáveis pela nossa presença ali.

O ser trazia na mão esquerda algo que, de início, tomei por uma mala, e que era na verdade uma espécie de cilindro vermelho. Seguindo o movimento, avancei diretamente para diante, às cegas.

Tive a impressão de que estávamos todos fugindo. Mas para onde e por quê?

Em seguida, bruscamente, um ribombo de trovão se fez ouvir atrás de nós.

O halo que envolvia a gigantesca massa escura fica denso. Com grandes gestos, os seres em trajes alaranjados afastaram os últimos retardatários. Então, um espetáculo fascinante se ofereceu aos meus olhos:

Trezentos ou quatrocentos homens e mulheres, pálidos como cera, contemplavam a massa escura que se elevava lentamente nos ares com um barulho ensurdecedor.

Cresceu um clamor do meio da multidão e um vento impetuoso nos obrigou a dobrar a espinha, mas nossos olhos não se desprendiam do veículo; estavam cravados nessa força que se arrancava do solo e que, com uma extrema lentidão, se afastava em direção à montanha...

— Nesses dias, na câmara da criação dos deuses, em sua casa 'Duku', foram formados Lahar e Akhman. Nesses dias, Enki disse a Enlil:

"'Pai Enlil, Lahar e Akhman, eles que foram criados no Duku, façamos com que desçam do Duku.'

"Assim falavam os antigos sumerianos."
A poderosa voz do meu guia remontou pelo fio do Tempo e tirou-me do meu torpor. Acima de mim, a abóbada de luz verde pareceu perder, subitamente, toda a sua vida luminosa.
Uma mão segurou o meu braço e me puxou para fora da sala.
— Venha! — disse o meu guia. — Em alguns segundos lhe falarei de novo. É preciso que você se habitue com esse tipo de viagem.
O corredor de luz branca estendia-se diante de nós e me parecia interminável.
— Mestre — eu disse — a casa "Duku" dos sumerianos era essa enorme massa escura que saiu voando pelos ares?
— Não, embora fosse muito semelhante a ela. Fiz ressoar em você os antigos escritos para que você estabelecesse uma correlação entre o que viu e os relatos dos povos de outrora. Logo farei com que realize outras viagens desse tipo e, a cada vez, voltaremos a conversar aqui, perto destas pedras, na luz plena do astral.
"Agora, ouça-me bem!
"O homem instruído do século XX, seu contemporâneo, tem a deplorável mania de pensar que sabe tudo ou, pelo menos, que conhece as grandes verdades.
"Você nunca reparou como os homens falam com pretensão e arrogância? O homem moderno acredita que é o produto mais aprimorado da sua espécie; ele se julga superior ao estudar os povos primitivos e o que resta na Terra dos mais antigos textos. Ele declara que os mitos e as lendas são frutos de interesses escusos e que neles se lê o inconsciente coletivo das raças e das tribos.
"No entanto, virá um dia em que a verdade resplandecerá no gênero humano. Zombar-se-á da noção de inconsciente coletivo, falar-se-á do karma de um país, de um povo. Compreender-se-á por fim que os escritos mais antigos encerram as maiores verdades; saber-se-á que seres vindos do Espaço Exterior povoaram o mundo com homens em ondas sucessivas, em diferentes lugares da Terra e em diferentes eras do planeta.
"Eu lhe disse: o que Enki e Enlil fizeram pelos sumerianos, ou-

tros fizeram em outros lugares. Eles trouxeram à Terra certas raças de homens.

"Ouça os índios quíchuas falar sobre a criação do homem pelos deuses:

"'Homem construído, homem formado, homem manequim, homem moldado...'

"Retenha bem a expressão 'Homem construído'. Ela significa que o ser humano não foi feito *ex nihilo*.

"Guarde bem a expressão 'Homem manequim'. Ela descreve a dupla e tripla natureza do homem, pois, na verdade, a carne nada é senão uma projeção do Espírito.

"Se você quer mais um exemplo, volte os olhos para o Japão, para a pequena ilha de Hokkaido, habitado pelo aino. Os homens dessa parte do mundo afirmam, pela sua mitologia, descender diretamente de divindades vindas do espaço cósmico. Eu lhe asseguro que eles estão perfeitamente corretos.

"Há também a Ilha de Páscoa. Este é um exemplo que não gosto de dar pois se tornou banal; os seres humanos adeptos da tese OVNI fizeram dela um dos seus grandes cavalos de batalha.

"No entanto, eles se interessam muito pelas pedras e não o bastante pelos textos.

"Pense na forma elíptica que você pôde observar na memória do Tempo; ela representa a forma ideal de tudo o que se destina a deslocamentos aéreos ou intergalácticos. Os deuses dos habitantes da Ilha de Páscoa vinham dos ares e se deslocavam a bordo de um ovo...

"Relate bem o seguinte:

"O homem foi trazido à Terra em ondas sucessivas por outros seres, ou melhor, por homens diferentes. Com isso, estou afirmando que as grandes raças humanas não provieram de uma única raça de criadores.

"Voltaire estava certo quando negou, no século XVIII, a teoria dos climas.

"As particularidades físicas dos povos sempre existiram. Foram concebidas desde o início para se harmonizar com um determinado tipo de clima, com uma determinada radiação vinda da Terra e com outra vinda do cosmos.

"Não é a geografia de um país que cria a raça física, mesmo que a influencie ligeiramente.

"Jamais se verá um branco tornar-se negro porque vive na África.

"Os homens nasceram de vários criadores vindos do Espaço Exterior. Esses criadores se consideravam e sempre se consideram irmãos diante de Deus. Os homens da Terra deveriam agir dessa maneira.

"Os homens esqueceram-se da sua origem extraterrestre, assim como se esqueceram de sua origem espiritual.

"Foi o fato de se afastarem da sua origem que levou o Espírito a produzir a Matéria; foi o esquecimento das origens que levou o homem carnal a cometer os mais graves erros.

"A queda é o enfraquecimento do Espírito; o pecado original é a decadência da Alma e do corpo. Há o esquecimento das origens e o esquecimento da Origem.

"Vocês procurarão, sem descanso, provar que todos os textos sagrados da raça humana concordam entre si, e farão a seguinte pergunta:

"'Por que a criatura ereta que devasta a Terra não concordaria com seus semelhantes em reconhecer que não há Escrituras, mas uma única Escritura?'

"O homem era um deus, no mesmo grau, e mais ainda, do que o foram os seres que outrora vieram à Terra.

"'Os deuses caem do céu quando sua memória se desordena...' Essa é a grande lição ensinada pelo livro do Dighanikaya.

"O pecado é o gole de água bebido na fonte do Leteu. Como já afirmava Platão, ela leva ao esquecimento e à cadeia das reencarnações.

"A vida na Terra é um sono, e João sabia disso, pois afirmava que o homem viera de um outro mundo.

"Pense em Buda; ele também sabia isso, ele cujo nome significa 'o desperto'.

"Retenha este fato, que é bom conhecer:
"Desde sempre, a prova iniciática típica é aquela que consiste em resistir ao sono.

"Os iniciados australianos e o herói mesopotâmico Gilgamesh precisaram, desse modo, travar uma luta contra o esquecimento.

"Mais perto de nós, eu cito como exemplo o duro combate contra o sono travado pelos discípulos de Jesus Cristo no Monte das Oliveiras."

Meu guia parou bruscamente de falar e depois recomeçou, de maneira muito mais lenta, destacando bem suas palavras umas das outras, como se lhes pesasse todo o seu valor:

— Veja bem — disse ele — não se deve confundir a Criação, que é permanente, puro produto do Ser Único, e as criações, que são fruto da carne. A Criação é única; as criações são múltiplas, sucessivas, e correspondem aos ciclos eternos.

"Na Ásia, na Europa, na América, conta-se o tempo e as criações por ciclos.

"Lá, porém, como em outros lugares, os seres humanos não conseguem se entender. Na Índia, fala-se de quatro ciclos de 864.000 anos cada um; no Ocidente, os períodos são delimitados em 24 ou 26.000 anos; em sete Eras, segundo as Escrituras rabínicas; e em quatro Eras, segundo os gregos.

"As antigas crônicas do México, por sua vez, nos situam no quinto ciclo.

"O fato é que misturamos tudo! Todas essas Escrituras afirmaram a verdade, mas é preciso saber que nos diversos países e tradições, não se utilizam os mesmos métodos de cálculo. Se todos esses métodos são corretos, eles simplesmente não fazem alusão aos mesmos ciclos.

"Há, simultaneamente, um sistema de ciclos para o mundo, para o sistema solar e para este universo.

"Há um outro para o Universo dos universos, e isso ao infinito.

"Fortalecidos com todo esse conhecimento, deixemos os números de lado; eles só complicam uma situação que pode ser simples na escala da Terra, mas não na escala cósmica.

"Já lhe disse de maneira sucinta que o seu planeta é regido por períodos que oscilam entre 24 e 26.000 anos. Cada um desses períodos divide-se em dois subperíodos, um descendente e o outro ascendente.

"Cada um desses subperíodos é dividido em quatro Eras: a Idade de Ouro, a Idade de Prata, a Idade de Bronze e a Idade de Ferro. Essas Eras levam nomes diferentes de acordo com os povos, mas saiba que o princípio é o mesmo.

"Há oito Eras para cada grande ciclo terrestre.

"Uma sibila grega, textos rabínicos, os maias, os hinduístas fizeram alusão a esse tipo de classificação. A verdadeira Idade de Ouro, aquela de que os homens falam com nostalgia, é o resultado de uma concordância entre uma idade de ouro terrestre e uma idade de ouro no nível do sistema solar. Periodicamente, a cada ciclo de cerca de 12.000 anos, com a mudança zodiacal, um enviado divino de maior ou menor importância encarna-se na Terra a fim de mostrar o caminho.

"Foi essa a tarefa sagrada de Abraão, de Moisés, de Buda, de Jesus e de outros num passado muito longínquo. Anuncio-lhe que, daqui a poucos anos, a Terra receberá a visita do próximo mensageiro, o da era de Aquarius.

"O atual período da vida terrestre é uma dolorosa era de transição que marca o fim de um ciclo de 2.000 anos, o de Peixes, emblema de Jesus Cristo.

"A partir do final deste século terrestre, os seres humanos tirarão uma grande parte do seu alimento do mar, sacrificando assim o peixe e a água, signos de Jesus Cristo, da mesma maneira que os hebreus sacrificaram o Carneiro, signo da era de Abraão.

"A superfície terrestre se prepara para sofrer grandes transtornos de todos os tipos, semelhantes àqueles que, periodicamente, têm modificado a sua face. Os continentes serão deslocados. Nova York não estenderá eternamente suas torres para o céu, e será destruída pela terra, pelo fogo e pela água.

"A Terra conheceu, por várias vezes, catástrofes gigantescas por culpa dos homens, pela intervenção de seres do Espaço Exterior e por obra das leis naturais perturbadas.

"A história do Dilúvio, que é encontrada em todas as mitologias, é a da queda decisiva da Atlântida, dez milênios antes da chegada de Jesus Cristo, isto é, há doze mil anos, onde se encontraram os dois arcos (ascendente e descendente) do Grande Ano terrestre.

"Naqueles tempos, os homens não foram sábios o bastante para evitar o drama e combater as influências cósmicas. Muitas destruições devastaram o globo terrestre.

"Os Antigos sabiam que, antes que o Céu e a Terra fossem formados, o homem já estava criado e a vida já se manifestara por quatro vezes.

"É esse o ensinamento dos anais do reino do México, a respeito do qual em seu conjunto os homens, que não passam de pobres crianças míopes, deveriam meditar.

"É preciso ainda que eu lhe diga uma coisa: o homem digno desse nome, assim como você viu por si mesmo, nem sempre foi morfologicamente idêntico ao que é hoje. Os próprios astros tiveram aparências diferentes daquelas que os seus semelhantes conhecem atualmente. Os Maias falam de quatro sóis:

"O da água, o do tremor de terra, o do ciclone e o do fogo.

"O disco solar nem sempre apareceu a leste, do lado da Ásia, cujo nome significa Aurora, pois o sentido de rotação do planeta foi várias vezes invertido."

Meu amigo parou de falar e fixou seu olhar diretamente no meu. Seus pequenos olhos sorriam.

Compreendi que, para mim, chegara a hora de descer de novo sob a rocha, onde o tempo nada significa.

Não descreverei novamente as primícias das visões perturbadoras do passado.

Eu só poderia dar uma fraca idéia, uma imagem pálida e sem vida daquilo que se incrustou na minha memória. Emoção e perturbação, eis as duas únicas palavras que me vêm à mente.

De novo, o muro do Tempo se desfez. O ruído de uma multidão agitada atingiu meus ouvidos. Eles falavam e gritavam.

Vozes de homens, de mulheres e de crianças se misturavam confusamente. Era quase noite. O céu estava avermelhado em alguns pontos e os primeiros astros apareciam.

Meu corpo de empréstimo caminhava agitado por uma rua larga. Uma multidão de seres usando véus e turbantes se agitava febrilmente. De cada lado da calçada, divisei casas baixas, construídas com muita regularidade de acordo com um plano que não parecia variar muito.

Contudo, várias centenas de metros adiante de mim, prédios destacavam-se contra a abóbada celeste.

Talvez tivessem quatro ou cinco andares; não me veio a idéia de contá-los. Apenas suas grandes fachadas brancas se fixaram na minha memória.

Eu não era capaz de apreender os pensamentos do ser que me emprestava a sua visão, mas eles pareciam fervilhar, ao mesmo tempo, de impaciência e de ansiedade.

Então, meu corpo parou bruscamente, como em estado de alerta, e os meus olhos esquadrinhavam o céu à procura de não sei o quê.

O calor devia ser tórrido; as pessoas que cruzavam comigo e que vinham atrás de mim estavam com roupas leves, e os últimos raios de sol faziam escorrer filetes de suor em seus rostos angustiados.

Tentei manter a idéia de que eu não estava ali com eles, mas a tensão que se elevava da multidão, sua transpiração, me perturbavam profundamente.

E se fosse verdade? E se fosse real, se eu fosse aquele homem com uma larga túnica amarela, que caminhava em ritmo irregular? E se fosse uma das minhas vidas que eu estivesse revivendo? E se aquele novo pesadelo não tivesse fim?...

Vi-me apanhado num fluxo interminável. Todos os seres pareciam dirigir-se agora para um lugar que eu ignorava. A multidão caminhava, caminhava, caminhava cada vez mais depressa, até começar a correr. E eu também corria como um autômato.

Um homem baixo, de tez morena, apareceu ao meu lado.

Ele se agarrou à minha túnica como se quisesse impedir a minha fuga. Minhas mãos o repeliram com força e meus olhos viram-lhe o seu rosto.

Bruscamente, um grito, mais forte, mais rouco que os outros, emergiu do meio da multidão:

"Lá embaixo! Lá embaixo!..."

Urros vinham de todas as partes; um clamor generalizado parecia elevar-se de toda a aldeia. À nossa direita, no céu quase escuro, uma luz amarela cresceu com uma rapidez assustadora.

Em alguns segundos, ela foi ficando enorme. Passou por cima de nós, somente a algumas dezenas de metros dos tetos planos das casas, e desencadeou um delírio generalizado. Homens e mulheres caíam e não se levantavam mais. Atrás de nós, a multidão empurrava cada vez com mais força, cada vez para mais longe. Ela queria avançar, fugir sempre para mais longe, mesmo que, para fazê-lo, pisasse sobre os outros.

Parecia-me que minhas pernas não eram mais capazes de me sustentar. Eu não sabia se me deixava arrastar pela onda humana ou se me agarrava desesperadamente à vida.

A bola luminosa passou uma segunda vez por cima das nossas cabeças. Dessa vez, pude ver do que se tratava: um enorme veículo de cor escura e forma ovóide, circundado por um cinturão de raios luminosos amarelos e alaranjados. Na terceira vez que passou, ela desvaneceu no céu tão depressa quanto tinha surgido.

Agora, só nos restava uma espera sufocante, enquanto continuávamos a fugir sem descanso.

Os gritos de terror deram lugar a um estranho silêncio. Eu só ouvia a respiração arquejante dos corpos fatigados, o ruído de corpos tropeçando, caindo.

Agora as casas estavam mais espaçadas; a rua parecia crescer. Interiormente, uma voz me disse que estávamos saindo da cidade, que talvez tudo se acalmasse, que não teríamos mais nada a temer...

Pouco a pouco, a multidão se dispersou e a caminhada ficou mais lenta.

Meus pés afundaram numa terra muito macia; achei que fosse areia, mas não tinha certeza, pois eu não tinha controle sobre os meus olhos.

Todos paramos e olhamos lá para baixo, para o lado da cidade, onde vimos outros que procuravam fugir.

Senti, então que nada havia terminado... De súbito, uma multidão de luzes apareceu no horizonte, do lado em que o sol acabava de se pôr.

Com um assobio estridente, elas se juntaram sobre a cidade.

De cada uma delas saiu uma língua de fogo que caiu sobre os telhados. Meus companheiros de infortúnio soltaram prolongados gritos de dor e procuraram novamente fugir.

O solo se abalou e um ruído de trovão ergueu-se no céu. Chamas se projetavam para fora das casas. O espetáculo era estarrecedor; à nossa esquerda, apareceu um outro grupo de bolas luminosas que descreveu um semicírculo no céu estrelado e se lançou em direção aos raios de fogo que semeavam destruição. Contemplei a seguir uma visão apocalíptica... Uma luta sem tréguas travou-se nos ares. Feixes de luz amarela, vermelha e azul sulcavam o céu acima dos muros da cidade, que desaparecia nas chamas.

— Jamais se esqueça disso, grave essas imagens na sua lembrança...

A voz profunda e reconfortante do meu guia bateu novamente à porta do meu coração. Tive vontade de lhe responder, de lhe falar a respeito do horror da situação e das sensações que se misturavam em mim, mas não soube se ele me ouviria, se estava perto ou longe de mim... A voz continuava, calmamente, cheia de conselhos, que também eram bálsamos.

— Desapegue-se de tudo isso. Você não está correndo nenhum risco, não mais do que se estivesse na poltrona de uma sala de cinema. Não... você não está revivendo suas vidas anteriores. Você está vivendo o drama de um povo que foi aniquilado em algumas horas por não querer agir de acordo com as leis cósmicas e eternas que proclamam:

"'Faça aos outros o que você gostaria que fizessem a você.'

"É preciso que o Amor exista entre as nações, da mesma maneira que entre os homens de uma só nação.

"O que você vê hoje aconteceu há muito tempo, muito antes do último Dilúvio, muito antes que a Atlântida atingisse o ápice da sua glória.

"Esses homens que combatem no espaço, que fogem da cidade em chamas e que estão em vias de dilacerar-se uns aos outros para sobreviver, viveram naquele lugar que os terráqueos chamam hoje de Deserto de Gobi.

"Procure com seus olhos, procure ver a natureza que todos esses homens estão a ponto de massacrar; ela vive os seus últimos instantes.

"Onde havia campos e pomares, haverá apenas um deserto de areia vitrificada; haverá apenas as ruínas de uma civilização, enterradas mais de três metros abaixo da superfície de um solo varrido por um vento cortante.

"Esse solo ainda é rico para a sua alma e o seu clima ainda é doce mas para o seu corpo, nada disso... Para os homens de hoje, não há nem mesmo a lembrança de que aconteceu ali alguma coisa!

"Os habitantes do antigo país de Gobi se esqueceram do Ser único para fazer da ambição e do poder os seus deuses.

"As Almas dos homens desse tempo não estavam maduras. Nos dias de hoje, a dos seus semelhantes estão maduras? É preciso que todos os seres de boa vontade sirvam de espelho e reflitam sobre a Terra os raios da luz divina, os raios do Amor e do conhecimento.

"Seus olhos estão vendo máquinas voadoras que cospem fogo. Os antigos chamavam-nas de Vimanas.

"Lembre-se deste texto sânscrito que poucos conhecem:

"'Um aparelho que se move como um pássaro, graças a uma força interior, seja na terra, na água ou nos ares, chama-se vimana.'

"Seus semelhantes ainda não atingiram esse nível tecnológico, embora já possuam algo capaz de explodir o planeta em que vivem.

"Reflita e olhe mais um pouco a desolação abater-se sobre Gobi, e depois você voltará a mim e ao seu corpo mental."

Meu guia parou de falar e minha atenção voltou-se totalmente para aqueles seres que não tinham sequer força para correr.

Recuperei a calma, e foi com um olhar mais frio que contemplei a cena.

Que estranha diferença entre o meu corpo de empréstimo, que eu sentia extenuado, desamparado, e que talvez fosse sucumbir dali a um momento, e minha consciência astral, que por fim compreendeu que era preciso ver e guardar tudo aquilo como uma lição.

No céu e na terra, o fogo continuava a surgir de todos os lados, e em quantidade cada vez maior. Divisei, à luz de relâmpagos vermelhos e azuis enormes massas caindo do alto. A Terra era uma imensa fogueira; os homens e as mulheres que se arrastavam à minha volta tinham o rosto queimado, negro, ressequido.

Eles não gritavam mais; a Terra tremeu; ouvi apenas um estrondo horrível, e meu corpo foi atirado ao chão.

Capítulo 9

Cada Espírito é um Ser Andrógino

Uma pequena torrente cantava e saltava entre os rochedos; sobre um espesso relvado, abre-se uma multidão de campainhas azuis.

A alguns metros de mim, surgindo das profundezas da selva astral, apareceu um homem.

Ele olhou na nossa direção e nos fez um sinal. Seu manto era de um belo amarelo-açafrão.

— É um lama tibetano — disse o meu guia. — Seus conhecimentos são muito amplos.

Fiquei feliz, pois era a primeira vez que um habitante do astral — com exceção do meu guia — parecia prestar atenção à minha presença.

— Sei o que você queria, mas isso não é possível — me disse gentilmente o meu guia, respondendo com a mão ao gesto do lama.

"Ele não pode vir falar com você; ele também está realizando uma missão e seu tempo é precioso. Saiba você que, a existência após a morte pode ser uma existência ativa.

"Há tantas coisas a fazer pelos outros e para si mesmo... Trabalhar para o aperfeiçoamento geral é, aqui, a nossa única vontade.

"O trabalho para o bem dos outros enriquece o coração, e, quanto mais rico for um coração, mais ele tem a oferecer.

"Eu lhe disse que eu serei o único a instruí-lo aqui. Só as minhas vibrações estão em harmonia com as suas.

"É isso que nos permite comunicarmo-nos com tanta facilidade."

O lama desapareceu na selva de folhas, discreto e silencioso como viera, depois de ter cruzado a pequena torrente de água azul.

— Eu quis que voltássemos aqui, em vez de continuar a falar a respeito dos cimos de esmeralda, pois a presença de vegetais é apaziguante para a Alma.

"Vamos nos estender sobre este musgo e relaxar. Seu corpo carnal sente fadiga, e você fica cada vez mais irritadiço. Não está sentindo isso?

"Sua missão no Astral terminará daqui a algum tempo, quando eu lhe tiver fornecido detalhes quanto à existência dos homens depois do fim dos Atlantes. Então, você repousará, e passará a me ver mais raramente.

"A Alma que ainda tem um corpo físico não deve se demorar aqui por muito tempo, considerando com amargura a perspectiva de rever a Terra.

"O homem que se abandona às delícias do Astral acaba por se apegar muito a ele. Sua queda será ainda mais dura. Se você tem um corpo, é porque tem de fazer alguma coisa com esse corpo.

"Veja bem, vou repetir: ninguém deve se apegar ao Astral mais que à carne, pois ambos nada mais são que reflexos, em níveis diferentes, de uma realidade superior.

"Se o conhecimento do Astral lhe é permitido, não é para regozijar os seus olhos, nem para levá-lo a se orgulhar disso, mas para que você aprenda, compreenda e faça compreender.

"Não se apegue a essa natureza maravilhosa nem à minha pessoa, pois ela e eu somos transitórios.

"Virá um dia em que, quando eu tiver terminado a minha tarefa, você não me conhecerá mais sob esta forma, e estes lugares parecerão sem vida com relação àqueles que o seu Espírito lhe revelará. Que os homens, ao ler as linhas que você escreveu até agora, não façam do mundo da Alma o objeto dos seus anseios. O mundo astral é aquele que sucede a vida terrestre para os seres que ainda não aprimoraram suficientemente o seu Eu. É só isso; não é o paraíso nem o nirvana. A realidade está no Espírito.

"Você não deve jamais se cansar de repetir isso para os seus semelhantes.

"Se é preciso conhecer os planos astrais, não é para entrar neles, mas para ultrapassá-los, para não identificá-los com o objetivo. Com muito Amor, todo ser pode retornar a si mesmo, ao seu Espírito.

"Para isso, ore, faça orar, aja e faça agir.

"Lá onde a Alma diminui, começa o Espírito e principia a perfeição. Você gostaria que eu lhe descrevesse o Espírito, mas isso é impossível. A palavra trai.

"Saiba que o Espírito possui um universo ou universos, que ele não é algo vago; muito pelo contrário.

"Existe um corpo espiritual, assim como existe um corpo astral. Esse corpo se aperfeiçoa indefinidamente, ao mesmo tempo que a centelha que o anima, até atingir cimos inconcebíveis para o entendimento da carne, e até mesmo para o da Alma.

"O Espírito é andrógino; o Espírito projeta na Terra suas marionetes de carne.

"Ele chega a projetar até nove simultaneamente."

— Isso quer dizer que o homem vive até nove existências paralelas na Terra? — eu disse. — Confesso que essa declaração me deixa perturbado.

"O que somos nós exatamente? Um nada, uma poeira, se nada mais somos que a nona parte da projeção de um Espírito que nem sequer conhecemos!"

— Você caminha depressa demais! Você raciocina mal porque não me deixa terminar. Relate fielmente o que eu vou lhe dizer, mas não interprete nada por si mesmo, pois a natureza do Espírito, seu papel, suas manifestações, são difíceis de compreender. O mundo espiritual dificilmente é concebível para a consciência terrestre humana. Sobretudo, não diga que o homem vive nove existências simultâneas na Terra. O número nove é um extremo. Só raramente isso acontece.

"Com maior freqüência, um Superego ou um Espírito projeta dois ou três corpos físicos paralelamente na matéria. Para falar de maneira prática, isso permite que você ganhe tempo, isto é, viva experiências diferentes num lapso de tempo reduzido.

"As projeções do Espírito na matéria são, indistintamente, masculinas ou femininas.

"Compreenda bem isto: você é um homem e, como acontece para cada homem, uma outra parte sua vive agora uma existência num corpo de mulher.

"É claro que a recíproca é verdadeira, pois cada mulher possui o seu duplo masculino.

"É daí que vem a expressão 'procurar sua outra metade'. A atração de um sexo pelo outro, as buscas amorosas dos seres humanos são, em parte, uma das conseqüências da vaga lembrança da androginia primitiva do Espírito. Quando a nossa alma, ou melhor, as nossas almas, tiverem refeito o caminho que as levou ao lamaçal da matéria, a fusão se efetuará; nossas parcelas de consciência unir-se-ão à nossa supraconsciência, e é assim que será recriado o ser de glória que fomos um dia e que a partir de então seremos por toda a eternidade.

"Não se apegue muito ao corpo, não se apegue muito à Alma, a qual nada mais é que o resultado de um sem-número de vidas vividas em antigas épocas.

"Prenda-se ao objetivo de reencontrar a verdadeira personalidade, da qual a sua carne nada mais é que um fruto sem muito sabor.

"Não é possível encontrar o outro você mesmo; as duas existências não se misturam na matéria. Talvez uma delas nem mesmo se encontre na Terra. Você não ignora que há uma infinidade de mundos habitados, que há nove tipos de universos, classificados segundo o número de dimensões. É possível que um Superego projete suas marionetes carnais em diferentes planetas, em diferentes dimensões. Então você se pergunta quem é a sua mulher... De fato, não foi por acaso que vocês se reuniram na Terra. Vocês viveram juntos em numerosas épocas. Suas almas não são novas, e é de comum acordo que vocês escolheram o trabalho a realizar. Os seres humanos, em seu conjunto, acreditam que os laços que os unem aos seus próximos são devidos ao acaso. Você nunca ouviu dizer, por exemplo, que o casamento é uma loteria?

"Nada é mais falso que isso! Não é raro o fato de que antigas relações kármicas (boas ou más) unam esposos, amigos, membros de uma mesma família. Não obstante, os laços podem mudar, pois isso não tem grande importância. Os laços carnais não passam de laços carnais; somente os do Espírito são fortes e indeléveis. Virá um dia em que o Espírito da sua mulher e o seu estarão muito próximos.

"Todas essas coisas que eu lhe disse parecerão bastante estranhas aos que as lerem; no entanto, elas não são estranhas!...

"Para isso, basta refletir um pouco e deixar de se identificar com o corpo físico.

"O homem verdadeiro foi criado à semelhança de Deus. Sei que, no Ocidente, costuma-se representar Deus como um velho barbudo, mas espero que jamais venha a alguém a idéia de afirmar seriamente que Deus tem os traços de um homem ou de uma mulher.

"O Ser Único é o Espírito que engloba e que anima tudo, o Espírito por cujo intermédio tudo existe, e que contém em si mesmo os dois princípios universais: o masculino e o feminino, o ativo e o passivo. Da mesma maneira, cada homem verdadeiro, cada Espírito é um ser andrógino. Essas afirmações surpreenderão e talvez revoltarão muitos seres; no entanto sua revelação não é nova. No decorrer da história do mundo, os iniciados sempre sustentaram esse fato. No Ocidente, Platão já o afirmara em *O Banquete*, embora sob uma forma um pouco deformada e imaginosa. Ele escreveu:

Cada Espírito é um Ser Andrógino

"'Saibam que no início a humanidade abrangia três sexos, e não dois, masculino e feminino... Existia, além destes, um terceiro... Eles tinham quatro mãos, e pernas em número igual ao de mãos.'

"Essas poucas linhas do grande filósofo descrevem, de maneira simbólica, o ser andrógino que começou a cair na matéria. Seus membros se desdobraram. Os índios da América Central e da Cordilheira dos Andes possuíam igualmente um aspecto da Tradição do androginato primitivo. Para eles, Viracocha ou Quetzalcóatl, 'grande criador das coisas e do mundo', era originalmente, ao mesmo tempo, homem e mulher. Por outro lado, você já ouviu falar de Adão Kadmon? A Tradição o dota, a ele também, com os dois sexos. Para os iniciados do Ocidente, ele é a essência de todas as humanidades, a Alma inteligente do universo que preexiste no Verbo divino.

"É esse grande Adão que devemos reconhecer e ao qual deveremos nos juntar. Ele é a nossa verdadeira morada. Lembre-se das palavras de São Paulo:

"'Isto afirmo, irmãos: que a carne e o sangue não podem herdar o reino de Deus, nem a corrupção herdar a incorrupção' (1 *Coríntios* 15, 47-50).

"Quando a Bíblia fala sobre a Criação, é preciso saber que ela se refere à criação espiritual.

"O homem criado pelo Ser Único é o grande Adão andrógino. O homem carnal é obra da carne e do desejo. O Adão terrestre é a raça humana material que perdeu sua veste de luz.

"Você precisa saber que as peles de animais com que Adão se vestiu depois da queda sofrida no Éden bíblico são as túnicas de carne perecível.

"Adão e Eva constituíam um único ser que sucumbiu à atração de si por si mesmo.

"Eles eram a sombra do que os judeus chamavam de IEVE, lei cíclica do número quatro, simples imagem do absoluto. Eles foram criados a partir do número quatro.

"Talvez você não tenha conseguido me acompanhar, pois eu o fiz pensar que era o número três que dominava o universo.

"No entanto, reflita e lembre-se. O quatro é uma outra imagem do um.*

"Ele reconduz o número três à unidade. O pai, a mãe e o filho (1, 2, 3) formam a família (4). Os seres humanos têm quatro membros, e esses quatro membros estirados formam uma cruz, os raios da roda cósmica e os quatro pontos cardeais.

"Uma vez caídos na matéria, e separados em duas formas complementares que se procuram, Adão e Eva continuaram a se afundar progressivamente na matéria. Se a Bíblia afirma que Eva saiu da costela de Adão, isso, espero que você compreenda, é apenas uma imagem. Significa que o número um, ativo, dá nascimento naturalmente ao número dois, passivo. Cabalisticamente, o dois é o primeiro número ao qual o um deu origem.

"Para voltar ao nosso assunto, isto é, às imensas possibilidades humanas do passado, afirmo-lhe que nos tempos mais remotos o ser humano era capaz de viver mais de mil anos terrestres. A velhice nada mais é que uma doença da Alma e do Espírito. Os homens se comunicavam entre si por meio de telepatia, assim como com os animais. Hoje, tudo acabou; eles negam até mesmo a realidade dessas épocas.

"O mais grave, veja você, não é dizer:

"'Eu não quero', mas sim: 'Eu não acredito.'

"Lembre-se destas palavras do filósofo L. C. de Saint-Martin:

"'Você sabe tudo! Você pode tudo! E você nada quer ser!'

"Elas refletem a própria verdade.

"No início da existência da Atlântida, época relativamente próxima de nós, a duração mínima da vida humana era de seis a sete séculos.

"Eu sei que os médicos e os cientistas tomarão isso por loucura, mas pouco importa. O que é preciso é que se saiba de tudo, custe o que custar."

---

* A forma da costela evoca a do crescente lunar, que é um símbolo feminino.

Meu amigo se endireitou lentamente e, com um ar um tanto cansado, acrescentou:

— A falta de Amor é uma ferrugem que corrói lenta e profundamente. Se o homem se sente limitado fisicamente, a culpa é dele e de mais ninguém.

"Estar persuadido de que se envelhece basta para desencadear o processo de envelhecimento. Há vários meses, fiz com que você conhecesse um a um os diversos mundos do universo astral. Você encontrou neles seres doentes, seres cujo aspecto físico se deteriorava? Não, e mesmo que permanecesse nesse mundo durante séculos, milênios, não veria os corpos se degradarem.

"Só depende de vocês, seres humanos, viver centenas de anos num corpo de carne.

"À medida que sua raça progredir em direção ao Divino, ela se despojará dos limites carnais.

"Não digo que se deva procurar prolongar a vida da matéria, mas digo que uma raça de homens em plena evolução positiva vê seus limites recuarem em todos os domínios graças à intervenção do Espírito sobre a carne. Os progressos médicos do século XX nada mais são, infelizmente, que a intervenção da carne sobre a carne.

"Alguns seres que estudam e vigiam suas ações, e que vocês chamam de extraterrestres, chegaram a esse estágio em que a duração da vida do corpo não é mais um problema. Afirmo-lhe que alguns desses seres de além-Terra pertencem mais aos mundos espirituais que aos outros, ou estão em estreita relação com eles.

"Digo 'alguns' e não 'todos'.

"Os mundos do Espírito são variados ao infinito segundo uma hierarquia natural; todas as religiões os descrevem. Estou falando a respeito do que se chama comumente de anjos, de arcanjos, de éons.

"Eles também têm tarefas a cumprir. Cada um deles se ocupa, no seu nível, com grandes fases de desenvolvimento do Plano divino. Esquematizando um pouco, eu poderia dizer que eles são 'especializados'.

"Desse modo, o arcanjo Rafael preside a todas as iniciações nas verdadeiras doutrinas secretas, na verdadeira ciência.

"De volta à Terra, quero que você procure um belíssimo texto extraído de um dos livros sagrados da Índia, o Mahabharata.

"Melhor que qualquer outro, ele explica as hierarquias do Espírito, a infinidade dos seus mundos e das suas perfeições. Você não terá dificuldade para encontrar esse texto, pois os seus olhos já o percorreram e sua caneta já o reproduziu.*

Depois dos meus últimos encontros com meu amigo de rosto azul, várias perguntas passaram a me atormentar. Senti que chegara o momento de apresentar aquela que mais interessava ao meu coração.

Como fez o meu guia, eu me sentei. Um pouco constrangido, à maneira de um aluno que não teria compreendido bem uma lição, perguntei-lhe:

— Você me falou sobre esse mundo do Espírito e sobre outros mundos de matéria que estão em relação com a Terra; mas como é possível saber quando os textos sagrados falam sobre criaturas carnais de além-Terra e quando falam sobre criaturas espirituais?

Meu guia sorriu docemente.

— Talvez você pudesse compreender tudo isso graças ao que já lhe ensinei, mas confesso que o problema é bastante delicado.

"Veja bem: a verdade é que as criaturas do Espaço Exterior trabalham em harmonia com o mundo do Espírito. A dificuldade vem do fato de que é difícil dizer onde começa exatamente o mundo do Espírito.

"Há coisas que podem parecer de natureza espiritual e que não o são; assim é o mundo da antimatéria.

"A antimatéria não é o contrário da matéria, ela não é o Espírito, mas é o inverso da matéria, é algo muito diferente.

"Isso é simples de se compreender e depende da lei da dualidade, que evoquei muitas vezes.

---

* De fato, encontramos esse texto extraído da grande epopéia da Índia, que fala sobre as esferas celestes; eis suas linhas essenciais:

"Os corpos físicos existem segundo uma lei fundamental baseada na simetria. Para cada partícula de vida existente, há uma outra partícula de vida que se chama antipartícula, cujas características magnéticas e elétricas são exatamente opostas.

"Algumas manifestações do tipo OVNI, algumas aparições de objetos voadores são manifestações de um mundo antimaterial.

"Mas deixemos isso de lado, pois iríamos muito longe. Saiba simplesmente que a Terra tem um gêmeo simétrico, e que acontece de as almas se encarnarem às vezes num mundo e às vezes no outro, se houver necessidade, a fim de se purificarem. O mais simples, para distinguir o Espírito da matéria, consiste em estudar profundamente os textos em todos os seus aspectos, em todos os níveis de leitura de que lhe falei e, acima de tudo, em comparar os textos uns com os outros, pois, com muita freqüência, é da comparação, da justaposição que nasce a luz.

"No domínio dos textos sagrados, é difícil dizer se uma coisa é o reflexo de um determinado mundo ou de um outro.

"Se você tomar um assunto já pisado e repisado, como o do Carro de Ezequiel, verá que algumas pessoas demonstrarão perfeitamente que se trata de um veículo espacial, e outras, de modo igualmente perfeito, afirmarão que ele é o símbolo, a descrição alegórica de uma manifestação divina na Terra.

"Quem tem razão?

"Nem umas nem outras; ou melhor, ambas.

"O carro de Ezequiel é um objeto totalmente material; os Elohim eram seres totalmente físicos, mas sua vida na Terra era, igualmente, uma manifestação do poder divino na Terra.

"... Esse espaço é infinito, habitado pelos bem-aventurados e pelas divindades: agradável, ele compreende todos os tipos de moradas, e seus limites são inacessíveis. Nem a lua, nem o sol mostram a sua face acima ou abaixo dessas regiões; os deuses são sua própria luz, eles brilham como o céu e iluminam como o fogo. Eles também não vêem os limites da abóbada celeste e da sua imensa extensão, pois ela dificilmente é acessível, pois ela também é infinita. Mas para o alto, ainda e sempre para o alto, esse universo, que nem os deuses podem medir, está repleto de seres luminosos flamejantes."

"Os Elohim e seu veículo espacial estavam investidos de uma missão de caráter espiritual.

"O que é preciso reter das diversas chegadas de seres do Espaço Exterior na Terra é que elas resultaram em uniões entre os homens e os 'deuses' carnais.

"As uniões, de início, destinavam-se a criar seres capazes de reinar sobre os humanos e dirigi-los com sabedoria, mas, sendo ditadas também pelo amor, essas uniões adquiriram o caráter de pactos. Elas ocorreram quase por toda a Terra e deram origem a uma raça de gigantes. Esses gigantes são os famosos heróis de que todas as mitologias terrestres, sejam elas tibetanas, australianas, indianas ou mediterrâneas, guardam a lembrança.

"Não vou lhe falar detalhadamente sobre tudo isso, pois este é um assunto que tem interessado muito os homens nestes últimos anos e a questão foi investigada de maneira quase completa. Eu gostaria simplesmente que você soubesse que não foi uma radiação lunar qualquer, nem mesmo uma radioatividade devida à erupção de vulcões — como se supôs — que deu origem ao gigantismo desses tempos remotos. Os textos de todo o mundo falam sobre uma raça de gigantes que governava raças de seres humanos de proporções semelhantes às da atualidade.

"Lembre-se da história de David e Golias. O gigante Atlan, que os gregos chamavam de Atlas, não deu o seu nome à Atlântida, da qual foi o fundador? Se você ler as mitologias inca e maia, encontrará os traços de Atlan e de Theitani, que os ocidentais chamaram de Titã. Também na alquimia encontramos a confirmação do que acabo de lhe dizer.

"Zózimo, o primeiro formulador da ciência alquímica, afirmava que os anjos desceram na Terra e geraram gigantes. Isso apenas confirma o relato bíblico do *Gênesis* (IV: 4).

"Algum dia, será necessário fazer um estudo aprofundado sobre as relações que uniram os homens da Terra aos homens do Espaço.

"Falando por alto, digo apenas que o reino dos gigantes nem sempre foi dos mais felizes; alguns deles certamente foram tirânicos, enquanto outros trouxeram aos habitantes da Terra conhecimentos que estes não estavam em condições de utilizar corretamente.

"Se eu lhe disse que alguns deuses da mitologia greco-romana eram falsos deuses é porque, na realidade, eles eram seres que vieram do Espaço animados não por um propósito benéfico, mas por fins egoístas.

"Desse modo, veja bem, é preciso tomar muito cuidado com as palavras quando se fala sobre anjos, sobre os mensageiros divinos das antigas Escrituras. Seres bons e maus vindos do Espaço Exterior se defrontaram e, desse modo, ilustraram a perpétua luta do Bem e do Mal, da luz contra as trevas.

"Houve gigantes animados pelas forças do mal; o *Livro de Enoch* cita, entre eles, Kokabiel:

"'Kokabiel ensinou os sinais e toda a Terra foi corrompida pela ciência da obra de Azazel.'

"Azazel não é outro senão Lúcifer.

"Quero agora corrigir um erro freqüentemente cometido: Lúcifer não é Satã. Satã, o Adversário, é o princípio do Mal, do negativo, e nada mais.

"Lúcifer é um ser carnal, um ser do Espaço Exterior que veio originalmente para a Terra com o propósito de aí impor sua lei em face dos representantes da luz.

"Ele é exatamente o anjo caído que se imagina comumente. Assim como o homem, ele foi um dia um Espírito elevado. Foi o amor pelo seu próprio poder que outrora desencadeou uma catástrofe cósmica, a saber, a explosão do seu planeta. Pode-se aproximá-lo de Ara, personagem da mitologia quíchua:

"'Assim, pois, eu sou o Sol..., dizia o Príncipe Ara. No entanto, na verdade, o Príncipe Ara não era o Sol, mas se orgulhava de seus belos adornos de jade.'

"Assim são as coisas: o orgulho provoca a queda, mas a falta de ambição não pode erguer ninguém. O homem não deve crer que é igual a Deus, mas, sim, que provém de fonte divina.

"Veja bem: tudo o que eu acabo de lhe dizer sem dúvida provocará sorrisos de escárnio, pois um bom número dos que lerem estas linhas julgarão que seu conteúdo é muito pueril. Isso talvez seja verdade, mas, como já lhe disse, estou falando de maneira esquemática. A batalha que se trava na Terra desde há dezenas e até centenas de milênios não é outra senão a do positivo contra o negativo, do Amor contra o orgulho e o egoísmo, mesmo que as aparências sejam mais complexas do que isto.

"A Atlântida morreu porque as almas se projetaram desenfreadamente na matéria, porque elas utilizaram mal os enormes poderes que exerciam sobre a natureza física das coisas e dos seres.

"As criaturas vindas de outros lugares para se contrapor aos planos divinos, e cujos traços são encontrados essencialmente na mitologia grega, foram chamadas pelos Antigos de 'filhos de Beel', ou ainda, de 'filhos de Belial'.

"Foi a partir desse termo que os homens dos tempos passados formaram a palavra Belzebu, que não é outro senão Beel ou Baal Zevuv, isto é, 'o enxame de Beel'.

"Belzebu deve ser entendido como um termo genérico e não como o nome de um indivíduo único.

"Ele lembra as catástrofes que assolaram a Terra nos tempos bíblicos, as chuvas de meteoritos e os ciclones que se desencadearam sobre os homens como um enxame de abelhas ou de moscas varejeiras.

"O Beel de Beel-Zevuv não era, em si mesmo, nem benéfico nem maléfico, mas simplesmente a causa natural de uma catástrofe mundial.

"Foi por confusão, e depois por assimilação, que os sacerdotes o associaram a Lúcifer há cerca de quatro mil anos. Daí vem o carneiro [*bélier*], signo de fogo, que tira seu nome de Beel.

"Certas religiões fizeram dele o emblema do sol. Ele é apenas esse emblema, e não o próprio sol! Não é necessário rejeitar os símbolos, mas afastar os erros que se acumularam à volta deles.

"Desse modo, depois de intervir no esquema da evolução terrestre, depois de implantar, sucessivamente, diferentes tipos de animais e em seguida de homens, depois de se associar a eles, depois de ter ajudado a raça terrestre a se erguer dos cataclismos naturais ou provocados, os seres do Espaço Exterior continuam ainda hoje a lutar contra as forças negativas que circundam a Terra.

"Já aconteceram, e ainda voltarão a acontecer, nos espaços intergalácticos, lutas materiais tendo a Terra por prêmio.

"Os progressos tecnológicos que os seres humanos puderam conquistar devem abrir-lhes os olhos.

"Seus semelhantes não devem perpetuar os erros dos seus pais, isto é, divinizar o que não deve ser divinizado: as criaturas de outros planetas e esses próprios planetas.

"Não vou estender-me sobre os acontecimentos que perturbaram a Terra antes do grande sismo e do dilúvio que destruíram a Atlântida e seus vizinhos. Sobre isso, poder-se-iam escrever volumes sem esgotar o assunto.

"Nesse dia, a raça humana quase desapareceu; digo 'quase' porque você bem sabe que os conhecimentos e as experiências da vida se perpetuam apesar da morte física. O mundo que você conhece hoje começou no dia em que Noé — Nepht em língua atlante — fez passar a tocha do conhecimento de uma civilização para outra. No entanto, não é necessário que você acredite que Noé e sua gente foram os únicos a sobreviver ao Dilúvio. Noé foi um ser de carne e osso, mas também foi um símbolo. Desse modo, posso lhe assegurar que houve numerosos Noés na história da humanidade.

"Todas as vezes em que um mundo foi destruído, por qualquer razão, seres privilegiados encarregaram-se de transmitir os conhecimentos de uma época à outra.

"Os arqueólogos encontraram na Terra vários nomes que correspondem ao de Noé, até mesmo em pequeninas ilhas do Pacífico. Esses nomes são bastante conhecidos, e cito alguns de memória:

"Nu Wah para os chineses, Tapi para os astecas, Nu-nu para os havaianos.

"Mas há uma coisa à qual eu gostaria que você prestasse particular atenção. Você se lembra da história de Deucalião e Pirra, contada por Ovídio? Ela costuma ser comparada à de Noé. Nada mais falso, pois Deucalião não é Noé. Ele realmente existiu; inclusive desempenhou um papel idêntico ao de Noé, porém milênios mais tarde.

"O último dilúvio não é o que é narrado na Bíblia. Quando lhe falarem a respeito do dilúvio de Ogyges, não cometa o mesmo erro, pois se trata, mais uma vez, de outra catástrofe. Se a memória humana reteve principalmente o dilúvio de Noé, isto se deve ao fato de que ele foi o mais violento e de duração mais longa, e aniquilou a civilização tecnologicamente mais poderosa que a Terra já produziu.

"Até o fim do século, os homens não negarão mais a existência da Atlântida, pois serão feitas importantes descobertas no Egito, na América Central, na Índia e na China. Para aqueles a quem interessa o problema desse continente desaparecido, você esclarecerá que, em geral, se faz dele uma idéia falsa. A Atlântida não era uma massa única de terra no meio dos oceanos; compunha-se de várias ilhas, sete, para ser preciso.

"Elas foram destruídas e afundadas em lapsos sucessivos de vários milênios. A descrição do fim da Atlântida feita por Platão refere-se apenas à ultima Atlântida.

"Esse continente passou por três destruições, das quais as duas primeiras amputaram apenas uma parte das suas terras. A última capital atlante era circundada por canais que serviam para a defesa e para o comércio, um pouco — guardadas as devidas proporções — como a cidade holandesa de Amsterdã. Eu gostaria que você relatasse escrupulosamente tudo isso, para que sirva de tema de meditação para os homens. Que eles não creiam que os continentes nos quais vivem hoje conservarão perpetuamente a mesma aparência. Virá um dia em que eles não mais aparecerão na superfície do globo.

"A partir do final deste século, importantes mudanças ocorrerão na crosta terrestre.

"Alguns grandes sábios emigram atualmente e se instalam, sem razão aparente, em países que não conhecem.

"Procure-os, observe os seus movimentos, pois eles indicam regiões que serão poupadas pelas catástrofes que virão. Esses mensageiros espirituais são futuros Noés. Eles colocam tudo no seu devido lugar para a transmissão da verdadeira ciência salvadora.

"Os domínios que eles atualmente consagram com a sua presença serão semelhantes a 'graais' para as civilizações de amanhã.

"Cada pessoa extrairá deles uma parte do alimento espiritual que deverá animar a era de Aquarius e dispensar a paz entre os povos."

Meu guia parou de falar. Sem olhar para mim, o rosto voltado para a pequena torrente que saltava de rocha em rocha, ele colocou a mão nas minhas costas:

— Saiba — acrescentou com a voz cheia de calor — que não existe nenhum sonho que não se realize se for animado por uma vontade de Amor. Asseguro-lhe que os homens perderam o Éden, mas tornarão a encontrá-lo se o quiserem.

"O Éden não foi a Atlântida, pois a Atlântida será superada. Esforce-se, por meio desta obra, para indicar aos seus semelhantes que não há duas maneiras de avançar, não obstante os mil caminhos do conhecimento e da religião.

"Ajam, sua mulher e você, a fim de que cada pessoa sinta a necessidade de saber e a vontade de dar sua contribuição ao caminho que leva ao estabelecimento da Paz na Terra, e depois ao retorno à Realidade original."

— Mestre, você disse que a civilização atual corre os maiores perigos e que os continentes serão, mais uma vez, transtornados. Você quer dizer que isso acontecerá de maneira brutal, como outrora?

— Veja bem: uma catástrofe sempre parece brutal para os que a sofrem. Sobrevirão acontecimentos cuja chegada os homens não perceberão; eles os chamarão de 'súbitos' porque terão estado cegos, porque não terão sabido distinguir os sinais anunciadores.

"A totalidade da Atlântida não foi destruída de uma só vez... Eis tudo o que me é permitido dizer-lhe a respeito desse assunto. Isso deveria bastar para esclarecer aqueles que têm vontade de ser esclarecidos.

"Antes de lhe proporcionar ainda uma ocasião de viajar no tempo, deixe-me abordar um outro assunto.

"Quero que você conheça e faça compreender certas coisas referentes às raças humanas. Isso em vista de contribuir para estabelecer a paz graças à abolição das barreiras raciais. Já lhe disse que uma nova raça nascerá ao despontar o século XXI. Será a quinta grande raça, capaz de deixar sua marca no mundo.

"Quatro grandes raças de homens já se sucederam na Terra. Se alguns falam em sete, é porque fazem alusão àquilo que chamarei de 'sub-raças', ou raças das humanidades anteriores.

"No ciclo que nos interessa, a raça amarela é a mais antiga que dominou no seu planeta. A esse respeito, é bem fundamentado dizer que a Ásia é a mãe das outras civilizações.

"A raça vermelha a sucedeu e deu nascimento à era atlante. Os atlantes eram vermelhos, e seus últimos descendentes são os índios da América do Norte, da América Central e dos Andes.

"Seu sangue, é claro, misturou-se rapidamente com o dos habitantes originais dessas terras, e os conhecimentos que trouxeram consigo foram consideravelmente alterados ao longo dos séculos.

"Progressivamente, a lembrança de suas origens se fez mais e mais débil, e foi preciso gravá-la na pedra para que não desaparecesse da Terra. O homem é sempre idêntico a si mesmo. Ele tem a memória curta e cai depressa na superstição.

"No México, sobre a pirâmide de Xochicalco, pode-se ainda hoje encontrar hieróglifos que contam a história de uma 'terra situada no centro do oceano e que foi destruída', e cujos habitantes foram 'mortos e reduzidos em poeira'.

"Em Villahermosa, enormes cabeças de pedra, chamadas de 'olmecas', também relatam a lembrança dessa época.

"Os eruditos fazem muitas perguntas a esse respeito. Na verdade, elas foram esculpidas em honra dos homens da terra de Olma, ou do reino de Olman, os últimos que escaparam sãos e salvos do Dilúvio, como também o conseguiram certos atlantes.

"Alguns habitantes da terra de Olma não fugiram para o México atual nem para qualquer outro lugar do continente americano.

"Eles se dirigiram para a Europa, em particular para a bacia mediterrânea, estabelecendo-se na Caldéia e em Creta. Eis por que ainda hoje são encontrados, nesses dois 'países', mosaicos que lembram muito os da 'Venta', ao sul do México.

"Isso também deve fazer-nos compreender que nem todos os sobreviventes atlantes partiram para o continente americano, mas que muitos foram para a Europa, essencialmente para os Pirineus, a África do Norte e o Egito.

"Não é por acaso que a chama do conhecimento atlante foi levada para o Egito. Acredite em mim: nada é resultado do acaso! O Egito tornou-se, num certo sentido, uma colônia da Atlântida, e suas tendências espirituais eram muito acentuadas. As outras colônias atlantes na América não dispunham, nesses tempos remotos, do poder egípcio.

"Quando a Atlântida foi afundada, o cetro do poder temporal passou para a raça negra, que se estendeu até a Ásia.

"É desnecessário dizer que a África que não se desenvolveu sob os climas que ela possui atualmente, vivia uma época muito florescente.

"Alguns arqueólogos descobriram os remanescentes de uma civilização no atual deserto do Saara.

"O que eles já encontraram, e o que ainda encontrarão, são os remanescentes dessa época em que a civilização negra conheceu seu apogeu, e não, como algumas pessoas pensam, as ruínas da Atlântida.

"O Saara foi, inicialmente, um país muito fértil; mais tarde foi invadido pelas águas, e sua superfície cobriu-se de grandes lagos. Foi sob o efeito de um violento terremoto que sacudiu o continente africano que as águas dos lagos transbordaram na Atlântida.

"Esse acontecimento não remonta a tempos muito longínquos. Você sabe: não se deve ficar surpreso com o fato de que a civilização negra tenha deixado um número relativamente pequeno de vestígios. Ela aconteceu numa terra nova, onde quase tudo precisou ser refeito.

"Nessa época, a raça negra era uma raça guerreira. Conquistou parte da Europa, da Ásia Menor e da Índia, onde praticou, notadamente, a escravidão.

"O karma de uma raça existe, veja você, da mesma maneira que o karma de uma pessoa; a raça negra pagou durante séculos o erro que cometera milênios antes. Ela mesma se tornou escrava.

"Você sabe que eu já evoquei esse tipo de 'revés da fortuna' com relação ao povo indiano. Então, eu gostaria que seu exemplo, assim como o da raça negra, fosse conhecido pelos homens. É preciso que a raça branca, que ainda domina sobre a Terra nos dias de hoje, reconheça que o mecanismo do karma atua segundo a mesma lei para todos os povos, pois todos provêm da mesma família.

"Jesus Cristo disse:

"'...todos os que lançam mão da espada, à espada perecerão.' (*Mateus* XXVI: 52)

"Essas palavras são o eco de uma das grandes verdades eternas. Que aqueles que puseram em dúvida a presença do povo negro na Ásia, leiam a grande epopéia indiana do Ramayana.

"Ela narra as derrotas da raça negra na Índia.

"Foi na Ilha do Ceilão que se encenou o último ato desses encontros, e que o imperador negro foi definitivamente vencido."

— Foi a partir desse momento que se começou a falar da raça branca?

— Você está sempre muito apressado! — disse meu amigo rindo. — Vamos lá, siga-me, vamos voltar para a montanha de esmeralda.

"Quero que você conheça, de maneira particular, a história da raça branca, pois é a história do seu povo, e ela explica muitas coisas relativas ao mundo que você conhece e suas lutas absurdas, tanto políticas como religiosas.

"Agora, levante-se e junte os pés e as mãos para concentrar em si mesmo toda a sua energia. Deixe-me agir. Vamos viajar por meio de teleportação astral a fim de não ter de caminhar durante muito tempo."

Meu guia se posicionou com o rosto voltado para o meu e,

muito naturalmente, fez o gesto que se tornou familiar para mim. Impôs sua mão sobre o meu coração, levemente, sem exercer nenhuma pressão, mas com uma força interior que eu senti ser capaz de parar as batidas do coração.

Meus olhos se ofuscaram e fui arrebatado, mais uma vez, por um turbilhão de faíscas multicoloridas.

Pareceu-me que o poder da luz absorveu-me por inteiro, e que, se o tempo pudesse interromper sua marcha, eu permaneceria suspenso não sei onde, num lugar que jamais figurará num mapa, mas que, desde sempre, contém em si os segredos da natureza.

Essas frases são limitadas e não poderão fazer com que se compreenda o quanto uma tal experiência enche a alma de alegria.

De novo, o solo de rochas cristalinas verdes sustentava o meu peso. Meu guia não me deixou, e, ainda por alguns segundos, sua mão permaneceu sobre o meu coração.

Tive uma sensação estranha: era como se, à semelhança de estátuas de cera, tivéssemos permanecido congelados e apenas o cenário sofresse uma metamorfose.

— Não... somente nós nos movemos — cochichou o meu amigo. — Mas, afinal... que importância tem isso? A distância é uma ilusão, assim como o tempo. Você existe em toda parte ao mesmo tempo, simplesmente pelo fato de que existe. Tome consciência disso e a matéria nada mais significará para você.

Meu guia me fez passar à sua frente. A forte luz branca conduziu de novo os nossos passos para o ventre da montanha e a abóbada de esmeralda veio se oferecer aos meus olhos maravilhados, sedentos para aprender mais uma vez.

Capítulo 10

No País dos Sete Bois

Uma coluna de homens caminhava numa planície de grama rasa. E eu com eles. Nossos passos eram pesados, mas eu os sentia cheios de uma força secreta.

O rosto dos meus vizinhos eram duros, e seus olhares, decididos.

Poder-se-ia pensar numa tropa de homens partindo para o combate, mas a atmosfera era leve; os homens falavam, riam, alguns cantavam.

Minha mão direita apertava fortemente uma longa lança de madeira cuja ponta bate ritmicamente no solo. Meu vizinho, um homem pequeno de espessa barba castanha, voltou-se para mim:

— Acho que deveríamos parar; nossas mulheres não agüentarão muito mais tempo por hoje.

Os sons que saíam-lhe da boca eram breves e um tanto roucos, mas os meus ouvidos apreendiam todo o seu sentido sem nenhuma dificuldade.

— Não, mais um pouco — eu disse. — O...* disse que estamos muito próximos. Os mensageiros dele voltaram esta tarde. Eles viram de longe a terra que nos convém.

"O... queria que todos nós o víssemos hoje."

Virei-me para trás e vi uma longa coluna de homens e mulheres caminhando atrás de nós. A algumas centenas de metros, sempre para trás, também divisei pesadas carroças. Pareciam de madeira, e espessos toldos de pano cobriam-nas, repartidos de maneira bastante desigual. Homens a cavalo, com os cabelos em desordem, iam e vinham lentamente ao longo da coluna. Uma curta espada pendia ao lado de cada um deles.

Notei igualmente que uma boa parte de nós trajava longas "calças" de tecido grosso. As cores dominantes eram o vermelho, o amarelo-ocre e o azul.

Cada um de nós levava consigo pelo menos uma lança semelhante à minha; outros usavam um capacete de pele ou de metal mais ou menos alaranjado, uma espada curta e uma espécie de escudo de madeira.

O homem que seguia à minha frente caminhava com os pés nus; mas a maior parte de nós usava botas de pele fixadas por meio de pequenas faixas que se entrecruzavam às vezes até acima do joelho.

Ouvindo as discussões dos meus companheiros, percebi que suas mulheres e filhos estavam mais para trás e caminhavam como eles.

As carroças eram reservadas para o transporte de víveres. A água não devia faltar, pois um homem de ombros fortes lavava copiosamente o rosto alguns metros diante de mim; no entanto, as árvores estavam secas e as moitas cheias de espinhos.

Não fazia muito tempo que eu caminhava em meio àqueles seres de maneiras rudes, mas eu já sentia uma certa lassidão dominar minha alma. Pensei em Israel procurando a sua terra, mas não

---

* Aqui entraria um nome cuja sonoridade não guardei.

podia se tratar disso. Nada havia que lembrasse o tipo semita naqueles homens, de tez clara e ombros largos e imponentes. O próprio cenário não era o de um deserto, mas o de uma planície inculta e, aparentemente, varrida com freqüência pelos ventos. Não sei se o calor pesava sobre os corpos; nem meus membros nem minha pele de empréstimo fornecia-me indicação alguma. Eu sentia muita dificuldade para dirigir meu pensamento, como se fosse preciso que eu me consagrasse unicamente a olhar, a reter nos mínimos detalhes tudo o que se passava ao meu redor.

Meu vizinho dirigiu-me novamente a palavra em tom de brincadeira.

Se as suas palavras não permaneceram na minha memória, é porque meus olhos devoravam a paisagem e depois se fixaram num cavaleiro que se aproximava a galope diante da coluna.

Ele gritava e, à medida que se aproximava de nós, assobios e cantos se elevaram da multidão.

— Ei-lo! Ei-lo!... Olhem para a frente!

Ele passou perto de nós como um bólide, agarrado à crina do cavalo.

De toda parte levantaram-se dedos apontando para o horizonte:

— Sim, lá embaixo, é lá mesmo...

Uma linha branca aparecia em alguns lugares, como um pontilhado acima das colinas verdes.

— Volte! Volte! Faça o favor de voltar!

A voz do meu guia irrompeu no mais profundo de mim mesmo, e seu poder abalou, com o impacto de um golpe de aríete, o estado de receptividade total que tomara conta de mim. Tudo terminou! Um brilho de luz amarela passou diante dos meus olhos.

Meu amigo segurou-me pelo braço e me levou para fora do lugar onde o tempo não significava mais nada.

— Não é necessário que eu o deixe ver por mais tempo. Essas viagens são muito cansativas e você não teria aprendido mais nada.

"Vamos embora daqui. As radiações provenientes dessa montanha não se harmonizam por muito tempo com uma alma cujo corpo físico a espera em algum lugar da Terra.

"Vamos voltar a um local que você já conhece e de que gosta muito.

"As paisagens do Astral são de uma diversidade infinita, mas esta, sem dúvida, lhe convém melhor que as outras.

"Você se lembra da pequena praia onde conversamos uns tempos atrás?"

Meu amigo falou e isso foi o bastante. Vi-me de novo na pequena praia de coqueiros, com sua areia de ouro e rubi, suas ondas de reflexos surpreendentes, seu céu lilás...

— Você não poderá criticar-me por não tê-lo feito viajar! — disse, rindo, o meu guia.

Senti que ele procurava quebrar em mim um estado de euforia que, às vezes, tendia a se instalar nesses momentos.

Pareceu-me que ele não queria me deixar sozinho com meus pensamentos e que suas brincadeiras tinham esse objetivo.

— Este mundo é mais que maravilhoso para todos os que ainda possuem um invólucro carnal. Vindo até aqui, não pense no mundo físico. As comparações não são boas para quem não abandonou totalmente o corpo. Não se deixe apanhar nessa armadilha; desfrute do universo astral, mas não sucumba ao seu encanto. Seu lugar ainda é na Terra.

As ondas projetavam suas línguas de luz sobre a poeira vermelha e dourada da praia. Caminhamos em direção a elas e, tranqüilamente, elas formaram um arco-íris aos nossos pés.

Eu estava impaciente para compreender e, seguindo os conselhos do meu guia, esforcei-me para não centralizar mais a minha atenção nas belezas do Astral superior.

Eu não ouvi mais o ruído do mar nem o dos nossos passos sobre a areia quente... Meu coração estava totalmente aberto à voz do meu guia.

— Era uma vez... sobre a Terra, um grande povo. Ele nasceu um certo dia, há mais de oito mil anos, num país que se chamava 'País Branco'.

"Esse país também era chamado de 'País dos Sete Bois' devido às sete estrelas que guiavam o seu destino e que formam, ainda hoje, uma enorme carroça.

"Esse país era o 'Setentrião'* que você conhece (antes da catástrofe que o arrebatou), a Hiperbórea das velhas lendas, a mãe do reino de Thule. Os homens desse país viviam num clima agradável e mantinham importantes relações marítimas com os outros povos do globo.

"No dia em que o eixo da Terra foi abalado e o planeta se pôs a girar na direção oposta, o reino afundou no oceano e depois os gelos o cobriram.

"Os homens da parte restante da Terra quase se esqueceram até do nome do país, e nada mais viram no lugar que ele ocupava a não ser um deserto de gelo e de neve a que chamaram de 'ártico'. Só um pequeno grupo de homens e de mulheres que se refugiaram nas alturas e nas proximidades do pólo escaparam da catástrofe.

"Desse punhado de seres isolados, que tinham se esquecido até mesmo da existência de outras criaturas, iria surgir a raça branca. A pequena sociedade que eles formaram conseguiu sobreviver graças às zonas de calor que existem ao redor do pólo físico da Terra.

"Eles se tornaram um verdadeiro povo à procura de uma terra mais ampla.

"Os homens foram viajando aos poucos para uma terra cuja superfície então era maior do que é atualmente a Grã-Bretanha.

"Daí, eles emigraram para a Polônia e para a Alemanha atuais. A raça branca, com seus homens de alta estatura mas de formas bastante pesadas, defrontou-se então com a raça negra. Embora vivendo o declínio do seu poder, os exércitos negros venceram, graças a uma melhor organização e a armas mais elaboradas.

"Uma boa parte do povo branco, que ganhou mais tarde o nome de 'celta', foi então reduzido à escravidão e se pôs a trabalhar, com correntes presas aos pés, nas minas e nos campos dos seus vencedores. Essa situação teria se prolongado se não fossem as luzes de uma mulher chamada Muriga.

---

* *Septem Triones*: Os sete bois.

"Dotada de uma percepção que os homens de hoje chamariam de 'paranormal', ela transmitiu ensinamentos preciosos àqueles que se tornariam os futuros chefes celtas, os quais levaram o seu povo à revolta e fizeram com que os negros fugissem da Europa Ocidental.

"Mas as coisas não permaneceram assim!

"Sob a influência de outras mulheres, Muriga concedeu todo o seu poder a um pequeno grupo de sacerdotisas, para formar com elas um verdadeiro colégio de druidesas.

"Infelizmente, esse colégio, que se propunha a estabelecer pouco a pouco uma sociedade do tipo matriarcal, apaixonou-se muito rapidamente pelos poderes temporais e se pôs a cometer o mais repreensível dos crimes, tantas vezes cometidos pelos homens: o sacrifício humano.

"Depois de algumas dezenas de anos, sob o impulso de um jovem druida, o povo se sublevou.

"O homem se chamava Reem, mas os seus amigos, e em seguida a nação inteira, o chamaram de 'Ram', que significa 'aquele que vai na frente', o carneiro.

"Esse ser iria se tornar o grande condutor do povo celta e, enquanto tal, seu corpo abrigava um dos enviados do Espírito à Terra.

"As forças do Astral e as potências angélicas guiaram-lhe os passos do nascimento até a morte.

"Reem foi um desses seres predestinados, desses Mahatmas que desceram em meio aos homens para realizar uma missão, e dos quais guarda-se apenas uma vaga lembrança.

"Você sabe como isso acontece, e por isso vale mais a pena que eu prossiga com o meu relato.

"Depois de recusar o autoritarismo das druidesas, o povo celta se espalhou por outras terras.

"Uma parte dele espalhou-se pela Europa, e um outro grupo, não menos importante, dirigiu-se para o sul, em particular para a África do Norte e para a Arábia atuais.

"Amalgamando-se às populações negras, esse ramo celta deu nascimento aos árabes e aos hebreus.

"Se você refletisse sobre isso, perceberia que estes últimos guardaram um traço de caráter que foi, durante muito tempo, o da nação celta: a procura de uma terra.

"O que eles queriam era a terra deles. O que Ram queria era a terra dele, aquela que ele tinha vislumbrado em suas comunicações com o mundo astral.

"A travessia dos países da Europa Central forneceu-lhe a ocasião de aumentar o poder do povo que aderiu ao seu caminho.

"Foi assim que ele fez capturar hordas inteiras de cavalos selvagens a fim de permitir que seu exército se deslocasse com mais eficácia.

"O périplo durou anos. O que lhe mostrei por intermédio dos anais do Tempo foi o fim da longa marcha do povo de Ram.

"Eu quis que você visse como era essa raça de homens dirigida por um ser do qual se pode afirmar que foi o tipo exato do soberano ideal.

"O que os últimos momentos de sua visão lhe permitiram contemplar foi a cordilheira nevada do Himalaia. Os altos planaltos do Tibete foram, portanto, a terra prometida desses 'homens da carroça', expressão decorrente das suas origens e do seu meio de locomoção.

"Por mais surpreendente que isso possa parecer, as terras altas do Himalaia acolheram favoravelmente a Ram e ao seu povo. Os combates foram raros e a personalidade de Ram conquistou rapidamente os habitantes dessas regiões.

"Depois que o poder foi estabelecido e depois que o povo se instalou, cada qual apreciou, no seu justo valor, os méritos do chefe celta, que instaurou rapidamente uma teocracia.

"Ele queria que o poder temporal fosse regido pelo poder espiritual.

"Foi então que, pela segunda vez, ele foi levado a mudar de nome.

"Descartou as vestes de Ram, o guerreiro com cornos de carneiro, para tomar as de 'Lam', o 'cordeiro' que se dá aos outros.

"Através dos milênios, o povo britânico guardou intacta, sem o saber, a lembrança dessa mutação, pois em inglês '*lamb*' significa 'cordeiro'.

"Assim como Jesus Cristo, 'Lam' foi o cordeiro de Deus. Ele deu o seu nome àquela que se tornaria a futura religião do Tibete, o lamaísmo.

"O budismo só apareceu mais tarde, e trouxe a sua contribuição ao lamaísmo inicial para lhe dar o rosto com que o conhecemos atualmente.

"Compare com atenção as diversas religiões e você verá que o lamaísmo sempre praticou o culto do cordeiro místico.

"Saiba que é por isso que os missionários cristãos que tentaram evangelizar o Himalaia depararam com uma incompreensão total!

"Os tibetanos jamais puderam entender as motivações dos padres que queriam impor o seu cordeiro sagrado no lugar do deles.

"Qual o interesse de substituir um símbolo pelo seu equivalente?

"Nem mesmo a Eucaristia surpreendeu o povo tibetano: desde tempos imemoriais, os grandes lamas sempre preparam pequenas bolas de farinha dotadas de virtudes milagrosas.

"Essas 'hóstias' são chamadas hoje de 'ribu', e sua confecção é objeto de ritos religiosos muito particulares, cujo alcance é altamente espiritual.

"Não fique surpreso com esse fato; Deus, em todos os tempos, concedeu a graça a todos os que a pediram e que a procuraram.

"Jesus Cristo não inventou a Eucaristia; ele a adaptou à religião da qual é o fundador.

"Muito antes da sua vinda entre os homens, o culto de Mithra, Espírito da luz divina, já a tinha instaurado na Ásia Menor.

"Tudo o que provém do Criador de todas as coisas é Uno, você percebe?

"Assim como a religião atlante, a religião de Ram se expandiu até o outro lado da barreira do Himalaia. Seu povo invadiu o território da Índia atual, repelindo, em ondas sucessivas, os últimos chefes do exército negro estacionado ao longo do Ganges, que depois se concentrou no sul do país.

"Ao morrer, Ram deixou um império sólido.

"Seu trono, colocado no teto do mundo, dominou essa parte da Ásia durante mais de três milênios, e foi apenas uma briga estúpida que veio pôr fim à unidade espiritual que ele soubera construir.

"Lembre-se bem do seguinte para não cometer erros: os discípulos seguem o mestre, mas os discípulos dos discípulos traem a palavra do mestre.

"O ensinamento de Ram acabou sendo deformado, assim como o foi mais tarde o de Jesus Cristo.

"Um provérbio tibetano diz:

"'Mil monges, mil religiões.'

"Isso é verdade, pois cada indivíduo que não está em contato direto com o reino do Espírito adapta as crenças que lhe foram ensinadas à sua própria personalidade, às suas próprias necessidades.

"Se faz escola, arrisca-se a fazer heresia.

"Se você não está seguro do seu julgamento, dê crédito apenas às religiões reveladas.

"Pouco importa, no final das contas, que a sua crença siga o caminho do esoterismo ou o do exoterismo; o importante é que ela esteja assentada sobre os alicerces da luz do Espírito. Pouco importa a forma, só importa o fundo. Diga isso a si mesmo, e diga-o bem; e diga aos seus semelhantes que onde reina a divisão a verdade não pode se estabelecer.

"Aos olhos do povo, a divisão está ligada às harmonias musicais criadoras, a um aspecto do verbo, se você preferir, ou ainda ao que se chamou mais tarde de 'música das esferas'.

"Na verdade, o problema era mais profundo; ele residia numa má compreensão da lei da dualidade que preside a evolução do universo. Os sacerdotes começaram a afirmar que, para chegar ao reino do Espírito, era preferível, e até mesmo necessário, dominar a natureza. Quiseram, portanto, atribuir ao mundo físico, uma qualidade predominantemente passiva ou negativa. Escolheram como emblema a cor do sangue, 'alma' da matéria, que seria preciso dirigir para atingir a 'Alma da Alma', o Espírito.

"Foi desde esse tempo que as mulheres indianas mortas devem, se a tradição é respeitada, ser levadas à fogueira envolvidas num tecido de cor vermelha (enquanto mulheres, elas são elementos passivos, sem nenhuma idéia pejorativa). Os homens, elementos ativos, vão, ao contrário, à fogueira envoltos num pano branco imaculado, símbolo do positivo.

"Na Índia, o cisma se fez sentir a tal ponto que a co-habitação dos partidários das duas teses não era mais possível.

"Foi então — e esse é um fato histórico e religioso muito importante — que os partidários da primazia da força passiva no universo físico tomaram a decisão de abandonar o solo indiano à procura de uma outra terra. Eles se voltaram para o oeste, não em direção ao reino de onde provieram os seus ancestrais, porém mais para o sul, rumo à Ásia Menor e a bacia mediterrânea. Sua marcha foi das mais difíceis, pois entraram em conflito com as populações locais.

"Alguns fixaram-se na Mesopotâmia, outros na Grécia e até no próprio Egito.

"Chegando na Arábia, os dissidentes que vinham da Ásia tiveram de enfrentar um dos ramos celtas que lá se tinham instalado havia mais de três mil anos. Eles os esmagaram impiedosamente, deixando os que conseguiram escapar vagando como nômades no deserto. Foram estes que receberam o nome de hebreus, isto é, 'homens errantes'.

"Foi a partir desse instante, veja bem, que nasceu realmente o povo hebreu.

"Uma grande parte dos vencedores instalou-se no local que iria se tornar o império da Babilônia.

"Você compreende agora por que, desde os tempos bíblicos, houve essa inimizade profunda entre os hebreus e os babilônios? Não havia apenas um problema de culto na base dessa inimizade, mas também um problema de território.

"Mas vamos parar por aqui, se você quiser. Meu propósito não é cansá-lo nem aturdir, com uma exposição árida, as pessoas para as quais nossa conversa será relatada. Quero que você veja tudo com seus próprios olhos a fim de fazer reviver o passado em algumas páginas, como você já começou a fazer. No entanto, não vamos voltar às encostas da montanha de esmeralda."

Olhei para o meu guia com um olhar atento, pronto para aceitar qualquer idéia nova da sua parte.

— Eu acho que isso o diverte!... — disse ele, piscando levemente os olhos. — Estou enganado?

— Não...

Então, a voz do meu amigo ficou mais doce, mas também mais grave. Digo "a voz", e no entanto é preciso que o leitor me entenda. Eu deveria escrever: "a impressão que a voz do pensamento do meu amigo produzia em mim."

A telepatia cria uma sensação diferente daquela da palavra. Não se pode falar a respeito da sonoridade telepática de uma palavra, mas sobre o seu calor maior ou menor, sobre o seu grau de penetração. É importante, creio eu, abrir esse parêntese, mesmo correndo o risco de romper um pouco o fio do relato.

Os que leram até aqui esta obra terão, sem dúvida, retido essencialmente do universo astral o que eu chamarei de impressões visuais, isto é, clichês de suas paisagens maravilhosas, de suas construções perfeitas, talvez do rosto do nosso guia tal como tentei descrevê-lo. No entanto, essas coisas não podem dar uma idéia da verdadeira atmosfera das comunicações com o Astral. Essa atmosfera tão particular só é recriada pelas sensações telepáticas que a acompanham.

Para aquele que escreve estas linhas, o mundo astral é, antes de mais nada, uma vibração; uma vibração quente e profunda, a "voz" do ser de rosto alongado, uma voz que se destaca no meio de mil e uma outras "vozes" que emanam de cada flor, de cada árvore.

Uma palavra pronunciada, ouvida, sentida, é o mais poderoso dos instrumentos de criação. Quantas vezes o meu guia não procurou fazer com que eu tomasse consciência disso!

Fiquei de pé, face a face com o meu amigo. Ele pôs a mão sobre o meu ombro e eu senti que ele queria que eu compreendesse bem o seu pensamento.

— Quero fazer com que você passe por outra experiência ainda, mas não quero a experiência pela experiência. É preciso expulsar do seu espírito todo gosto pelo sensacional, ou pelo que desencadeia a curiosidade pela curiosidade.

"Não confunda sensacional e maravilhoso, pois se todo o universo é um baú de tesouros, uma cornucópia de abundância, ele é maravilhoso, mas não é sensacional.

"Se os homens só retiverem da sua obra o relato de algumas experiências surpreendentes, divertidas, feéricas, então o objetivo não terá sido atingido.

"Veja bem: eu vou dar a você a possibilidade de consultar, em alguns instantes, a Memória do Tempo, sem que você tenha de se dirigir ao lugar que já conhece. Vou fazer isso para permitir que você meça, uma vez mais, toda a extensão do poder da vontade.

"Ame o que eu vou lhe mostrar pelo que isso lhe ensinar, e não pelo seu lado espetacular.

"Seu corpo astral permanecerá aqui comigo, e apenas a sua parte mais sutil se desprenderá e ficará em ligação direta com a Memória do Universo. Não tenha medo; durante esses poucos instantes, que lhe parecerão muito longos, é a minha vontade que deixará que a sua consciência vogue rumo a outros horizontes."

Com uma confiança total, olhei nos olhos do meu guia; seu rosto se apagou à maneira de um quebra-cabeça cujas peças são espalhadas subitamente. Só restou em mim o seu sorriso, absorvido num turbilhão de luz.

Senti-me mergulhando num abismo sem fundo... Não tive medo; a luz era tal que parecia identificar-se com a própria Vida, e com o Amor em estado puro.

Não terá sido a estreiteza dos meus sentidos de terráqueo que me fez tomar por uma queda o que foi, na realidade, uma extraordinária ascensão?

Bruscamente, um choque violento arrancou-me do meu estado de beatitude. A penosa sensação se fez sentir, como de hábito, na altura do umbigo, e logo se desvaneceu. No lapso de alguns instantes, pensei que estava me sufocando; minha consciência estava novamente aprisionada no corpo de um homem que viveu há muito, muito tempo... Ou que talvez ainda viva... Isso não tem mais importância.

— Estou com você...

A voz do meu guia ressoou em mim com uma clareza surpreendente.

Seria preciso ficar surpreso, maravilhar-se? Não sei.

Tudo se passara tão rapidamente! Eu não sabia onde estava e a época em que vivia.

A voz continuou:

— Eis a Babilônia, a Babilônia em seus primórdios.

Uma cidade inteira, ou melhor, uma grande aldeia, estendia-se aos meus pés. Nenhuma construção imponente atrai o meu olhar. Lá embaixo, um único edifício vagamente semelhante a uma pirâmide elevava-se acima dos outros. Suas formas eram pesadas, imperfeitas. Divisei largas aberturas e alguns pilares ornados de esculturas que não consegui ver em detalhe.

A impressão que eu tive da grande aldeia era estranha. Ela estava como que unida ao solo; era ocre como ele, rude como ele.

Aqui e ali, algumas árvores, algumas palmeiras traziam uma presença verde a esse conjunto austero. Não obstante, na lonjura, lavouras e magras pastagens proporcionavam um toque de alegria à paisagem. O sol não estava muito alto no céu. Pela luminosidade levemente alaranjada das construções de pedra e de adobe, percebi que estávamos próximos das últimas horas do dia.

Até aquele momento eu não me mexera, mas o meu corpo de empréstimo deu então alguns passos para a esquerda e depois virou-se para trás.

Vi-me sobre um terraço ou no topo de uma imponente torre quadrada, ou de um edifício semelhante, e não estava mais sozinho. Dois homens de longos cabelos negros presos por faixas estavam encostados numa balaustrada de pedras espessas.

Ambos trajavam uma longa túnica de cor pálida, estreitada na cintura por um largo cinto alaranjado; seus pés estavam nus.

Não distingui o rosto desses dois homens que contemplavam a

paisagem na direção oposta à que eu podia ver antes. Do lado para o qual eu olhava agora, a grande aldeia tornava-se uma cidade. Via-se nela algumas torres e muralhas que pareciam inacabadas. A paisagem era mais verdejante.

A voz do meu guia se fez ouvir novamente:

— Você vê aquele grande edifício lá embaixo, com uma grande porta e duas colunas quadradas, diante das quais arde uma chama? É a morada de um sacerdote guerreiro chamado Vélu. Foi ele que fez com que fossem assentados os fundamentos dessa cidade, Babilônia ou Babel, se preferir. É o Nemrod de que fala o Antigo Testamento. Foi ele que conduziu os cismáticos da Índia até aqui e que permitirá o fortalecimento das particularidades do seu culto. Ele não é um homem de todo mau, mas está completamente imbuído de si mesmo e sonha com um grande poder material. Ele vai ter esse poder... pois os sacerdotes que o apóiam têm muita autoridade sobre o povo. Porém, ele está errado, e abre caminho para os filhos de Belial. O nome da sua cidade será sinônimo de erro e de crime durante milênios.

"Babel personificará as forças negativas do universo a ponto de pretender que cada uma delas seja um Espírito tão poderoso quanto Deus, pois Vélu permite que os habitantes da cidade se dediquem sem freios a todos os tipos de práticas mágicas.

"Pense bem nisso; note que é sempre a má interpretação da dualidade primitiva que está na fonte dos erros.

"Mas a visão desta cidade tem pouco interesse para você. Deixe-se levar, não tente dirigir sua consciência para esse ou para aquele lugar da cidade. Vou conduzi-lo até o palácio de Vélu..."

Meu guia retirou um véu de luz de diante dos olhos da minha consciência. Foram-se as torres, as muralhas, a terra cor de sol, as pastagens. Fui absorvido pelo espaço. O murmúrio de uma multidão tirou-me do Nada... ou do Infinito.

Eu estava então numa grande sala de vigorosas paredes de pedra. Raras tochas difundiam uma luz fraca que parecia sempre a ponto de extingüir-se.

Eu estava ali, de pé, ao lado de centenas de outros homens de rosto moreno, com túnicas de cor escarlate e açafrão.

Olhei diretamente para diante de mim, em direção a uma das paredes, contra qual se delineava uma poderosa silhueta com os braços abertos. O homem trajava uma larga túnica vermelha bordada de branco. Meus olhos dirigiram-se para o seu rosto duro, sublinhado por uma barba cor de ébano. Ele tinha o nariz aquilino e o olhar daqueles que dominam as multidões. Era um estranho olhar de aço que, naquele instante, parecia perscrutar o indefinível, talvez no cerne da penumbra ou nele mesmo.

O murmúrio da multidão cessou. O homem juntou as mãos e fechou as pálpebras.

Reinava um silêncio pesado. Eu só percebia o crepitar das chamas que nos iluminavam de maneira desigual.

Ao meu lado, um velho de longas barbas grisalhas atraiu a minha atenção. Eu gostaria de poder olhá-lo melhor, mas o meu corpo não podia responder à minha vontade; meu corpo era o de um outro, e eu o sentia cheio de uma fervorosa impaciência. Impaciência com relação a quê? Eu não saberia dizer. Os outros, meus vizinhos, a multidão, pareciam profundamente calmos. O que faziam eles? Esperavam uma declaração solene, estavam rezando? Lágrimas surgiram no canto das pálpebras do velho de longas barbas grisalhas; emoção ou velhice?...

De súbito, o homem de estatura poderosa e olhar de ferro subiu alguns degraus que, até então, eu não notara. Sobre uma mesa de pedra cinzenta, ele apanhou um longo bastão de cor escura. Este parecia ter uma importância extraordinária, pois o homem o brandiu com os olhos fechados, acima da multidão muda.

Com a ponta do bastão, descreveu no ar sinais cujo sentido não compreendi; depois, ao redor de si, no solo, desenhou arabescos. Em seguida, uma melopéia subiu da multidão, profunda, encantatória, hipnótica. Ela se elevava em volutas, como uma fumaça, em direção ao teto da enorme sala.

Meus olhos de empréstimo pareciam querer seguir sua ascensão; eles perscrutavam a escuridão, em direção ao alto, às pesadas lajes do teto, e descobriram... uma grande abertura. Uma grande abertura fora feita no teto da sala. Do lado de fora, era noite, e a abóbada celeste parecia-me de uma pureza infinita. Uma estrela brilhava e sua luz empalidecia todas as outras; essa luz ao mesmo tempo queimava e gelava os meus olhos.

— Vênus — disse a voz do meu guia, que eu quase esquecera. Vênus, mal-amada e malcompreendida; Vênus deificada e fonte de um culto obscuro.

"Esse planeta se aproximará da Terra e logo criará cataclismos. Esses homens têm medo. Eles querem agradá-lo e dominá-lo pela magia, a ciência dos 'elementais', do universo dos fenômenos.

"Mas a magia nada mais é que magia. Um único passo leva da magia branca à magia negra, passo que uma consciência e uma vontade dão facilmente. Vélu, seus sucessores e Babel vão se perder aí. O Espírito e a Onipotência estão fora da matéria. Que os homens meditem a respeito disso.

"O culto instaurado por Vélu é o culto mal-assimilado das forças obscuras da natureza. É um culto lunar maldirigido, amplificado para além de todas as proporções.

"A Lua é mãe das ciências, é um dos símbolos do motor universal. Lembre-se do que eu já lhe disse. Mas a ciência é neutra, lembre-se também desse fato. Somente não o é aquele que a maneja. Será que os seus contemporâneos compreenderão isso?

"Alguns homens o estão redescobrindo. Volte os olhos para o continente norte-americano, para suas bases espaciais, e reflita, considerando a divisa de um dos programas da NASA: 'Ex luna scientia': da Lua vem a ciência. Compreenda por isso 'uma' ciência, uma ciência cujo conhecimento pode queimar muitos corações.

"Agora, venha até mim. Babilônia é coisa do passado. Quero que você volte os olhos para um outro lugar."

O desejo bastou. O Espírito pede e consegue. Meu corpo mental apareceu-me novamente, respirando por todos os poros a luz do astral. Meu guia estava a alguns metros de mim, os pés banhados pela espuma dourada das ondas. Ele caminhou e depois parou por alguns instantes, e olhou para mim. Então, sorriu com seus olhos pequenos e parecia esperar uma palavra minha.

— Eu saberei relatar tudo isso? — perguntei-lhe. — Poderão os homens acreditar que o passado pode reviver?
— Não se preocupe com isso. Alguns acreditarão, outros não. Alguns sabem amar, outros não. Todos acabarão por acreditar e por amar. Todos!
Ao falar, meu guia deixou para trás as ondas. Subiu para os coqueiros e me fez sinal para que o seguisse.
— Você me dizia há pouco que alguns continuaram rumo ao Oeste, que nem todos ficaram com Vélu... O que aconteceu com eles?
— Oh! É toda uma outra história! No entanto, é preciso que você a conheça e que ela seja difundida. Os antigos celtas, que tinham se tornado asiáticos e que não seguiram o destino da Babilônia, continuaram seu caminhar até a Trácia, ou seja, aproximadamente até as vizinhanças da atual Bulgária.
— Eles também perseveraram no caminho que haviam escolhido ao deixar a Índia?
— Sim, eles continuaram a desenvolver o lado passivo da Divindade. Acabaram por avançar em direção à Grécia atual, onde influências diversas iriam mesclar-se às suas. Foi a partir dessa data que os conquistadores da Trácia tomaram o nome de 'filhos de Íon'.
"Preste bastante atenção a esse nome, 'Íon'. Íon é o símbolo de tudo o que é 'gerador'. Para falar com mais precisão, ele resume a constituição plástica dos universos físicos. É o Yin dos chineses. Na mitologia grega, o pai de Íon é Apolo, um dos aspectos do Pai Eterno e Infinito.
"Por outro lado, você já ouviu falar, em arquitetura, das colunas 'jônicas'? Elas foram inventadas por volta dessa época.
"Tudo isso pode parecer um pouco árido, mas é preciso retê-lo, pois resume uma página extremamente importante da história. Quem refletir bem a respeito verá que isso explica muitas coisas."
— Sim, compreendo — eu lhe disse. — Vejo como um mal-entendido pode ter conseqüências nefastas. Não é preciso muito para que as civilizações se afastem umas das outras e cheguem até

a se odiar. Os Brancos vindos da Ásia não reconheceram como irmãos os Brancos da Ásia Menor.

— Sim, e você verá que as coisas não ficaram apenas nisso.

— Você quer dizer que alguns dos dissidentes não pararam nem na Trácia nem na Grécia?

— É isso: eles prosseguiram, de fato, no seu caminho até o Egito, onde sua influência foi desastrosa.

— Quer dizer que eles o invadiram de maneira brutal?

— Não, o Egito foi invadido por ondas sucessivas. "Você se lembra de Amon? Já lhe falei dele. É um dos numerosos símbolos das forças passivas da natureza. A partir dessa época, seu culto foi substituído pelo de Aton, o Deus único e solar, herdado da raça vermelha atlante."

Sentado sob o abrigo de uma vegetação luxuriante, fiz deslizar entre meus dedos os preciosos grãos de areia quente. Procurei no fundo da minha memória um instante comparável a esse, um lugar igualmente sereno. Procurei, sabendo que não o encontraria, pois sabia que estava 'algures', num outro espaço, num outro tempo, entre outros seres.

A presença do meu guia, seus relatos apaixonantes proporcionam-me um antegozo do Infinito.

Sem dúvida, todas as descrições que eu me esforço por apresentar da maneira mais fiel possível serão consideradas, pela maioria dos leitores, como divagações compostas à maneira de um conto de fadas. Que posso fazer? Deveria transformar uma praia astral onde vivi instantes deliciosos numa favela de subúrbio só para que acreditem em mim?

Vem-me à memória uma pequena frase de Teilhard de Chardin: "Só o fantástico pode ser verdadeiro."

Mas ouçamos o meu amigo de rosto azul, pois a sua palavra ensina-me mais do que muitos livros.

— Deixemos um pouco de lado a Grécia e o Egito e falemos sobre a História em geral. O que eu critico nos historiadores, veja bem, é o fato de eles olharem apenas para o que têm diante dos olhos. Em todas as épocas, esses especialistas fragmentaram a história e, ao fazer isso, a desnaturaram. Se os homens quiserem seguir em frente, precisam aprender a ver de maneira global a sucessão dos acontecimentos que vêm mudando a Terra desde há milênios.

"Ao estudar uma época, que considerem todos os países do globo ao mesmo tempo. Quando esse princípio for aplicado de maneira correta, o conhecimento das civilizações e das religiões dará um salto para a frente.

"Já estou ouvindo os protestos: 'As religiões, sempre as religiões!'

"É que, justamente, os homens e suas civilizações são, em parte, produto de suas crenças passadas e presentes, e portanto de suas religiões. Tanto quanto a geografia de um país, as crenças do povo que o habita são primordiais.

"Se abri esse parêntese, é com o propósito de lhe apresentar uma visão de conjunto dos países que, como dissemos, têm relação com o povo Branco.

"Quero que você saiba que, no lapso de alguns séculos, uma ação conjunta foi empreendida no mundo inteiro pelos mensageiros da Palavra Divina.

"Muito antes do início das invasões do Egito pelos dissidentes asiáticos, os sacerdotes sentiram a ameaça pesar sobre o seu país. O Egito abrigava, nessa época, autênticos homens de Deus, grandes místicos. O que se passou então foi de extrema importância, não só para o futuro do Egito como também para o da Terra inteira. Você reconhecerá isso por si mesmo. Viverá instantes emocionantes da história do seu planeta. Deixe-me colocar a mão sobre o seu coração, ela lhe ajudará. Ame os seres que você encontrará daqui a alguns instantes. Alguns eram simples seres humanos, outros eram muito mais do que isso."

Mergulhei no olhar do meu guia, e a pequena praia de coqueiros, com sua areia de ouro e de rubi, se desvaneceu...

Uma luz estranha veio acariciar-me os olhos. Uma luz doce, tão doce que me parecia quase insuficiente. E, no entanto, eu via claro, até mesmo claro demais.

Cerca de cinqüenta homens estavam sentados no chão diante de mim, na posição de lótus. Alguns trajavam grosseiras túnicas de linho ou de um tecido semelhante; outros, ricos mantos brancos ou azuis, amarelos ou alaranjados. Em sua maioria, eles tinham o crânio raspado, e as rugas na nuca atestavam uma idade avançada. Aqui e ali, homens inteiramente vestidos de branco estavam cobertos com um véu imaculado. Quanto a mim, creio que estava de pé. Um movimento da "minha" cabeça me fez ver que eu portava na mão direita um longo bastão cor de ouro, encimado por uma esfera colocada sobre uma pequena barra horizontal.

Eu quisera ver cuidadosamente o cenário do lugar onde vivia naquele momento, mas os "meus" olhos se fixavam nos homens que estavam diante de mim.

Notei então que um homem estava sentado com a face voltada para eles, na mesma posição. Sua túnica era de um branco imaculado; ele também estava coberto por um véu, e esse véu era bordado com um fino debrum de ouro. Pareceu-me que ele estava meditando, pois não vi seu rosto, voltado para o chão.

Eis que o meu corpo se deslocou e deu alguns passos, discretamente, procurando, sem dúvida, não perturbar a quietude da reunião.

Fui tomado por uma leve vertigem; isso inquietou-me um pouco e me fez lembrar da estranheza da minha situação.

Imaginei, por um momento, que estava suspenso no tempo, sem horizonte a ser atingido, sem pensamento fixo... Mas o movimento do meu corpo acabou me ensinando mais sobre o lugar onde eu me encontrava.

Era uma sala de dimensões relativamente reduzidas, com paredes feitas de largos blocos de pedra. No lapso de um segundo, pensei no palácio de Vélu, na Babilônia. Mas não... não podia ser... meu guia me falara do Egito. Aliás, as portas eram mais estreitas, mais altas. As paredes pareciam destilar uma leve umidade. Seria uma impressão ou estaríamos debaixo da terra? Com exceção das duas portas, nenhuma abertura, nenhuma janela; o teto era alto e nele também não havia nenhum orifício.

De novo fui atraído pela luz, a estranha luz. De onde poderia ela vir? Não notei nenhuma tocha, nenhum buraco na parede pelo qual o sol pudesse penetrar. Era um mistério. Esse fato me preocupou, mas a voz do meu amigo, muito doce, muito calma, nasceu no meu coração.

— O Amor cósmico é a luz do Espírito, a luz que guia os universos. Não há outro segredo. Os seres que meditam diante dos olhos da sua consciência astral são grandes sábios. O mundo cristão os chamaria de 'santos'. O mundo dos iniciados os chama de 'Cristos'.

"Você está surpreso; não se surpreenda, pois 'cristo' não significa 'crucificado', como muitos homens supõem. 'Cristo' significa 'ungido' pela graça de Deus, escolhido pelo Eterno. Esses homens são 'cristos', porque a Palavra está no coração deles. Eles nasceram nesta Terra com uma missão sagrada. São eles que virão salvar o conhecimento atlante e ordenar tudo a fim de que esse conhecimento passe um dia para as mãos de Moisés. Esses homens virão criar o que depois levará o nome de 'Grandes Mistérios Sagrados' do Egito. Seus ensinamentos são, ainda hoje, os mais ricos que podem ser encontrados na Terra, ao lado daqueles que vieram das terras altas do Tibete.

"São estranhamente simples, estranhamente complexos. Compreenda aquele que quer compreender. 'Ajude a si mesmo e o céu o ajudará.'

"A luz que tanto o atrai aqui nada mais é que a luz emanada pelo corpo desses cristos do antigo Egito. Considere suas vestes carnais como mediadores entre o Espírito e a Matéria. São verdadeiros transformadores de energia divina. Lembre-se dos 'chakras'."

Meu amigo se calou e minha atenção se voltou novamente para o ser com o véu bordado de ouro e cuja face estava voltada para a assembléia. Lentamente, ele levantou o rosto e olhou na minha direção; devia ter cerca de cinqüenta anos. Sua pele era muito morena, quase negra; seus olhos, de uma claridade extrema, percebiam a minha presença e pareciam dizer: "É agora, chegou o momento..."

Instantaneamente, o corpo que me foi emprestado ajoelhou-se, segurando com as duas mãos o que parecia um cetro encimado por uma esfera.

O homem de olhos claros levantou-se tranqüila e calmamente. Tomei consciência de que cada um dos seus gestos era ordenado, medido, imagem de uma profunda harmonia. Ele deixou que os braços repousassem de cada lado do corpo, sem forçá-los, e depois se pôs a falar com uma voz inexplicável:

— Homens, chegou o tempo em que o Saber se perderá. É por essa razão que eu quis vê-los. Daqui a quatro ciclos completos de estações, os estrangeiros que vieram do Leste estarão nas nossas fronteiras. Agora, é nosso dever proteger a antiga ciência do Cavalo. Vamos agir como fizeram os sacerdotes do continente perdido. Já me aconselhei com os mais sábios dentre vós. E chegamos à conclusão de que uma única resolução pode fazer com que o culto verdadeiro permaneça vivo. Ocultemo-nos sob o véu da grande Ísis. Enterremos nosso saber sob o espesso manto do Mistério. Disfarcemo-lo, para que ele apareça apenas aos olhos do que é puro. A ciência dos artistas, dos poetas, nos servirá.

"Vejo o ceticismo no coração de alguns de vocês... Homens, não se enganem quanto a isso; o faraó não poderá resistir aos múltiplos ataques que as nossas fronteiras sofrerão. Nossa tarefa agora é diminuir e viver debaixo da terra. Preservemos o grão; demos a ele toda a sua força a fim de que venha o reino do Enviado que o fará germinar. Ele alimentará um outro povo numa outra época.

"Não, eu lhes afirmo, não seremos nós que recolheremos o fruto do sol. Eis aí, em poucas palavras, o que eu tinha para lhes dizer. Quanto ao restante, vocês sabem tanto quanto eu. Nós, sacerdotes de Aton, vamos morrer para os olhos do mundo. No entanto, nada mais faremos exceto viver à maneira da lagarta que tece o seu casulo.

"Pensem em tudo isso e no papel que será o de vocês de agora em diante. Pode ser que Aton não venha mais a ser conhecido por esse nome. Mas pode alguém conhecer o verdadeiro nome do Ser

Único? Suas inquietações não devem voltar-se para esse ponto."

Sem acrescentar mais nada, o homem de véu bordado de ouro voltou-se para uma mesa feita com uma laje de pedra que repousava sobre um único pé central. Delicados hieróglifos azuis estão pintados nela; mas da distância em que eu estava não podia admirá-los devidamente. Em vez disso, limitei-me a seguir cada um dos gestos do sacerdote de Aton.

No centro da mesa, um objeto com cerca de trinta centímetros de altura estava coberto com um pano branco.

Com um gesto preciso, o sacerdote fez o véu deslizar, ajoelhando-se diante do objeto, cuja beleza e significação me arrebataram no mais fundo de mim mesmo.

De repente, senti com muita força a presença do meu guia ao meu lado. Parecia-me que ele me perguntava:

— Você a reconhece?

E minha Alma lhe respondeu:

— Sim, sim, eu a reconheço, é a *Crux Ansata,* a cruz da vida, porém mais bela, muito mais bela do que nunca. Ela é cruz e ao mesmo tempo cálice.*

— Dê a esses instantes o valor que eles realmente têm. São pontos fortes da história do homem. Veja esse sacerdote que se recolhe diante do cálice. Ele sabe muito mais do que diz. Sabe exatamente quem será Moisés. Sabe que Moisés será um egípcio e não um hebreu, como se acredita hoje.

— Um egípcio?

— Moisés era egípcio. A lenda atribuiu-lhe pais hebreus para que fosse aceito pelo povo que ele deveria governar. A história da criança salva das águas é, na verdade, a de um rei que viveu muito antes dele.

---

* A oval que tradicionalmente encima o Tau da *Crux Ansata* era, no caso, a copa de uma taça na qual o oficiante devia beber num determinado momento da cerimônia.

— Não creio que o povo judeu, nem mesmo o mundo inteiro, poderia aceitar esse fato atualmente...

— Isso acontecerá no seu devido tempo, e não tardará. O que o profano conhece hoje da obra de Moisés não é mais que a décima parte do que ela foi. Moisés conhecia os segredos da Esfinge e da Grande Pirâmide. Ele penetrou nas salas subterrâneas e tomou conhecimento das mensagens preparadas para ele pelos homens que estão sentados diante de você, e, acima de tudo, por aquele que foi o maior dos fundadores da Atlântida: 'Hermes-Thot'. Seu ensinamento, essencialmente esotérico, está concentrado na Cabala. Eis por que, agora há pouco, você ouviu a expressão 'a antiga ciência do Cavalo'.

"A Cabala é o cavalo, emblema da Atlântida; é a ciência reunida pelos últimos sábios do continente perdido com o propósito de perpetuar a Tradição.

"A Cabala é, num certo sentido, Pégaso, o cavalo alado que salta de um mundo a outro.

"Os homens que você tem diante de si nesta sala subterrânea virão completar a grande obra empreendida no início da era zodiacal do Leão pelos atlantes: o 'Tarô'."

— Então, foi graças a essa ciência que o sacerdote viu, por exemplo, o porvir e a futura existência de Moisés...

Eu não podia ver o meu guia, mas o imaginei em vias de sorrir diante da minha grande pressa em tirar conclusões.

— A previsão do futuro representa apenas o aspecto menos importante do 'Tarô'.

"O 'Tarô' é, antes de mais nada, o resumo dos conhecimentos que traduzem a marcha dos Universos. É a chave de um saber incomensurável. Ele abre portas que dão para outras portas, e assim por diante, ao infinito.

"Não, o sacerdote conhece o futuro pelo silêncio. Aquele que sabe fazer nascer em si um silêncio total, não perturbado sequer pelas batidas do coração, vive espantosos instantes de clarividência e conhece as probabilidades do futuro.

"Saiba que a vida terrestre e suas vicissitudes criam uma corrente de parasitas que impedem o ser humano de se colocar à escuta da sua alma e do seu espírito.

"Sirva-se do seu corpo, aperfeiçoe-o, pois ele pode levá-lo longe, mas considere-o apenas como um corpo, como um limite a ser ultrapassado cada vez que isso seja necessário."

Ouvindo o meu guia, insensivelmente e sem prestar muita atenção, minha visão e minha consciência retiraram-se da sala subterrânea do antigo Egito. Banho-me numa luz muito branca, muito pura, povoada de mil seres bons que eu não conseguia distinguir mas que sentia viver. Eu não podia ver o meu amigo, embora sempre ouvisse a sua voz, verdadeiro cordão umbilical que me religava a um mundo mais concreto para mim.

— Os grandes sábios do antigo Egito sabiam que Moisés não seria o último elo da cadeia que deve conduzir a Terra em direção à sua evolução espiritual suprema. Sabiam que a evolução não conhece limites, e que, depois de Moisés, viriam outros enviados, entre os quais Jesus Cristo. Sabiam que o culto positivo era o culto universal. Conheciam as leis autênticas do equilíbrio dos contrários. Sabiam que, no fundo, o Ishwa-ra da Índia antiga era o Oshi-ris do Egito atlante, o Jeshu-rei dos cristãos, o Regente cósmico, a força ativa do Grande Todo que penetra no universo dos fenômenos. Sabiam que o mensageiro divino do seu povo era o mesmo que o dos primeiros hebreus e dos homens brancos definitivamente instalados na Índia.

"Ainda hoje, os homens não suspeitam da soma de conhecimentos de que eles dispunham. É inútil procurar vestígios nos obeliscos ou nos muros das câmaras mortuárias; eles não se encontram aí. Esses conhecimentos esperam, desde há milênios, que o homem, ao chegar à Era de Aquarius, os faça surgir da terra."

Imperceptivelmente, a voz do meu guia enfraqueceu e o meu coração se encheu de silêncio, de um silêncio palpável, nutritivo, verdadeira medula espinhal do Tempo, que eu absorvi com todo o meu ser. Nomes nasceram em mim e se amontoaram às portas da minha alma: os nomes de Zoroastro, de Krishna, de Mithra e outros ainda... Quem eram eles, o que fizeram exatamente?

Cortando pela raiz minhas interrogações, senti que o meu amigo me fez voltar ao meu corpo astral.

Como descrever a minha volta à pequena praia de areias de ouro? Realmente, eu não o conseguiria. Perdi toda noção de tempo e fiquei envolvido numa luz que me impedia de distinguir o que quer que fosse. Senti-me projetado para diante. Esta é a única sensação que posso descrever com precisão.

Vi-me então de novo estendido aos pés do meu amigo e contemplei o céu astral, que adquirira uma cor alaranjada. Pensei no sol se pondo e isso me fez sorrir interiormente, pois eu sabia que ali o sol jamais se punha. Aliás, que sol? Não havia sol, ou melhor, o sol estava em toda parte ao mesmo tempo. Maquinalmente, e não obstante as advertências do meu guia, pus-me a fazer comparações entre o mundo astral da Terra e a própria Terra. Notei o quanto a paleta das cores do mundo da matéria é insuficiente para aquele que tenta descrever o mundo da Alma. Enumero uma dúzia de cores fundamentais, mas provavelmente existem mais. Creio que nenhuma das palavras de que o homem dispõe na Terra seria capaz de descrevê-las. Esse trabalho só pode ser deixado à imaginação do leitor... ou à sua memória!

Pela primeira vez — e fiquei perplexo com minha falha de observação — notei que não existe sombra no mundo da alma.

Pode parecer difícil de conceber; no entanto, é assim. Sem dúvida, já usei a palavra "sombra" nas minhas descrições; isso se explica pela inadaptação do meu vocabulário ao mundo que tento fazer reviver. Tenho vontade de inventar palavras mas, sem dúvida, elas seriam muito feias, insípidas, imprecisas e, em suma, desprovidas de sentido.

— Crie no seu espírito esquemas muito precisos. Somente eles permitir-lhe-ão realmente compreender e memorizar. O homem geralmente se dispersa em suas ações e em suas reflexões. Nenhuma ação ou pensamento desordenado traz proveito ao seu criador. A obra por mim solicitada a vocês — a você e a sua esposa — não deve ser lida e recebida como um romance. Eu quero que se conservem os fios condutores mais que as anedotas, o fundo mais que o 'pano de fundo'. Portanto, que apareçam no texto esquemas muito precisos, em particular no que se refere à breve história das religiões que eu lhe ensino.

"O homem precisa compreender que nenhum dos grandes acontecimentos terrestres é fruto do acaso. Os enviados do Espírito, sejam eles negros, amarelos ou brancos, sempre agiram de comum acordo e segundo o mesmo plano para repelir as trevas do esquecimento e da ignorância. Importa, mais do que nunca, que os seus semelhantes compreendam o sentido profundo da luta empreendida, para fugir do abismo que se abre cada dia mais sob os seus pés.

"Feche os olhos, afaste do espírito as maravilhas que lhe foram desveladas e ouça-me bem, pois vou lhe narrar o combate dos enviados da Luz na Terra. Saiba agora como eles interromperam o culto das forças obscuras da Natureza.

"Ouça-me e lembre-se da Índia no dia seguinte ao da partida dos cismáticos. O país não estava no fim dos seus dissabores; dissidências ainda surgiriam. Não lhe falarei mais a respeito disso, pois se trata de pura erudição.

"Saiba simplesmente, e faça com que se saiba, que foi necessário o aparecimento de Krishna para que a unidade primitiva fosse novamente compreendida e desejada. Krishna é o enviado que desenvolveu na Índia a noção da Trindade ou, se você preferir o termo apropriado ao hinduísmo, a 'Trimurti'.

"Fique tranqüilo, pois não vou lhe dar um curso completo sobre hinduísmo. Quem estiver ansioso para conhecer essa religião pode, facilmente, encontrar obras exaustivas sobre o assunto. Vou apenas fornecer-lhe algumas idéias gerais que permitirão a cada um reter noções esquemáticas. A Trimurti compõe-se de Brahma, Vishnu e Shiva. Mas sem dúvida você já sabe disso. O que talvez ignore é que se trata de uma representação das grandes forças do universo: a criação, a conservação e a destruição-renovação, ou, em outras palavras, o positivo, o negativo e o neutro. Simbolicamente, também se trata do Pai, do Filho e do Espírito.

"Vou complicar um pouco as coisas, mas valerá a pena.

"Os hinduístas falam também, no que se refere à Trimurti, de Sat, Tat e Aum. Você encontra aí um elemento de que já lhe falei: o T ou Tau de Tat nada mais é que a cruz do Filho, a cruz de Jesus Cristo.

"No seu atual estágio de desenvolvimento, a raça humana ainda dá provas de muito pouco discernimento: ela idealiza ou despreza o que conhece pouco. Por exemplo, no Ocidente, entre o povo, é freqüente a idéia de que o hinduísmo é uma religião politeísta. Isso é totalmente falso e revela um desconhecimento das idéias hinduístas. Com um pouco de distanciamento, você vai perceber que isso é tão errado quanto pretender que o cristianismo é um politeísmo porque reconhece o Pai, o Filho e o Espírito Santo!

"Não, o verdadeiro hinduísmo afirma, como o cristianismo, a unidade na Triplicidade."

Levantei-me um pouco e me apoiei no antebraço. Vi então o meu guia, sentado na posição de lótus, olhando na direção do mar.

Perguntei-lhe:

— Quer dizer que Krishna fundou o hinduísmo?

— Não é isso... Feche os olhos, deite-se... Sua memória lhe será mais fiel.

"Krishna fez com que o hinduísmo tomasse a forma como conhecemos atualmente, porém não é o seu fundador. Na verdade, a religião hinduísta, propriamente falando, não tem fundador. Resulta de um corpo impessoal de textos que se chamou de Vedas."

Timidamente, arrisquei-me a dizer:

— Não são quatro?

— É verdade... Reflita bem a respeito do valor desse número, pois ele também é o número dos Evangelhos; e se você se lembrar bem, ele é igualmente, de certa maneira, o número da cruz.

"Eu gostaria que o mundo dos homens, na alvorada da grande transformação que se prepara, conhecesse Krishna e sua obra. Anote bem isto, que nem sempre está claro no espírito dos teólogos: o grande mérito de Krishna, ao levar o povo da Índia a sentir a unidade na Trindade, foi o de fazer com que ele desviasse a atenção da dualidade motora do universo, fonte de muitas confusões.

"Faça o vazio em si mesmo e retenha, palavra por palavra, o seguinte:

"Eu lhe falei a respeito de Ram e de Krishna; aproxime esses homens um do outro. O primeiro estabeleceu uma grande religião, o segundo veio para reparar os danos infligidos a essa religião.

"Afirmo-lhe que Ram, o Rama dos hinduístas, foi Krishna e que Krishna foi Rama.

"Os dois são o Uno e o Único, provindos do mesmo Espírito, emblemas de Tat, o 'Filho Crístico'."

O murmúrio das ondas lambendo a praia se desvaneceu; em mim permaneceu apenas a palavra do meu amigo. Tentei compreender-lhe o sentido. Uma outra chama fora acesa.

— Eis, então, um dos primeiros atos da Restauração.

"Agora, ouça a história de um ser que consagrou a vida à restauração dos danos causados na raça humana pelo sacerdote-rei Vélu.

"É a história de um ser desconhecido, inicialmente adorado e mais tarde caluniado. Estou falando de Zaratustra, o Grande. Imagine um homem baixo e gordo, a cabeça raspada e usando barba. Já durante sua vida contavam-se muitas histórias a respeito dele. Disseram que tinha sangue real e depois que viera do povo. Era visto como legislador ou como eremita, caminhando no deserto. Pouco importa, contanto que se saiba que ele foi de carne e osso, e não um desses reis ou deuses ditos 'mitológicos', que os seres humanos imaginam com muita freqüência para responder às perguntas que se colocam.

"Pouco importa, contanto que se saiba que o mundo também o conhece pelo nome de Zoroastro, e que ele se esforçou para reformar a religião que nasceu com a Babilônia. Ele foi o fundador do credo da Pérsia antiga.

"De acordo com as potências do Espírito, ele se esforçou para recolocar o culto passivo no lugar que lhe cabia, isto é, em igualdade com o culto ativo, pois você sabe que a harmonia cósmica resulta do equilíbrio dessas duas forças, análogas porém contrárias."

Meu guia via em mim como através de um cristal. Mais uma

vez ele soube quais eram as minhas indagações, minhas dúvidas, meus erros.

Senti sua voz mudar ligeiramente de tom e imaginei seus pequenos olhos esboçando como que um sorriso.

— Compreenda bem... a religião de Zaratustra, que se chama masdeísmo, não foi, mais que qualquer outra, a expressão da verdade absoluta. É preciso considerá-la, assim como todas as grandes religiões, como etapa de uma revelação progressiva que ainda continua para a grande maioria dos seres humanos.

Ao escrever estas linhas, ponho-me a pensar que elas exigem, da parte do leitor, uma verdadeira disponibilidade de espírito. Penso no leitor ateu que teve a coragem ou a curiosidade de ler este texto até aqui, mas penso também no leitor 'crente', por exemplo, no leitor cristão... Que ele não negue em bloco nem franza o sobrolho invocando esta ou aquela passagem da Bíblia, ou melhor, o que lhe foi afirmado a respeito dessa passagem. Que ele se pergunte se é cristão porque nasceu de pais cristãos ou por ter convicções profundas.

Compreendam-me os leitores: eu não quero provocar dúvidas em ninguém. Não procuro converter ninguém a um sistema filosófico ou religioso qualquer. Quero simplesmente dar testemunho de instantes vividos, e cuja conclusão é esta: existe no universo uma realidade suprema e eterna. Ela está acima de toda disputa política ou religiosa e ostenta como divisa uma única palavra: "Amor".

Ninguém, ou quase ninguém, tomará posição oficial contra tudo o que essa palavra subentende.

Mas entenda-se bem que essa palavra exige ações, que essa palavra pede uma outra: tolerância, e que "tolerância" também requer uma aplicação prática.

Como é possível supor, por um só instante, que a divindade seja muçulmana, cristã, hinduísta ou de qualquer outra confissão?

— O masdeísmo é uma religião desconhecida dos homens — prosseguiu o meu guia. — Alguns sequer ouviram falar a respeito dela. Vou resumi-la para você em algumas palavras.

"Durante a vida, Zaratustra dirigiu-se a um povo rude. A vida era rude, os homens pouco instruídos, pouco habituados às noções abstratas. Eu diria mesmo que estavam habituados às ações espetaculares dos mágicos.

"Para fazer com que sua reforma fosse aceita, Zaratustra personalizou, de certa maneira, as duas forças análogas que acionam o motor universal.

"A luz, o Positivo, tomou o nome de Ormuzd ou Ahouramazda; as trevas, o Passivo, o de Ahriman. Zaratustra ensinava, antes de mais nada, o culto de Ormuzd, permitindo o desenvolvimento de certas forças espirituais.

"Foi assim que nasceu, entre outros, o culto de Mithra.

"Eu queria que você e sua mulher se esforçassem por dar a conhecer, em seus fundamentos, o que o masdeísmo representa, pois o povo cristão associa com muita freqüência essa religião ao erro de Babel. Devo mesmo dizer-lhe que os católicos em particular deveriam se interessar pelo culto de Ormuzd e pesquisar seriamente suas fontes. De fato, a religião católica deve a ele a quase totalidade do seu ritual. Sei que isso poderá chocar os cristãos, mas é preciso que eles tenham os olhos abertos a certas realidades.

"O cristianismo é uma das mais belas religiões que jamais existiram; no entanto, com muita freqüência, ela foi privada de suas verdadeiras raízes e amputada de uma parte dos seus ensinamentos."

— Mas isso exige um trabalho de pesquisa considerável — eu disse ao meu amigo.

— O trabalho, em grande parte, já foi realizado. Livros extraordinários dormem nas prateleiras das bibliotecas. Basta vencer a preguiça, procurar um pouco e pôr de lado todo sectarismo.

"Para lhe provar o valor da doutrina de Zoroastro, posso precisar-lhe que, de acordo com o mesmo esquema que já lhe descrevi, ela dividia o homem em três partes. A primeira era chamada de Akko, e corresponde à consciência do ser no mundo físico. Ela ilumina o caminho a seguir, e de fato caracteriza o corpo carnal. A segunda chamava-se Dyan. Pode-se identificá-la com o corpo astral. A terceira, por fim, era chamada de Alma, o que, segundo a classificação que eu lhe dei, nada mais é que o Espírito, sede do verdadeiro saber.

"Vejo que você está perplexo, e no entanto não tem motivo para isso... Sempre houve homens que conheceram as grandes verdades."

Enquanto meu guia continuava a falar, minha atenção repousou por um instante. No lapso de um segundo, minha alma captou então uma doce e estranha melodia. Prestei-lhe atenção, mas nada mais consegui ouvir. Tudo se passou como se algumas notas de música tivessem nascido ao acaso, não sei onde, e chegassem até o local onde eu estava sobre o dorso do vento que acariciava os coqueiros.

Sentei-me na areia. Meu amigo colocou sua mão nas minhas costas e eu supus que ele exigia de mim ainda um pouco de atenção.

— Seu corpo carnal o está chamando. Sua alma quer ir embora destes lugares, pois já faz muito tempo que estou falando com você. Vejo a luz penetrando pelas janelas do seu quarto, tocando-lhe as pálpebras.

Senti uma rápida sensação de dor e de angústia, semelhante àquela que eu sentia na minha infância, a cada manhã, ao ir à escola.

Como de hábito, imperturbável, meu guia sorriu.

— Pois é — disse ele. — Eu também ouvi, a música... No mundo astral temos músicos...

Uma névoa, composta por milhares de gotículas de luz branca, apanhou-me em seu manto. Só a voz do meu amigo ressoou dentro de mim:

— Vá, voltaremos a nos ver!

Depois disso, sua figura se desvaneceu e um véu negro caiu sobre a minha consciência.

Capítulo 11

A Caverna dos Últimos Atlantes

Deitado na penumbra do meu quarto, olho para mim mesmo, com o propósito de me projetar para fora de mim.
A janela está entreaberta e um leve ar fresco acaricia-me o rosto. Lentamente, o absorvo pelas narinas. Um fluxo de energia sobe ao longo da minha coluna vertebral e, entre os olhos, uma pressão se faz sentir, cada vez mais forte.
A partir desse ponto preciso, nasce uma luz, fraca como a chama de uma vela, e depois intensa, a ponto de me iluminar completamente.
O fluxo de energia atinge o nível da minha nuca e jorra bruscamente para o interior do meu crânio. A sensação é indescritível. No lapso de um instante, imagino que a minha cabeça está prestes a explodir. Tenho a impressão de que o meu corpo se estira desmesuradamente.
Todo contato auditivo e tátil com o mundo exterior é rompido.
Encontro-me sozinho com essa luz interior e com essa pressão quase insustentável. Tomadas por uma agitação extraordinária,

minhas pálpebras põem-se a bater numa velocidade espantosa. Eu não poderia controlá-las, nem é esse o meu desejo.

Deitado na sombra de mim mesmo, espero, com uma vontade cada vez mais forte, que o mundo oscile, que minha consciência e meu corpo mental se projetem no avesso do cenário, lá onde os papéis são estabelecidos e distribuídos. A passagem é transposta. Sou aspirado violentamente para o alto. Uma sensação de frio intenso me invade e eu me surpreendo flutuando dois metros acima do meu corpo. Noto que cada um dos objetos do quarto adquire uma luminosidade e um relevo particulares. Eles vivem uma vida de que os olhos físicos não são capazes de suspeitar. Suas superfícies, seus contornos oferecem o espetáculo de um perpétuo movimento. Parecem, ao mesmo tempo, presentes e irreais, pois uma estranha beleza desprende-se deles.

Ocupado por esses pensamentos, não noto que o meu corpo astral, que oscila de um lado para o outro, já está parcialmente fundido na massa do teto... Singular impressão de interpenetração.

Uma voz irrompe em mim com uma clareza extraordinária.

— Fique aí, fique na Terra. Não suba ainda. Domine sua vontade. Não flutue assim.

Meu guia estava ali e eu o reconheci. O timbre de sua voz já me era totalmente familiar!...

— Não dirija sua vontade para o astral superior. Eu não quero que você se encontre comigo agora. Você vai se dirigir para o outro lado do Atlântico, em alguma parte do continente sul-americano. Certas pessoas suspeitam da existência do lugar que você vai conhecer, mas nenhuma delas sabe com precisão a respeito de sua localização. Atualmente, é preferível que as coisas continuem assim.

Aguilhoado pela curiosidade, esquecendo a posição mais ou menos estável que ocupo no teto do meu quarto, pergunto:

— Onde se encontra esse lugar? Em que país?

— Eu lhe falei que é no continente sul-americano; não me peça precisões suplementares. Acredite: é preferível que você tenha poucas informações a esse respeito. Isso evitará que você e sua mulher tenham um bom número de aborrecimentos. Muitos homens ainda sonham com o poder. Se lhe fizerem perguntas a respeito do que eu vou lhe mostrar, responda simplesmente que se trata da América do Sul, e você não terá nada para dissimular, pois nada mais saberá.

— Como irei até esse lugar? — perguntei-lhe. — Você me ensinou que era difícil ir com o corpo astral até um lugar do qual não se conhece, fisicamente, a localização exata; que era necessário certo treinamento.

— Tenha confiança... Todo deslocamento é realizável no corpo astral, seja sobre a Terra, seja em outros lugares. A Alma tem seus próprios itinerários. Eles estão ligados à vontade e à afetividade.

"Não tenha medo de nada, pois minha vontade guiará sua consciência até o término da viagem.

"Procure, de início, estabilizar-se. Não flutue assim. Imagine uma grande sala escura, muito escura, uma sala que os raios solares não reanimam desde há milhares de anos. Imagine uma grande porta trapezoidal fechada por um enorme bloco de pedra talhada..."

Envolvido num clarão branco, o cenário do meu quarto se pôs a girar. Fiquei à espera de ser projetado para não sei onde, de sentir aquela mesma sensação na altura do umbigo. Mas nada disso aconteceu. O que mudou foi o cenário. Dois ou três segundos bastaram; pelo menos foi assim que a minha consciência astral avaliou a duração desse deslocamento. O lugar onde me vi estava mergulhado numa escuridão total; no entanto, eu enxergava como em pleno dia. Não presto atenção nesse fenômeno, mas uma pequena frase muito simples atravessou-me o espírito:

"A escuridão total nada mais é que uma forma de luz."

Terá ela sido cochichada pelo meu guia? Terá vindo do fundo da minha memória? Não sei. A sala estava vazia e o silêncio era total!

Minha atenção foi atraída pelas lajes cinzentas do solo.

De repente, senti-me como se estivesse magnetizado pela enorme porta de pedra. Meu corpo astral tomou uma posição vertical e se dirigiu lentamente para ela. Compreendi que a vontade do meu guia estava agindo. Meu corpo se afundou na pedra. Seus átomos se insinuaram entre os da massa imponente que parecia congelada pela eternidade. Descobri uma outra sala, idêntica à primeira, idêntica em todos os pontos com exceção de um: não estava vazia.

Num canto, perto de um bloco de pedra, lajes circulares estavam empilhadas umas sobre as outras. Seu número pareceu-me grande: algumas centenas, sem dúvida.

Uso a palavra laje, mas ela não é totalmente apropriada. Eu deveria, em vez disso, dizer "discos", discos de quatro ou cinco milímetros de espessura e cerca de quinze centímetros de diâmetro.

Não sei de que matéria eram feitos. A maioria deles tinha superfície lisa, e sobre outros estava gravada uma espiral muito regular. Percebi um pequeno formigamento no centro do meu crânio. Supus que o meu amigo de rosto azul estava ali e iria me dirigir a palavra.

— Você está certo: são discos, em todos os sentidos da palavra. Você talvez ache que são de pedra, mas não é nada disso. São feitos de um metal cuja composição os homens esqueceram.

"Foram depositados aqui pelos últimos descendentes diretos dos atlantes, ajudados por alguns seres vindos de outros mundos. Não tenha pressa. Observe-os bem, pois o valor deles é inestimável. Neles estão encerrados os anais dos tempos terrestres passados. É toda a história das civilizações anteriores à Atlântida e da própria Atlântida que repousa à sua frente.

"Esses discos contêm igualmente o resumo dos planos divinos no que se refere ao futuro do seu planeta. Encerram os nomes de Moisés, de Mithra, de Dioniso, de Cernunnos, de Jesus e de muitos outros."

— Mas, mestre, você não me disse que esses anais datavam mais ou menos da época da Atlântida?

— É verdade, e isso prova que a vinda dos mensageiros do Espírito estava prevista desde longa data.

— Mas o que aconteceria se os homens descobrissem tudo isso agora?

— Nada aconteceria, pois eles não saberiam o que fazer. Os discos poderiam até mesmo se deteriorar em decorrência das múltiplas análises a que seriam submetidos na tentativa de descobrir para que serviam. As coisas acontecerão no seu devido tempo.

"Existem no Himalaia instrumentos cujo propósito é decifrar os anais que você tem diante de si. Eles esperam com calma até que chegue a hora.

"Se você estivesse agora com o seu corpo físico, poderia tomar na mão um desses discos metálicos e ver o quanto são diferentes dos que os homens produzem atualmente. Eles não têm nada em comum. Tudo é diferente: matéria, peso, processo de gravação. A maneira pela qual sua mensagem é extraída é tal que ainda não se pode concebê-la na Terra. Não posso dizer-lhe mais nada. Cabe a você imaginá-la, como cabe também aos que lerem o seu relato. As respostas mais fantásticas talvez sejam as mais interessantes, pois a verdade é que a ciência dos cientistas da Terra ainda está engatinhando. As teorias mais extraordinárias sempre foram a fonte das descobertas mais prodigiosas. A imaginação vem antes, o restante a segue."

Meu amigo parou de falar. Deixou-me sozinho naquela sala que suponho estar sob a terra, no centro de alguma montanha, deserto ou selva.

Sentindo-me um tanto incomodado, sem que tivesse terminado de observar os discos, de tocar os átomos, fiquei à espera de novas indicações. Com todo o meu ser, eu esperava que meu guia me chamasse para junto dele e que, novamente, eu saísse à luz.

— Espere, espere mais. Não quero que você ame a esse ponto o lugar onde moram as Almas.

"Há tantas coisas a fazer e a aprender na Terra! Você vai me ver de novo, mas tenha um pouco de paciência...

"Quero narrar-lhe a continuação da história dos povos. Não se sinta obrigado a permanecer nesta sala, se isso lhe desagrada. Seu corpo astral pode atravessar facilmente os muros de pedra; sirva-se desse poder e você descobrirá outras salas. Peço-lhe apenas uma coisa: que a sua visão não leve vantagem sobre a sua audição. O que vou lhe dizer será mais importante que o que você vai ver. Você se lembra em que ponto da história das religiões eu tinha parado quando do nosso último encontro?"

— Você me falava a respeito de Zaratustra e da reforma que ele empreendeu... Já anotei tudo isso para não me esquecer.

— Você agiu como devia. Anote a cada dia as conversas que tivemos. Hoje, vou continuar falando-lhe sobre o masdeísmo, pois o que você sabe a respeito dele não é suficiente...

"Zaratustra veio à Terra num corpo físico. Chegou o dia em que esse corpo não foi mais capaz de reter sua alma. Os sacerdotes que o acompanhavam seguiram o seu ensinamento ao pé da letra durante dezenas de anos; depois, as gerações passaram e, mais tarde, foi-lhe atribuída uma doutrina que não era a sua, em absoluto.

"Agora, guarde bem o seguinte, a fim de repeti-lo:

— "Apareceu um homem que tinha as feições de um novo mensageiro divino. O povo o adorou e viu nele Zaratustra reencarnado. O povo não percebeu que ele fazia de Ahriman um deus mau e não uma força passiva, um dos pólos do motor cósmico. Aprenda a reconhecer aí a marca dos filhos de Belial e saiba que os cristãos devem o seu "diabo" ao Ahriman do pseudo-Zoroastro, do falso Zaratustra.

"Agora, que todos os homens compreendam o seguinte: o 'diabo', tal como é imaginado, existe apenas como a totalidade das formas-pensamento emitidas por almas cheias de ódio. O 'diabo' é a maldade e a bestialidade que animam a massa humana. A atração pelo mal, eis tudo o que é preciso temer!

"Esteja certo, não há outro diabo exceto o mal para onde cada um se deixa deslizar, não há outro inferno exceto aquele que cada homem pode criar para si no seu universo mental!"

Meu guia deve ter percebido em mim certa surpresa, pois, após uma breve pausa, retomou:

— Com certeza, há poderes negativos que não devem ser negligenciados. Eles emanam de seres que se desviaram do caminho verdadeiro. Lembre-se, eu lhe dei um exemplo com as criaturas do Espaço Exterior, algumas das quais deixaram seus nomes na mitologia grega.

"É possível que essas forças se encarnem na Terra, mas, de maneira alguma elas são o 'diabo', pois não existe um 'diabo' no mesmo sentido que existe um Deus! Está seguindo o meu raciocínio?"

Enquanto ouvia o meu guia, aventurei-me para fora da sala dos "anais".

Descobri uma peça, menor que a primeira, num andar superior. Inscrições hieroglíficas eram visíveis nas paredes. Eu não saberia fornecer uma descrição interessante dessas inscrições, pois a minha memória não é suficientemente fiel. Um cofre de pedra atraiu-me a atenção. Pintado de vermelho e azul, parecia negligentemente encostado num canto.

— Você já ouviu falar de Orfeu?

— Sim, é claro... Você está se referindo ao Orfeu dos gregos, de quem Eurídice era esposa?

— Exatamente. Mas, antes de continuar nossa conversa, talvez fosse bom que você viesse até mim. Vejo que o seu corpo astral se desloca com dificuldade nesses lugares, pois anseia por outra coisa. Não quero fazê-lo esperar por mais tempo. Venha!

Os muros de pedra e os hieróglifos se evaporaram. Meu guia apareceu diante de mim num cenário de verdor. Jamais a passagem de um mundo para outro me pareceu mais rápida. Senti-me um pouco desamparado. Parecia-me que não tinha tempo de pensar, de querer.

Meu amigo interrompeu minhas reflexões:

— Parece-lhe, simplesmente...

Todo o seu rosto sorria para mim, e a palidez azulada da sua pele me parecia mais luminosa do que nunca.

Notei que estávamos no lugar onde ocorreu nosso primeiro encontro.

— Eu não podia falar-lhe a respeito da Grécia numa praia de coqueiros!

Uma forte impressão de calor invadiu todo o meu corpo e senti a necessidade de sentar-me na relva macia. Era a vontade do meu guia ou a minha que provocava esse anseio? Não sei. Eu estava deitado no chão e meus dedos brincavam com algumas gotículas de orvalho.

Levantei a cabeça em direção ao meu guia, pronto para receber a continuação do seu ensinamento.

— Lembre-se do que era o movimento jônio. Sim, vou lhe falar novamente sobre a Grécia. Nós a havíamos deixado, lembre-se, numa situação bastante triste. Os homens vindos da Índia estabeleceram lá um culto passivo ao qual se mesclaria o de seres vindos do Espaço Exterior e de outros planetas.

"A maneira de agir contra esse estado de coisas foi então longamente discutida nas esferas astrais e espirituais. Em vez de, simplesmente, opor-se à religião estabelecida, as entidades diretrizes resolveram utilizá-la de maneira hábil."

— Há uma coisa que eu não compreendo — eu lhe disse. — Você me afirmou, há pouco, a propósito dos discos de metal, que eles narravam, entre outros, acontecimentos que ainda não haviam ocorrido no momento em que foram gravados. Como é possível que as entidades diretrizes, conhecendo o futuro, não tivessem tomado providências para evitar certos acontecimentos nefastos ao progresso da espiritualidade na Terra?

Meu amigo piscou levemente os olhos e me respondeu suave mas firmemente:

— É um problema delicado o que você levanta. Poucos conseguem resolvê-lo. Tudo depende, veja bem, da maneira como é formulado.

"Para responder de maneira adequada, é preciso decompô-lo. Você me disse, inicialmente, que as entidades diretrizes conheciam o futuro. Isso é verdade, mas apenas em parte, pois, com exceção do Ser Eterno, ninguém pode se gabar de conhecer, a respeito do futuro, algo além de probabilidades.

"As entidades diretrizes dispõem de um número limitado de elementos, que são as grandes linhas da evolução de um universo, de um planeta, de um país. É preciso sempre reservar um lugar para acontecimentos importantes e imprevistos, que podem sobrevir de um momento para o outro. O determinismo não existe, percebe? Há somente grandes linhas traçadas em pontilhado no tempo, linhas que os seres se esforçam ou não para seguir.

"Depois, você me falou a respeito de 'acontecimentos nefastos', prejudiciais ao progresso da espiritualidade na Terra. É preciso chegar a um acordo também a respeito desse assunto. O que você considera como sendo nefasto? A tentativa? O erro? Ninguém pode ter acesso ao Espírito se não conheceu a tentativa e o erro. São essas as bigornas sobre as quais o homem forja a si mesmo. É com esse propósito que as potências espirituais toleram até certo ponto a existência do erro nos mundos da matéria. Note bem que eu digo 'até certo ponto'. Foi assim que, num dado momento, no que diz respeito à Grécia antiga, as grandes entidades decidiram que os tempos haviam chegado e que seria bom contrariar os planos dos filhos de Belial.

"Um ser puramente espiritual se preparava para essa tarefa, assim como para outras, desde épocas bastante remotas. Esse Mahatma nasceu para as realidades terrestres, e os homens o chamaram de Orfeu.

"Desse modo, e agora você sabe disso, a existência de Orfeu foi real e não pertence ao domínio da lenda, como acredita um bom número dos seus semelhantes.

"Faça com que todos saibam que Orfeu foi aquele que indicou o caminho da luz ao povo grego. As grandes linhas da mitologia dessa região da Terra são fruto do seu gênio.

"Orfeu, de alguma maneira, remanejou as superstições do povo em cujo seio viveu para criar um conjunto simbólico, alegórico, que somente os iniciados podem hoje reconhecer.

"Assim como Zaratustra, ele sabia que não era possível mudar rapidamente a mentalidade de um povo acostumado ao politeísmo. Guarde bem o seguinte: se ele permitiu que o politeísmo grego sobrevivesse, foi com o propósito único de desenvolver o seu lado positivo.

— Você quer dizer que os homens erram ao considerar a mitologia da Grécia antiga apenas como uma compilação de histórias poéticas?

— Sim, é exatamente isso. Para quem sabe ler nas entrelinhas, a religião de Orfeu permite uma compreensão bastante interessante dos aspectos múltiplos de uma Verdade única. Importa que eu não diga "a Verdade única", pois estou falando de uma Verdade única no que se refere à natureza material das coisas.

"Para me exprimir de outra maneira, em termos mais herméticos, eu diria que o lado jônio e feminino da Divindade desemboca no culto das forças da natureza e numa compreensão do mundo dos fenômenos.

"Resumindo tudo isso, eu gostaria que você notasse que Orfeu soube mostrar o positivo que reside no âmago do negativo. Como o ensinamento do Tao, o de Orfeu faz os homens compreenderem que todo elemento Yin encerra em si um elemento Yang.

"Essas frases podem parecer incompreensíveis a um bom número de pessoas; que essas pessoas se lembrem das linhas que eu lhe pedi para escrever a propósito da luz astral e da luz solar."

Ao dizer estas palavras, meu amigo se levantou e me fez sinal para segui-lo pelas profundezas da floresta astral. Obedeci-lhe, mas sentia alguma dificuldade para seguir o itinerário que ele escolheu, pois os obstáculos eram muitos.

A facilidade com que ele se desloca sempre me impressionou. Eu quase não percebia a grama dobrando-se sob os seus pés. Pus-me então a pensar que ele não caminhava, mas deslizava alguns centímetros acima do solo, como que com medo de amassar a mais pequenina das flores do campo. Então, ele se voltou. Seria para certificar-se de que eu continuava ali? Não creio. Sem dúvida, ele queria me demonstrar alguma coisa. Nenhuma das suas palavras, nenhum dos seus gestos, por mais naturais que fossem, jamais me pareceram destituídos de ensinamento, mesmo que apenas pelo desembaraço e pela graça que manifestam.

Como eu disse, meu guia se voltou e me declarou num tom de muita simplicidade:

— Fique em harmonia com a natureza. Você se fundirá nela e ela viverá em você. Comece amando-a por si mesma. Honre-a como um iniciado, e não como um profano, e você então conhecerá o rosto simbólico de Pã, isto é, etimologicamente, do 'todo', grande imagem da natureza inteira, da força invencível e fecunda.

"Repito-lhe: honre-a, estude-a, porém não procure dominá-la, pois então o fruto do seu anseio poderá tornar-se a causa dos seus tormentos.

"Para os que compreendem as minhas palavras, Pã tomará, por um tempo, o rosto de Baphomet, grande figura simbólica, esquecida e depois novamente honrada pelos templários. A natureza harmoniosa é a abundância, a alegria de viver, de dar e de receber; é Dioniso."

Então meu guia parou de falar, como se esperasse uma viva reação da minha parte.

Sua voz sussurrou dentro de mim:

— Então, o que está esperando?

Como resposta, eu apenas sorri, um pouco constrangido pelo seu poder de análise, pelo seu dom da telepatia. Sorrio e desencadeio em meu amigo uma gargalhada sonora e sincera.

— Dioniso provavelmente o deixa embaraçado — disse ele. — Como a maior parte dos homens, você conhece apenas a imagem que recebeu na escola, quero dizer, uma imagem desfigurada.

"Confesso que a imagem dele é facilmente desfigurável. Até mesmo os antigos gregos chegaram a cometer esse erro. Fale aos homens a respeito de Dioniso e eles lhe falarão de bebedeiras.

"Muito prontamente, eles confundiram a embriaguez do vinho com a embriaguez sagrada. Se quiser, retomemos aqui a célebre expressão de Rabelais, a saber, que há o 'serviço divino' (*service divine*) e o 'serviço do vinho' (*service du vin*). Você percebe a verdade que se esconde por trás dessa brincadeira? Em algumas linhas, na obra que eu lhe encomendo, tente difundir noções precisas sobre esse assunto.

"A embriaguez sagrada que Dioniso oferecia não é diferente daquela que o vinho da Eucaristia cristã deve proporcionar. Para a aproximação entre as crenças, para que se desenvolva a tolerância, você fará com que se saiba que o culto de Dioniso, bem compreendido, admitia a transubstanciação, assim como o de Mithra no masdeísmo.

"O poder da bebida de Dioniso é também semelhante ao dos *ribus* tibetanos. Não fique surpreso com essas semelhanças ..."

Meu guia mudou de tom e pesou cada uma das suas palavras a fim de gravá-las de maneira indelével na minha memória.

— Dioniso não foi outro senão Ram, cuja lembrança se perpetuou de século em século, não obstante o cisma.

Paramos perto de uma pequena construção apoiada contra o tronco de uma árvore gigantesca. Não pude deixar de manifestar meu maravilhamento diante da arte com a qual a casa foi unida à floresta.

— É extraordinário. Esta casinha me faz pensar, estranhamente, naquelas que encontramos nos contos de fadas, como a 'casa de pão-de-ló'.

— O mundo astral é o mundo dos sonhos realizados — respondeu simplesmente o meu amigo. — Venha, prossigamos em nosso caminho. Coisas mais extraordinárias que essas ainda o esperam. Agora há pouco eu lhe falei sobre Ram. Você se lembra, espero, da origem celta desse personagem. A propósito da embriaguez sagrada, isso não desperta em você certas lembranças? Você nunca ouviu falar da bebida sagrada dos druidas? Não estou fazendo alusão ao hidromel, que nada mais é que uma versão do néctar de ambrosia dos antigos gregos. Estou me referindo a uma bebida totalmente diferente...

"Não quero atordoá-lo com uma profusão muito grande de detalhes, mas espero que certas semelhanças entre as religiões sejam postas em relevo.

"Momentos atrás, quando você ainda estava na Terra, na sala dos discos de metal, eu pronunciei um nome não muito conhecido. Você o notou de passagem? Estou falando de Cernunnos. Tente imaginar essa divindade, que os antigos celtas representavam com uma cabeça de cervo dotada de uma magnífica galhada.

"Quem era Cernunnos? Oh, é muito simples de explicar, e também muito rico em ensinamentos.

"À maneira de Pã, Cernunnos era o soberano das energias fecundantes da natureza, um mestre do reino vegetal. Para o povo celta, ele se identificava finalmente com a própria natureza; e, assim como ela, de maneira cíclica, ele morria para ressuscitar na primavera.

"Mas, sem dúvida, você me dirá: Que relação existe entre tudo isso e a embriaguez sagrada de Dioniso?"

Ao ouvir meu amigo, esbocei um sorriso pois notei que, como professor experiente, ele respondia às questões apresentadas por seu "auditório" antes mesmo que elas fossem formuladas.

— Chegaremos lá — retomou — pois os celtas recolhiam um grão, que era amassado, e tratavam até extrair dele uma bebida na qual reconheciam o sangue de Cernunnos, dispensador da embriaguez mística.

"Foi assim que surgiu uma bebida que os homens conhecem bem: a cerveja."

— Você não me surpreenderia — eu lhe disse — se me afirmasse que isso deu origem a más interpretações e excessos.

— Você percebe aonde eu quero chegar... De fato, também aí, se a embriaguez era tudo para o profano, ela era simbólica para o iniciado.

"É necessário que hoje os corações se abram e percebam as verdades que estão acima das barreiras religiosas e raciais. É preciso que isso seja conhecido: o sangue de Cernunnos (divindade que renasce na primavera) é comparável ao sangue de Jesus Cristo ressuscitado no dia da Páscoa (isto é, logo depois do equinócio da primavera).

"Que os cristãos não fiquem chocados ao ver que aquele em quem eles crêem é colocado em paralelo com uma divindade considerada 'pagã', com cabeça de cervo. Acaso, eles se escandalizam quando vêem o Espírito Santo encerrado simbolicamente no corpo de uma pomba?

"Há cerca de um século terrestre, as altas entidades do astral e das esferas espirituais uniram-se numa mesma vontade. Viram que tinha chegado o tempo de reformar o que restava do ensinamento inicial de um dos seus mestres mensageiros, Jesus Cristo. Viram que a Era de Peixes se aproximava do fim.

"Quantos cristãos ainda entendem, nos dias de hoje, o sentido profundo dos sacramentos da sua igreja? Os que crêem no dogma Eucaristia ainda acreditam na sua força vivificante?

"Muito poucos, eu lhe afirmo! Até mesmo os sacerdotes sucumbem à dúvida... A Eucaristia verdadeira e poderosa deve ser praticada sob duas formas: masculina, para o vinho, e feminina, para o pão. Mas compreenda bem que isto é apenas um detalhe, pois o importante, o indispensável, reside no fato de que leva a apreender o sentido real da comunhão com o Espírito Universal e Cósmico.

"A Comunhão deve levar ao Entusiasmo, isto é, etimologicamente, à 'possessão do Espírito (humano) pela Divindade (Espírito Santo)'.

"Eu gostaria que você levasse os homens a refletir a respeito do sentido da Eucaristia em geral, e depois, em particular, da Comunhão sob o aspecto do vinho, esotericamente chamada de 'comunhão de Noé'."

Meu guia olhou-me no rosto e eu notei que a sua face estava estranhamente iluminada, que a substância do seu corpo e a de suas vestes haviam mudado.

Eu não sabia mais se estava na presença de um ser cuja realidade era palpável naquele instante ou se os olhos da minha alma contemplavam um Ser de Luz. Uma emoção extrema proibiu-me toda palavra, todo movimento. Ousaria eu romper o encanto mágico de um instante tão precioso? Meu guia de rosto azul deu um passo na minha direção e sua voz encheu novamente o silêncio do meu coração.

— O vinho, elemento masculino, deve ser derramado no cálice, elemento feminino. A transubstanciação do vinho em sangue só se realiza no cálice.

"Eis a imagem do Espírito Divino que envia um mensageiro ao corpo de Maria. A bebida sagrada de todos os povos deve despertar em cada um dos homens o anseio pela consciência crística.

"Você verá! Essas coisas estão escritas no mapa celeste do seu planeta. Consulte um atlas celeste, procure a constelação da Hidra e, acima dela, a figura da Cratera, a 'Cratera de Baco', também chamada de 'a Taça'."

Pouco a pouco, o rosto e o corpo do meu amigo retomaram sua aparência habitual. Compreendi desde esse momento, e melhor que nunca, que estava na presença de um ser perfeitamente unido ao universo por uma espécie de Amor cósmico sem medida. Como fazer com que aquele que me lê admita ou sinta isso?

Até então, eu tinha visto a luz nascer do mundo astral e se espalhar por toda parte em camadas suaves, mas naquele dia contemplei o meu guia e ele se pôs diante de mim como uma luz na luz; no lapso de alguns segundos, o mundo da Alma me pareceu descorado.

— Você entendeu?

Meu guia dirigiu-se a mim de maneira muito simples, como se nada tivesse acontecido.

Nossa caminhada foi retomada de maneira mais lenta. A floresta se iluminava entre as árvores espaçadas e flores brancas muito grandes projetavam seu cálice por cima das plantas altas.

— Se você quiser, vamos agora nos deter um pouco no que você conhece a respeito da história das religiões. Falei-lhe sobre o império de Ram e sobre os dissidentes que deixaram a Índia para invadir o Oriente Médio e levar sua crença para as terras da Pérsia antiga, da Trácia, da Grécia e, por fim, do Egito.

"Ensinei-lhe os nomes de entidades encarnadas na Terra com o único propósito de mostrar novamente o caminho da luz: Krishna, Zaratustra, Orfeu.

"Lendo os anais do tempo, você pôde aprender por si mesmo como foi que as coisas se desenrolaram no Egito, isto é, como e por que foram criados os 'Mistérios'.

"O que você ainda não sabe, ou conhece mal, é o fundamento

das crenças egípcias herdadas da Atlântida e escondidas debaixo da Terra pelos iniciados.

"Antes de se ligar novamente ao seu corpo, aprenda isto; aprenda a reconhecer quais foram os conhecimentos básicos de Moisés.

"A ciência de Moisés era a de Thot, e a ciência de Thot era consagrada a um Deus único. Sim, isso é a pura verdade: a verdadeira religião do Egito antigo era monoteísta.

"Esse monoteísmo ensinava a força do número três, isto é, admitia uma trindade: Osíris, Ísis, Hórus. Pondo-se à parte esse fato, o iniciado adorava um deus único: Rá ou Aton-Rá, segundo as épocas.

"Agora, abra o seu Espírito e guarde cada palavra que eu disser.

"Trata-se de um texto que diz:

"'Rá produziu a criação pronunciando o seu próprio nome todo-poderoso e, dessa maneira, gerou tudo o que existe no universo.'

"Veja você: como o Ser Supremo de todas as grandes religiões, Rá criou por meio do Verbo.

"Convide os homens a refletir sobre isso pois se, na mais bela das preces cristãs, nós encontramos: 'Santificado seja o vosso nome', esse fato não é uma coincidência e a fórmula não é vazia."

Perguntei ao meu guia:

— Muitas vezes você me falou sobre Osíris, e sua estátua no maravilhoso museu astral me cativou muito. Que lugar ele ocupa exatamente na trindade egípcia?

— Ele tem o papel do pai, sendo Ísis a mãe e Hórus o filho. No entanto, veja bem, há um fato notável, pois na trindade egípcia cada um dos elementos não ocupa necessariamente uma posição fixa: de acordo com a maneira pela qual são considerados, eles podem mudar de papel: pai, mãe, filho, ou ativo, passivo, neutro. Isso, em última análise, apenas ilustra de modo interessante uma certa relatividade.

"Osíris ocupa freqüentemente a posição do pai; mas eu também gostaria que você soubesse — e quero muito que isso seja posto em evidência — que, em muitos aspectos, ele é comparável a Jesus Cristo.

"Julgue por si mesmo: morto, Osíris foi amarrado a uma árvore; depois ressuscitou e se tornou 'deus da Medida'. (Ele indica assim o 'caminho do meio', caro aos budistas.) Assim como Jesus Cristo, em certas iconografias medievais, ele segura na mão uma balança para pesar os corações. Enfim, para os egípcios, ele permanece 'aquele que é perpetuamente bom'.

"Estou fazendo apenas um resumo, pois as analogias poderiam ser multiplicadas à vontade. Seria bom se os homens fizessem um trabalho de pesquisa bastante aprofundado nesse sentido. Algumas obras desse tipo já foram escritas, mas ainda são insuficientes.

"Seria igualmente bom pesquisar os pontos de comparação entre Ísis e a Virgem Maria, cujo papel permanece tão malcompreendido em toda a Cristandade.

"O rosto de Ísis é o da verdadeira Maria, outra 'Virgem' da qual nasceu um filho, face oculta das coisas, face que permanece na sombra e torna possível a sua iniciação nos mistérios.

"Você sabe que se encontram 'Virgens Negras' quase por toda parte. Elas freqüentemente são adoradas pensando-se que se trata de Maria; mas deveriam ser adoradas pensando-se que se trata também de Ísis, a Ísis que então se torna semelhante a Pã, a Deméter ou a Ceres, deusa da vida fecundante, fonte de toda geração que permite o domínio das leis da Natureza.

"Reconheça em Ísis e em Maria a mesma grande Senhora do povo humano, mediadora possível entre o homem e a Divindade. Reconheça como o seu papel permaneceu o mesmo ao longo das eras: Ísis enterrou os restos mortais de Osíris, Maria recolheu o corpo de Jesus-Rei.

"Quanto a Hórus, como você percebeu, a mitologia fez dele o filho de Ísis, concebido esotericamente pelo Espírito de Osíris, assim como Jesus o foi pelo Espírito Santo.

"É preciso saber ler nas entrelinhas das histórias ditas míticas. Você percebe como a vida de Hórus se mescla estreitamente com a de Osíris?

"Antes de deixá-lo por hoje, quero generalizar, quero dizer algo que talvez poderá ajudar os homens que já trilham o caminho espiritual: é possível extrair do universo material um ensinamento sobre todas as trindades mencionadas até aqui. Esse ensinamento será aperfeiçoado pelo estudo comparativo dos três estados da matéria: sólido, líquido e gasoso.

"Por fim, que isso seja escrito em letras de ouro no coração de quem quer que sinta a necessidade de saber: qualquer que seja o domínio em consideração, o número três é o mais sagrado que existe. Quem conhece todos os seus desenvolvimentos detém a chave do conhecimento íntimo do homem e dos universos."

Meu guia sentou-se aos pés de uma árvore e sua voz quente murmurou em mim estas palavras:

— Agora você vai se reunir com o seu corpo... Ele deve estar machucado pela imobilidade prolongada. Eu o espero aqui. Cuide para que sua forma astral se superponha exatamente ao seu corpo físico e, lentamente, integre-se a ele. Para você, logo será amanhã, e então você apanhará a sua pena para escrever.

"Sua mulher o ajudará muito, pois os conhecimentos dela permitirão que você ponha em ordem as idéias que eu lhe transmiti."

Com essas palavras, o rosto do meu guia do "País do Alto" se iluminou.

Compreendi que estava indo embora e tudo se desvaneceu...

Capítulo 12

A Biblioteca Astral

Três semanas se passaram sem que me fosse dada a possibilidade de rever o Ser Azul. Às vezes, eu me perguntava se o meu poder de desdobramento astral não teria sido eliminado, se eu não teria abusado dele, prejudicando o meu equilíbrio psicofísico.

Mas o repouso é bom conselheiro, e agora me parece que esse período de repouso psíquico se realizou de acordo com a vontade do meu amigo.

Estou persuadido de que ele bloqueou durante algum tempo em mim os mecanismos que me permitiam reunir-me a ele. Melhor do que qualquer outra pessoa, ele julgou que um período de redação e de reflexão se fazia necessário.

Foi com uma alma mais serena que ontem eu pude, novamente, penetrar no universo dele.

— Seu trabalho e o de sua mulher se aproximam do fim. Muitas coisas, no entanto, ainda precisam ser ditas. Farei com que você as conheça, mas eu quero que fique bem clara uma coisa: o livro que eu lhe peço para escrever não deve ser considerado como uma revelação. Algumas das coisas que nele são ditas já são conhecidas por um pequeno número de seres humanos que se interessam pelo assunto. Eu gostaria que ele fosse uma obra de vulgarização. Quero que ele dê idéias mais precisas, ao maior número possível de seres, a respeito da natureza do homem, da sua vida no chamado Além, das suas possibilidades ilimitadas e também da fraternidade profunda que une todas as grandes correntes espirituais do globo. É preciso que os homens saibam quem eles são, para onde estão indo e para onde devem ir.

"Logo lhe relatarei a continuação do que se poderia chamar de uma 'história das religiões' desde Noé. Ela servirá, espero, não obstante a relativa aridez do assunto, para fazer com que se compreenda que um mesmo fio condutor passa através dos povos e os religa à origem dos Tempos.

"No entanto, antes de terminar este trabalho, venha comigo. Estamos na pequena praia que agora você conhece tão bem, mas quero fazer com que você admire o que se esconde atrás do espesso bosque de coqueiros e de plantas exuberantes que lhe dão, ao mesmo tempo, tanta calidez e tanto frescor."

Meu amigo colocou a mão sobre o topo da minha cabeça e me faz passar à frente dele numa selva com plantas e flores desmesuradas, de uma beleza deslumbrante.

Diante do gigantismo da vegetação do Astral superior, veio-me a idéia de que eu jamais conseguiria andar depressa durante muito tempo numa tal profusão de cipós e de flores.

Meu guia, como era do seu hábito, sem dúvida compreendeu o motivo das minhas interrogações, pois o ouvi dizer com um ar divertido:

— Avante, avante ... É fácil!

Então, como se uma mão invisível as afastasse, como se as plantas fossem dotadas de uma vontade secreta, as folhas e as flores nos abriram uma passagem no meio delas.

— A natureza tem uma Alma, um Espírito... cada planta vive, respira, pensa e ama como você e eu.

"Não somente aqui, mas também na Terra ... e alhures. A vida existe por toda parte, e onde está a vida está uma promessa de eternidade. Olhe e ame estas plantas. Elas nos vêem, elas nos ouvem e nos indicam o caminho a seguir.

"Na Terra, elas voltam suas folhas para o sol, para se alimentar e como para dizer aos homens: 'Vejam, nós também vivemos!'... mas os homens, com muita freqüência, as ignoram. Aqui tudo está em harmonia, as coisas são diferentes. Uma entidade astral não teria a idéia de colher uma flor, isto é, de arrancar um órgão de uma planta. Não digo que os homens cometem um erro ao fazer arranjos de buquês; não creia nisso. O mundo vegetal tem um papel a desempenhar no mundo da matéria. Se você quiser, ele também tem uma espécie de karma, embora essa palavra não lhe convenha. A planta, assim como o homem, está destinada a evoluir e a atingir universos superiores. Há entidades que as dirigem. Há mundos onde as plantas vivem, agem e se deslocam como os homens.

"Não direi que o destino da flor, na Terra, é ser colhida, mas isso se insere na ordem das coisas, da mesma maneira como é normal e inevitável o fato de os seres humanos sucumbirem em acidentes.

"Porém, jamais, por amor da Vida e da Criação divina, permita que uma planta, uma flor, um legume sejam colhidos inutilmente.

"Os elementos da natureza não devem ser privados de vida com inconsciência ou desleixo.

"Tudo vive! Pilhar, destruir por prazer, por ociosidade, mecanicamente, equivale a se deixar levar por tendências negativas.

"As próprias pedras vivem. Seu coração bate num ritmo tão lento que jamais um instrumento humano poderá detectá-lo. Elas não têm pernas, mas se deslocam. Se um homem fosse capaz de viver vários milhões de anos, ele as veria avançar e saberia que sua caminhada não se deve ao acaso.

"Isso parece fantástico, mas há planetas além das galáxias, em outros universos, onde as pedras agem como você e eu e constituem a forma de vida mais desenvolvida."

Meu guia continuou a falar, mas eu só conseguia ouvi-lo em parte, a tal ponto estava maravilhado ao tomar consciência do caráter universal da vida, da alma, do Espírito, numa palavra, da presença do Ser Único na menor das parcelas provenientes dos reinos da natureza.

As flores abriam suas corolas à minha passagem, e então percebi por que, desde as minhas primeiras visitas ao astral, eu jamais sentira solidão, mesmo que por um só instante. Estar só é algo que não pode existir. Só está sozinho o ignorante, ou aquele cuja alma é cega.

Eu não sabia aonde meu guia me levava, mas não sentia necessidade de lhe perguntar. Parecia-me que eu poderia caminhar assim durante horas. Cada corola era uma boca que me falava, cada árvore era um mundo a ser explorado.

— Você verá uma biblioteca — disse-me subitamente o meu amigo de rosto alongado — uma biblioteca como você jamais viu igual. Aqui também se estuda, veja bem, mas por prazer, por desejo de saber, conhecer, melhorar, e não com o propósito de ocupar um lugar qualquer na sociedade.

"O homem astral precisa aprender a ser um homem de desejo. Eu me explico: não quero dizer desejo carnal, ou material, pois este é exclusivo da Terra, mas de desejo pela vida espiritual.

"A entidade astral do desejo é aquela que está prestes a transpor a porta da luz para se reunir ao seu superego.

"A vida na Terra e suas experiências constituem uma maneira de aprender; a leitura é outra maneira, complementar.

"A biblioteca que vou levá-lo a conhecer está no domínio do Astral superior, mas há bibliotecas semelhantes no 'reino dos mortos'. Estas são, infelizmente, muito menos freqüentadas.

"Uma pessoa morta que penetra no Astral médio traz em si os grandes traços da sua personalidade, e, se sente a necessidade de aprender, ela nem sempre utiliza os meios que tem à sua disposição.

"Enquanto a entidade não se desprender do ciclo da carne, ela terá de abominar a passividade. Mas olhe à sua frente, pois estamos nos aproximando da nossa meta."

De fato, a paisagem tomou outro aspecto.

A vegetação se fez menos densa; um pequeno atalho se desenhou diante de nós e, rapidamente, nos conduziu até uma grande extensão verde em forma de vale. A curvatura redonda das pequenas colinas e os pequenos bosques de um verde suave que emergiam aqui e ali, tornavam o quadro particularmente aprazível.

À sombra de um pequeno grupo de árvores semelhantes a chorões, e cujos ramos logo estariam carregados de flores róseas, erguia-se um pequeno edifício de cor branca e formas quadradas, como um templo antigo.

— Eis a nossa biblioteca. Não se prenda à sua arquitetura; à parte a graça das suas colunatas, o edifício nada tem que seja merecedor de reter a sua atenção.

A entrada se reduzia a uma abertura feita na fachada. Não havia porta digna desse nome nem fechadura, qualquer que fosse.

— Também não é aqui que vamos ter medo de ladrões! — exclamou o meu guia.

A sala era ampla e ocupava toda a área do edifício. As paredes e os tetos pareciam feitos de pedra, mas tudo era tão surpreendente nesse mundo que eu não saberia dar ao leitor mais informações quanto ao material realmente utilizado.

Milhares de livros de todos os tamanhos estavam dispostos contra as paredes, sobre prateleiras de madeira.

Aparentemente, nada de extraordinário. Tudo era parecido com as bibliotecas terrestres.

No entanto, um detalhe me surpreendeu: não havia mesas nem cadeiras. Somente estantes, parecidas com as dos coros das igrejas, serviam de suporte aos livros que homens, mulheres e até mesmo crianças pareciam contemplar, mas com as capas fechadas!

Na verdade, a cena era estranha e perturbadora.

— Pois bem, espero que você os imite pelo menos durante alguns minutos! — me disse uma voz conhecida.

— Imitá-los como?... Você quer que eu também me concentre diante de livros fechados?

— Não, não se trata disso... Siga-me.

Senti que o meu guia estava contente com a idéia de fazer com que eu conhecesse um dos segredos do Astral que eu ainda ignorava. Seus pequenos olhos piscavam.

Ele se insinuou rapidamente entre duas fileiras de estantes, apanhou uma obra enorme entre as que enchiam as prateleiras e a mostrou para que eu lhe lesse o título: Dante, A *Divina Comédia*.

— Apanhei este livro ao acaso — acrescentou o meu amigo. — Não procure uma razão qualquer pela qual eu lhe mostro este livro de preferência a um outro. Dante teve momentos de iluminação e foi objeto de certas visões do universo mental. É tudo, e é simplesmente por isso que a obra dele está aqui.

"Não veja nesse fato uma relação direta com o seu trabalho. Eu poderia lhe ter mostrado igualmente estes livros aqui ou outros."

Tentei ler os nomes que neles figuravam. O primeiro se chamava *Urantie*, o segundo *Veda-Edda*.

— Coloque este livro diante de você, sobre este apoio. Pronto!... Agora, fique diante dele, sem tocá-lo, como se você fosse, simplesmente, admirar o trabalho do artesão que dourou com ouro fino o título do volume.

"Vou ensinar-lhe uma nova maneira de ler.

"Você ainda não é capaz de fazê-lo sozinho; então eu vou ajudá-lo um pouco. Deixe-se levar, pois eu o dirigirei. Estou certo de que isso o divertirá bastante."

Meu guia se colocou atrás de mim ao pronunciar essas palavras. Esperei, e logo senti que uma das suas mãos se colocou sobre a minha nuca.

Então, uma impressão surpreendente tomou conta de mim. Minha visão pareceu se desdobrar por um instante, e depois novamente se estabilizou.

Para minha grande surpresa, não era mais a capa que eu estava contemplando, mas a primeira página do livro. Ela ocupava todo o meu campo de visão e eu podia ler os caracteres de maneira bastante distinta. Depois, minha visão se desdobrou novamente para se estabilizar quase em seguida e eu li no alto, no centro da folha: "página dez".

Tudo se passava como se eu fosse todo inteiro um olhar, como se mergulhasse por inteiro na espessura do volume. As páginas desfilavam diante de mim numa cadência surpreendente de rapidez, de regularidade, de precisão.

Eu não li; contentei-me em observar, ou melhor, em sentir o fenômeno.

— Você entende o que está se passando?

Meu guia retirou a mão da minha nuca e, de súbito, eu só tinha diante de mim a espessa capa do enorme livro.

A visão astral é penetrante; animada pela vontade, ela atravessa tudo o que tem as características da matéria.

— O que você acaba de fazer agora poderia fazer igualmente na Terra em estado de desdobramento.

"Você imagina quais seriam os proveitos que poderia tirar dessa técnica se você a dominasse sem a minha ajuda? Não haveria uma só obra, em qualquer lugar que fosse, que escapasse da sua sede de conhecimentos.

"Todos os seres que estão ao nosso redor têm o ar inativo; no entanto, eles estão lendo.

"Você fez a experiência da técnica que eles utilizam e que permite que eles aprendam numa velocidade maior."

— No entanto — eu disse — de onde vêm todos esses livros?...

"Pelo que vejo, estão escritos nas diferentes línguas dos homens. São cópias?"

— Em absoluto, são originais. Quero dizer que eles provêm diretamente da Terra. As entidades do astral superior têm o poder de transformar a matéria terrestre e de teleportá-la.

"Todos os livros que você vê aqui foram feitos por mãos de homens, e permaneceram na Terra até que um dos responsáveis pelas bibliotecas modificasse suas vibrações para fazê-los aparecer neste plano.

"A qualidade do seu conteúdo é o critério que faz com que eles se encontrem ou não aqui.

"Objetos desaparecem da Terra dessa maneira, sem que os homens tomem o mínimo conhecimento.

"Falo para a generalidade dos casos, pois sempre há exceções.

"Você nunca ouviu falar de livros misteriosos que desaparecem sem que se saiba por que nem como, e dos quais se diz entre os homens que eles encerram graves segredos?

"Agora você sabe a solução do problema!

"As entidades do mundo do alto Astral, e também as criaturas espirituais, estimam às vezes que uma determinada obra literária não deve estar, num certo momento, entre as mãos dos homens. Então, elas a retiram da circulação terrestre para reinseri-la em seguida, chegado o momento, num lugar propício.

"O conhecimento não deve ser colocado ao alcance de qualquer mão e em qualquer estágio da evolução humana.

"O homem não-iniciado é, na Terra, comparável a uma dessas pequenas aves de rapina noturnas que temem a luz do dia. Se se fizesse com que ele conhecesse subitamente a realidade e o poder do sol, estes lhe queimariam os olhos.

"Desse modo, o livro deve revelar certas verdades, mas não deve ir além. A obra que eu encomendo a você deve ser testemunha disso. Deve também ser uma síntese daquilo que todo homem médio não-iniciado deve conhecer para saber conduzir o seu barco evitando os erros mais grosseiros.

"A obra que eu lhe encomendo deve resumir as Origens e fazer com que se pressinta o Fim. Deve despertar a vontade de se estabelecer a união entre os homens e de restabelecer o contato com Deus. Jamais repetirei suficientemente tudo isso; e o mesmo devem fazê-lo você e sua mulher.

"Agora, apanhe este livro grande de capa escura, coloque-o diante de si e espere que, com a minha ajuda, ele lhe dê um ensinamento.

"Trata-se, como você verá, de uma obra muito importante, e além disso eu quero que você fique bem impregnado com as palavras dele. Não, não se precipite, aja pausadamente, pois toda ausência de calma prejudica a receptividade das funções superiores."

Meu olhar mergulhou de novo na imponente massa de papel e minha visão se alargou a ponto de eu me sentir como se tivesse olhos em cada um dos lados da cabeça. Totalmente impelido por um desejo incontrolável, mergulhei num oceano de páginas, de linhas e de letras. As frases desfilaram diante de mim sem que eu lhes compreendesse o sentido, e depois, de súbito, tornaram-se límpidas. Em seguida, elas se inscreveram em mim em letras luminosas, como sobre uma tela de cinema. O texto, redigido numa língua que desconheço completamente, dizia o seguinte:

"Moisés era um homem de pele muito morena e nariz aquilino. Os seres da Terra o representaram freqüentemente com cabelos longos e barba, sem saber que ele os usava assim apenas no fim de sua vida.

"O espírito do povo reteve dele a imagem do patriarca, de um patriarca animado pelo sentido profundo de sua missão. Isso é verdade, mas também é preciso saber que o condutor dos hebreus foi, durante toda a sua vida, terrivelmente dilacerado em sua vida interior.

"A carne impõe a sua lei. A encarnação de uma alta entidade no mundo físico é um sacrifício permanente, pois o corpo material sempre quer impor seus limites a tudo que não tem limite."

(Seguia-se aqui um certo número de nomes cuja lembrança me fugiu, mas a respeito dos quais eu posso dizer que estavam colocados ali como para formar uma espécie de invocação.)

"Moisés, amigo íntimo do faraó, e não seu inimigo, como narra a lenda. Moisés, ignorado, cuja tarefa era transmitir o Saber da Força positiva dos atlantes para os hebreus. Moisés, durante toda a sua vida, esteve de posse de segredos muito graves, que ele comunicou apenas oralmente a dois ou três homens privilegiados.

"Comparem Orfeu e Moisés. Esse trabalho parece inútil, mas a analogia é uma chave que é preciso saber usar.

"Os trabalhos dos dois grandes homens são análogos, embora diferentes e aparentemente contrários.

"Uma grande complementaridade os une. Orfeu dirige, canaliza o lado jônico, multiplicando os aspectos da Divindade; Moisés desenvolve a face única da Divindade, dórica.

"Entre os homens da Terra sempre corre um pensamento, que se hesita em dizer:

" 'O Deus de Moisés não é um Deus bom; o Deus de Moisés é um Deus vingativo, cheio de cólera, mais disposto a punir do que a recompensar.'

"E não se compreende muito bem a relação que pode existir entre Ele e Aquele que se apresentou como seu filho: Jesus Cristo.

"Façamos a pergunta:

"'Como Jesus Cristo, cuja palavra é um fluxo de Amor, pode constituir um único e mesmo Espírito com um Deus que se manifesta essencialmente por meio de cataclismos ou, mais geralmente, por meio de provas de ordem física?'

"Muito freqüentemente, a palavra da Verdade choca. No entanto, ela deve ser dita.

"O Deus de Moisés não é o Deus verdadeiro. Ele nada mais é que o reflexo, a imagem deformada de Deus. Ele é Deus representado pelos homens, Deus feito à imagem dos homens, reduzido à sombra das suas manifestações.

"Na linguagem dos símbolos, ele é um Deus negro, isto é, o Deus dos profanos, o Deus que impressiona as sensibilidades para ser acreditado.

"As criaturas de almas fracas precisam temer para amar. Moisés fez com que o seu Deus fosse temido para impedir o povo hebreu de cair no mais completo politeísmo."

Enquanto a vida da minha alma estava absorvida por essas linhas, ouvi meu guia fazer o seguinte comentário:

— Eis palavras que serão malrecebidas na Terra. Elas revoltarão os que não conseguirem perceber a centelha de luz aí adormecida.

"Não obstante, esforce-se para reproduzi-las o mais fielmente possível; pelo menos para alguns, elas abrirão um caminho."

Uma vez que o propósito desta obra é colocar uma pedra a mais no pavimento do caminho que leva ao Despertar, e a fim de que o anseio do meu amigo do "país de Alhures" se realize, eis a continuação do texto de que tomei conhecimento, tal como a minha memória me permite restabelecê-lo.

"Deus do Antigo Testamento, saber-se-á que nada mais sois a

não ser a sombra terrestre do Criador Infinito. Sois a sombra de Deus, da mesma maneira que o homem de carne nada mais é que a sombra do seu próprio Espírito.

"Existe Deus e deus, Homem e homem: o Deus dos antigos hebreus nada mais representa a não ser o enviado da potência Divina na Terra. Ele se resume, essencialmente, numa palavra: 'Elohim'.

"Os 'Elohim' são os braços atuantes dos Filhos da Luz. São os seres de um outro mundo, que tentaram indicar para a raça humana o único caminho possível.

"Os 'Elohim' e seu 'Espírito diretor' proporcionaram ao povo hebreu leis rígidas, a fim de que ele resistisse à prova do Tempo e pudesse perpetuar secretamente a Tradição.

"Moisés é duplo. Duplo é o seu papel: proporcionar uma lei para todos e uma tradição para alguns; ser o ponto de contato vivo com as criaturas de um outro mundo, mas também estar em comunhão com as esferas do Espírito.

"Moisés foi um mensageiro de dois rostos: o da sombra e o da luz. Ler corretamente a Bíblia é levar em consideração a luz e a sombra da luz. A Bíblia é o livro de todos, mas também é o livro de uma elite; elite não do intelecto nem do coração, mas dos dois ao mesmo tempo.

"Homens da Terra, vocês um dia saberão que Jesus Cristo não veio suprimir o saber oculto de Moisés, mas sim, a imagem que um povo tinha de Deus.

"Deus dos Antigos da Índia e Deus de Moisés, sois um só.

"Ishwara, nome sânscrito de Deus, regente do universo cósmico.

"Ishwara-El, origem de Israel, 'Espírito real do Senhor'.

"Homens da Terra, olhem para Israel, embaixador divino. Ele indica a salvação da raça humana.

"Considerem as trinta e duas vias da Cabala, as dos dez 'sephiroths' e as das vinte e duas letras. Esses números são sagrados. Vocês os reencontrarão na Índia.

"As encarnações de Vishnu são em número de dez. Vinte e dois são os quartos de tom da oitava musical.

"Os homens maduros saberão ver claramente, pois a música é vibração. É preciso pensar no poder da vibração e no poder do Verbo, pensar na causa do cisma hinduísta. É preciso aproximar o Aum do Amém, tão maltraduzido por 'assim seja'.

"O Amém é o Verbo criador. Ouçamos o *Apocalipse* de João:
" 'Estas coisas diz o Amém, a testemunha fiel e verdadeira, o princípio da criação de Deus.' (*Apoc.* III: 14)"

Senti em mim uma espécie de desligamento; as letras e as palavras não me apareceram mais com tanta nitidez. Subitamente, a significação delas me fugiu e eu só tinha diante de mim uma sucessão, incoerente na aparência, de pequenos 'desenhos' de formas geométricas.

— É bom que você pare aqui a sua leitura; a continuação do texto comporta muitas passagens obscuras demais para que você possa tirar proveito delas.

Durante alguns segundos, ainda percebi a leve pressão que meu guia imprimia na minha nuca, e depois, mais nada...

Eis que me vi de novo na sala de mil estantes, onde reinava uma atmosfera tão amena, tão apaziguante.

Mecanicamente olhei para trás, esperando encontrar-me face a face com o meu guia.

Mas o meu amigo não estava mais ali... Ainda um pouco atordoado pela experiência da qual acabara de participar, passei a procurá-lo com o olhar. Eu o vi num canto, perto de pequenas prateleiras cor de prata. Ele me fez um sinal para que eu me aproximasse.

— Olhe, você está vendo estas caixas azuladas?
— Sim — respondi.
— Olhe bem para elas, pois talvez algum dia você venha até aqui especialmente para tomar conhecimento do seu conteúdo. Elas encerram, sob a forma de fichas, um resumo da história da arquitetura terrestre desde 15.000 anos atrás.

"É preciso se interessar de perto pela arquitetura, pois ela encerra com muita freqüência a chave de conhecimentos ocultos. As pirâmides são sinais que se elevam em direção ao céu dos cinco continentes, e que parece necessário analisar hoje com a maior precisão.

"Agora, venha comigo. Você pensa que eu não o deixo descansar, que eu multiplico as suas experiências à vontade e que acelero o ritmo do meu ensinamento. Compreenda que o tempo urge e que é preciso agir."

Como se fosse para romper com o tom sério da conversa, meu amigo olhou para mim e acrescentou com um grande sorriso:

— Se você quiser, deixaremos este lugar. A não ser que você percorra inúmeros volumes, ele nada mais lhe ensinará de imediato. No entanto, em si mesmo, estabeleça um ligeiro paralelo entre esta biblioteca e o museu que lhe mostrei há algum tempo.

"Ambos ensinam a refletir, e depois a conhecer."

Saímos do pequeno edifício branco de formas quadradas e a natureza astral, com todos os seus encantos, apareceu-me de novo em sua beleza exuberante.

— Vamos até aquelas árvores de flores cor-de-rosa. A folhagem delas cairá como suave cortina diante dos seus olhos e eu poderei narrar-lhe a continuação da história das religiões do mundo. Fique tranqüilo, a lição não será longa.

"Eu quero simplesmente falar-lhe um pouco a respeito do povo celta instalado na Europa do Norte ou, mais exatamente, do povo godo (Goth)."

Sentamo-nos encostados no tronco da mesma árvore. Meus olhos não podiam ver o meu guia, mas eu sentia a sua presença ao meu lado. O calor das suas palavras me bastava.

— Sei que você gostaria de voltar à sala do Tempo, que gostaria de mergulhar de novo na memória do universo, mas sei também que você não deve abusar dessa possibilidade. Você precisa compreender por si mesmo a razão disso tudo."

Depois de um curto silêncio, meu guia olhou para mim e me disse:

— Você não acha que esquecemos um pouco os celtas da Europa do Norte, isto é, aqueles que não fugiram para a Bacia Mediterrânea ou que não seguiram Reem, a fim de mesclar sua ciência com a sabedoria da Índia? Eu gostaria que você mesmo me falasse deles, quero dizer, que me fizesse perguntas a esse respeito. Não veja em mim um mestre que ensina, mas um amigo que sabe um pouco mais do que você no momento. A passagem de um universo para outro é uma provação para o equilíbrio de um organismo; mas dê provas de mais confiança em si mesmo. Aja segundo a sua vontade; não se contente com receber. O corpo que você habita aqui é mais verdadeiro que aquele que você deixou na sua cama."

De súbito, meu guia deu uma grande risada, uma dessas risadas sonoras e sinceras que caracterizam os seres contentes com a vida, felizes por saber quem são, para onde vão ou, simplesmente, felizes por Saber.

Esse riso me aqueceu e, por sua vez, me fez rir. Depois, bruscamente, atirando em mim um rápido olhar de cumplicidade, meu guia recomeçou:

— Falemos a respeito dos celtas do Norte. De acordo com as suas lembranças, eles eram fiéis a uma religião criticável sob muitos aspectos; superstição e brutalidade acabaram sendo seus motores. Não vou descrever-lhe os ritos deles; seria muito longo e inútil.

"Vou falar-lhe apenas a respeito da obra reformadora daquele que realizou uma parte do Plano Divino nessa região da Terra, daquele que se encarnou no corpo de um homem chamado Freegh.

"Esse Freegh, ou Frigghe, passou a juventude na Ásia Menor sob a influência da religião inspirada pelo grande Zoroastro. Chegando à idade madura, sabendo qual era a sua missão, fortalecido pelos conhecimentos do masdeísmo, iniciado no culto de Mithra, de posse das antigas tradições da Índia, ele deixou a região do Bósforo e caminhou durante anos para chegar finalmente à Europa do Norte.

"A Divindade suprema que ele encontrou aí estabelecida se chamava Teutat, ou Teutatis, na Gália.

"Agora, veja como a Palavra Suprema escreve certo por linhas tortas.

"Freegh agiu à maneira de Orfeu, com habilidade.

"Os celtas do Norte eram homens selvagens, e impor-lhes uma

nova religião era coisa impensável. Freegh, fortalecido com um poder que ele devia aos habitantes de certas camadas astrais, estabeleceu pouco a pouco sua autoridade, organizando de maneira bastante progressiva a religião dos celtas do Norte.

"Saiba que sua primeira reforma consistiu em mudar o nome de Teutat para Wôd. Foi esse Wôd que depois se tornou Goth, e deu o seu nome a todo o povo que o honrava.

"Saiba que os homens, impressionados com os conhecimentos e com os poderes de Freegh, viram nele a encarnação de Wôd, também chamado de Wotan.

"Foi dessas denominações sucessivas que nasceu o nome sob o qual seus contemporâneos conhecem a grande divindade dos godos: Odin.

"A fim de respeitar a vontade suprema e a harmonia cósmica, Freegh-Odin se pôs a honrar uma trindade: Wotan, Thor, Freyr; Freegh jamais se esqueceu da viagem dos seus ancestrais celtas até a Ásia. Assim, ele fez da Ásia a morada dos deuses (os Ases), a Casa do Saber.

"Não vou entrar nos detalhes da trindade dos godos. Muitos livros já abordaram esse assunto na Terra com imprecisões maiores ou menores. Saiba simplesmente o seguinte: Freyr era a divindade da fecundidade, da natureza. Veja ao que tudo isso pode se vincular.

"Junto aos Ases, Freegh estabeleceu, como uma categoria de 'subdeuses', os Jettes, que são essencialmente iniciadores, os gigantes, mencionados por todos os povos do mundo.

"Em seguida, ele revelou os Espíritos da Natureza, a respeito dos quais já lhe falei, chamando-os de 'elementais'.

"Sem dúvida, você está se perguntando onde se encontra a verdadeira razão de tudo isso, onde se esconde o culto do Deus Único.

"É verdade que ele está dissimulado. Progressivamente, você verá delinear-se o propósito de Freegh. O enviado do Grande Todo passou então a revelar os *Eddas*, epopéias mitológicas escandinavas.

"Os *Eddas* foram em número de quatro, como os Evangelhos cristãos.

"Mas ouça-me... Volte um pouquinho para trás... Isso não lhe faz pensar, singularmente, nos quatro *Vedas* do hinduísmo?

"Na verdade, acredite em mim, essa semelhança não se deve ao acaso. Faça com que isso seja bem sabido para que se perceba por toda parte a unidade. Alguns dos seus contemporâneos já perceberam esse fato e empreenderam estudos comparativos entre os textos sagrados indianos e escandinavos. Já puseram em evidência a analogia de alguns relatos, e ainda não chegaram ao fim das suas surpresas!

"Leia, se puder, o *Mahabharata* e, uma vez que estamos fazendo comparações, volte o seu olhar para um dos gênios do masdeísmo: Mithra, aquele que se oferece aos seus fiéis numa espécie de comunhão.

"Pelo esforço de Freegh-Odin, você o reencontra na Islândia, outra terra celta. Ele nem sequer mudou de nome; somente a distância e o tempo o alteraram um pouco: ele se chama Maïtur-as.

"Mas a distância e o tempo, no final das contas, têm muito pouca importância, pois, veja bem, até mesmo na Índia encontramos a sua presença. Uma cidade, outrora de profunda vocação religiosa, ainda se chama Mathura.

"Volte seu Espírito para o sol; olhe-o de frente. Não olhe a sua luz, que cega, mas olhe o disco, o símbolo. Veja aonde ele leva e compreenda por que agora faço alusão a ele e por que eu quero que você saiba o seguinte:

"Odin, não mais que Reem, Orfeu ou Zoroastro, não se apresenta como o Deus Supremo.

"Eles eram mensageiros e enviados do Ser Único. Detinham a luz mas não eram *a* luz.

"A mitologia escandinava conta como Odin ficou pendurado durante nove noites simbólicas na Árvore do Conhecimento, eixo do mundo, outra imagem da Árvore do Jardim do Éden e da Árvore da Vida que espera no fundo do 'lago do sol' tibetano. No final da nona noite, Odin recolheu os frutos da sua espera, isto é, as tábulas sagradas do Saber: as Runas.

"Odin não inventou as Runas, pois elas não têm origem: elas são a Eternidade, o Verbo.

"Analise estas palavras, cuja importância é extrema: Odin quis dizer com isso, que ele nada mais fez que desvelar o que um outro Odin escondeu um dia e o que, depois dele, um outro mensageiro redescobrirá de novo, e assim por diante, eternamente.

"Ame as Runas assim como os caracteres do alfabeto hebreu.

"As Runas de Odin dispensam enormes poderes aos que as conhecem bem.

"Faça esta pergunta: por que, na língua árabe, a palavra que se pronuncia Runa significa 'Magia', ao passo que Rune [runa, em francês] é um termo celta? Por quê?...

"A solução é simples, e você a conhece:

"A chave do enigma está dissimulada na história das migrações celtas que lhe contei.

"Aprenda a conhecer melhor Odin e a fazer com que seja apreciado melhor, pois a missão final desse enviado, remodelando pouco a pouco as maneiras de pensar de todo um povo, consistiu em preparar o caminho de Jesus Cristo na Europa do Norte e na Gália.

"A mentalidade dos godos de Odin ainda estava longe daquela exigida pelo cristianismo, mas os caminhos que levam ao estabelecimento progressivo do plano Divino são, com freqüência, muito obscuros.

"Somente a Luz reina nas esferas do Espírito e indica o caminho a seguir. Ela envia suas instruções até as altas camadas astrais e desce em pessoa sobre a Terra..."

Meu guia se levantou e seu rosto se confundiu com as folhas e com as flores da árvore.

Creio que não era mais ele que me falava, mas o Universo que esperava nele e atrás dele.

Lembrei-me de que ele não falava unicamente em seu nome, e sua silhueta flexível e longilínea adquiriu para mim uma outra dimensão.

Sempre de pé, ele continuou:

— Quero dar-lhe uma prova da missão sagrada de Odin e do papel secreto que essa missão desempenhou na preparação do cristianismo.

"A melhor que eu poderia lhe fornecer está numa simples letra, ou melhor, numa Runa. Essa Runa não apareceu durante a vida de Odin, mas muito mais tarde, pois o mensageiro a comunicou em segredo àqueles que deviam perpetuar a tradição, a fim de revelá-la quando tivesse chegado o momento. Sem dúvida, você conhece este sinal: ✳. Trata-se da Runa que significa 'peixe de água doce'. Analise comigo sua composição. Ela se resume a uma cruz ou, se você preferir, a um x cortado por um i vertical. Digo um i, mas esse i deve ser lido como um yod, letra sagrada por excelência da língua hebraica. O x é a cruz de Jesus Cristo, os raios da roda cósmica, a figura do número quatro; o Yod é o Verbo encarnado entre os homens, Jesus Cristo em pessoa; aquele que veio do Alto para propagar a Palavra até os quatro pontos cardeais. Medite sobre essas palavras e vá... Reúna-se ao seu corpo, pois sua alma está cansada.

"Não... Não diga nada... Eu sei que ela está cansada.

"Vá devagar. Voltaremos a nos ver mais uma vez antes que uma parte da missão tenha se completado. Guarde o meu rosto em você. A lembrança dele fará minhas palavras renascerem..."

Na luz cintilavam mil luzes.

No silêncio, mil vozes sussurravam.

Minha Alma se projetou através de não sei que mundos, que universos.

Meu corpo físico estava ali, debaixo de mim, adormecido e entorpecido; ele me chamou e eu voltei a lhe dar vida.

Conclusão

Dez dias se passaram sem que um novo contato pudesse ser estabelecido. Depois, bruscamente, numa noite, graças a um momento de reflexão, senti-me de novo tragado por aquilo que agora se tornou para mim "o tempo do além".

Uma roda girava lentamente, regularmente, no sentido dos ponteiros do relógio.

Minhas pálpebras estavam fechadas e as imagens que se refletiam no espelho da minha consciência perderam a nitidez. Seria realmente uma roda que girava assim?

Quis e esperei que o acontecimento se produzisse, que a barreira se rompesse. O silêncio que me preenchia adquiriu então uma outra qualidade, e a roda tornou-se flor. Suas longas pétalas brancas, semelhantes às de uma margarida, começaram uma dança de roda. Eis que os muros da minha prisão explodiram... e o rosto do meu guia surgiu da luz branca. Só vi o seu rosto, de um azul diáfano, irradiando bondade, e mais sugestivo do que um longo discurso.

Logo uma conversa se articulou rápida mais em tom baixo.

— Hoje você se reuniu rapidamente comigo. Seu desejo é forte, mas será que é forte o suficiente?...

A voz do meu guia era doce e grave.

Em seguida, respondi:

— Sim, é forte.

— Quero dizer, é suficientemente forte para levá-lo além?

— Além?...

Conclusão

— Além, num universo onde a palavra 'limite' não tem sentido. Você anseia pela Luz da Luz? Você tem sede da Sua presença?...
O tempo parou em mim. Meus olhos não distinguiam mais nada, ou poucas coisas!...
Acho que balbuciei uma palavra, uma única: "Sim."
— Você tem a vontade de querer? Você sabe 'gostar de amar'?
Não tive forças para responder. Essas estranhas perguntas me paralisaram, e ainda ressoam em mim.
— 'Gostar de amar.' Amar o Amor. Aprender a Amar o Amor. Eis a chave das chaves!
"Olhe em si mesmo e você verá sua alma desvanecer-se por um instante."

Um clarão branco me atravessou e eu senti sua queimadura como uma carícia. O que aconteceu? Uma tela de luz se rasgara! Vi... vi a Luz da Luz! Como descrever o indescritível, o inimaginável?
Como descrever o fogo do Espírito? A chama de todos os dons? Como representar essa força de vida de uma brancura infinita, de uma pureza total, que, no entanto, nem por um só instante feria o olhar?
É possível ansiar por outra coisa? Querer mais?
— É preciso! Queira sempre mais! As fronteiras não existem, a não ser que você as crie...
"Ouça-me bem. Você pensa que está contemplando a Luz da Luz, mas só está vendo o reflexo dela. Mergulhe na chama do Espírito e essa Luz lhe aparecerá mais gloriosa ainda, com suas colinas, suas flores, suas montanhas, suas águas, povoada de mil seres bondosos. Mergulhe mais uma vez! Rejeite a Alma e você verá este mundo tal como ele é. Então, conhecerá a pobreza do universo da Alma e as sombras do mundo da carne.
"Então, e para sempre, você ascenderá em direção à Fonte.
"Compreenda-me bem e alimente-se com as minhas palavras! Você não pode imaginar... Pois ainda pensa com palavras e as palavras não descrevem o Inconcebível.
"Você é semelhante à Alma que a morte separou do mundo da carne e que vê somente uma luz como única realidade astral.

"A morte da matéria desenvolve os olhos da Alma e a morte da Alma abre o olho único do Espírito.

"Desabroche sua Consciência Crística a fim de que o reflexo se torne realidade, e você captará a música dos universos e conhecerá o seu poder.

"Agora, volte à Terra, junte os seus esforços aos da sua mulher e de muitos outros homens. Aja dessa maneira; assim, a mensagem será divulgada e todos vocês testemunharão."

A Chama de Vida desapareceu e a voz do meu guia se calou. Senti o peso do meu corpo, o peso da minha roupa.

Sentei-me à mesa de trabalho e, na companhia da minha mulher, dei o último retoque neste relato, escrito dia após dia durante quase um ano.

O leitor agora o tem diante de si, sincero e franco. Talvez ele ria; talvez compreenda-lhe o conteúdo. Um livro fala apenas para quem que está disposto a ouvi-lo!

Terra de Esmeralda

Anne e Daniel Meurois-Givaudan

O que existe depois da morte? Os autores deram uma primeira resposta a essa pergunta em *Relatos de um Viajante do Astral*. *Terra de Esmeralda* descreve outros aspectos dessa viagem, feita a dois, segundo a técnica ancestral que permitiu a Anne e Daniel Meurois-Givaudan deixar conscientemente o corpo e penetrar em liberdade nos "territórios de além-túmulo".

Terra de Esmeralda é a vida observada do outro lado do espelho. Uma vida onde todos os paraísos artificiais, todos os fantasmas podem se realizar; mas uma vida que também é irreal, que também está carregada das nossas projeções e dos nossos anseios.

É a terra de asilo, de repouso, de reflexão entre duas vidas. É o lugar privilegiado onde cada um, de acordo com seu nível de consciência, pode compreender o seu karma, essa cadeia sem fim de causas e efeitos que, de vida em vida, prolonga em nós nossas ações passadas e sustenta a ilusão do "eu".

Nesta Terra de Esmeralda, onde a memória, a vontade e a razão sobrevivem aos laços corpóreos e estão destinadas a se reencarnar, não existem juízes; cada um é livre para determinar o seu destino.

Com esta obra, Anne e Daniel Meurois-Givaudan querem ser "as testemunhas e os atores de uma realidade que, um dia, ninguém cogitará em pôr em dúvida".

EDITORA PENSAMENTO

Visões Essênias

Daniel Meurois-Givaudan

Acaso os Tempos Evangélicos já revelaram toda a sua riqueza?

Depois de escrever com Anne Meurois-Givaudan *Relatos de um Viajante do Astral* e *Wesak, a Hora da Reconciliação*, ambos publicados pela Editora Pensamento, Daniel Meurois-Givaudan mergulha agora nos Anais Akáshicos, o livro do Tempo, para completar seu testemunho.

Este texto restitui, com a máxima fidelidade, certos ensinamentos secretos dados pelo Cristo há dois mil anos, recolocando-os no contexto da Palestina essênia. Descobrimos aí Maria Madalena, Marta e muitas outras personagens cuja presença ficou gravada em nossa memória.

A originalidade deste livro se deve também ao fato de não ser uma mera evolução de um passado esquecido.

O efeito de cada uma das "visões" captadas e revividas pelo autor se prolonga até a nossa época. O ensinamento do Mestre dos mestres fica assim atualizado e nos leva a uma tomada de consciência ancorada no cotidiano.

Embora possa ser lido como um romance, este testemunho diferente é dedicado de modo ao mesmo tempo terno e incisivo àquela parte de nós que, cada vez mais, tem sede da Verdade.

EDITORA PENSAMENTO

A INICIAÇÃO ATRAVÉS DO KARMA
Leitura de Vidas Passadas Obtidas por Clarividência

Charles Breaux

Karma é uma palavra cujo sentido varia de pessoa para pessoa. De todo modo, é sempre um assunto complexo. Muitos acham que o karma é mais do que uma mera forma cósmica de punição baseada numa moralidade simplista baseada na lei do "olho por olho, dente por dente". Tão multifacetado quanto a psique humana, o karma é um enredamento de energias psíquicas ligadas à personalidade de cada um e também a mão que aponta para um caminho que transcende as ilusões que nos prendem à nossa identidade atual.

O autor, Charles Breaux, demonstra neste livro a dinâmica do karma em vários casos clínicos, inclusive em leituras de vidas passadas, para mostrar os inúmeros modos como se desenvolvem as características comportamentais e psicológicas que passam de uma vida para a outra.

O autor analisa o inter-relacionamento kármico de almas de outras dimensões e, em essência, as principais características provenientes do nascimento da alma e da sua separação em relação a uma "alma gêmea". Ele estuda ainda o processo do desenvolvimento psicológico e seu objetivo espiritual, e nos faz participar de reflexões instigantes sobre temas-chave relacionados com a raça humana.

EDITORA PENSAMENTO

VIAGEM ASTRAL

Mme Ernest Bosc

VIAGEM ASTRAL estuda a vida humana sob aspectos muito diferentes: o dos sentidos físicos e o dos sentidos psíquicos. Mostra a alma despida; tanto o libertino como o honesto se desnudam por si mesmos, sem o saberem, e portanto de maneira franca e sem preconceitos.

Há livros de ciência que são mais românticos do que científicos, e há romances que são mais científicos do que românticos e este é um deles. Não foi escrito só para o pensador ou o filósofo, pois comporta vários sentidos: um inteligível para a maioria dos leitores, capaz de iniciar o estudante no verdadeiro ocultismo, e o outro esotérico, oculto, para o já iniciado, mas ainda aspirando ao conhecimento dos Arcanos da Arte Sagrada, onde se vela a verdadeira Doutrina Esotérica.

VIAGEM ASTRAL é um livro que instrui e educa, estimula e não deprime, e abre pespectivas maravilhosas para que todos se estudem e se preparem para viver um futuro cada vez melhor, aqui e no Além.

EDITORA PENSAMENTO

VIAGEM ATRAVÉS DA LUZ
Vivências de uma Agente de Cura
Lorna Todd

Em *Viagem Através da Luz*, o leitor se envolve com a vida e com o trabalho de Lorna Todd, uma agente de cura praticante, e recebe orientações valiosas e esclarecedoras para seu desenvolvimento pessoal.

À medida que expõe suas teorias e relata suas experiências, Lorna Todd apresenta uma síntese informativa e vigorosa das filosofias e objetivos da Era de Aquário, abordando temas como os corpos etéricos, a hierarquia dos anjos e os grandes Mestres que velam pela evolução da humanidade.

Lorna Todd faz também um relato de suas atividades junto à *White Eagle Lodge*, organização fundada em 1936 por Grace e Ivan Cooke, na Inglaterra, com o intuito de ajudar as pessoas nesta época de transição para a Era de Aquário. Ela levanta e responde a questões inevitáveis sobre o mundo espiritual, a reencarnação e os planos astrais e, na conclusão de cada capítulo, inclui um exercício de meditação prática que tem o propósito de promover o relaxamento e o desenvolvimento espiritual.

Neste livro estimulante, bem-organizado e tranqüilizador, Lorna Todd nos orienta através de uma série de "passos" que nos conduzem gradual, mas firmemente, para a conquista de uma segurança interior sem a qual nenhum progresso espiritual será possível.

Lorna Todd nasceu numa residência rural construída sobre um cruzamento de linhas de energia numa pequena vila de Sussex, Inglaterra. Recebeu treinamento e trabalhou com a Federação Nacional dos Agentes de Cura Espiritual durante oito anos muito ativos. Nos últimos quatorze anos, vem trabalhando na *White Eagle Lodge* e com os Agentes de Cura de Sussex. Ultimamente, como professora de métodos de cura e de meditação, vem organizando cursos e proferindo palestras na costa sul da Inglaterra. Seu plano é expandir essas atividades para outras regiões e países.

EDITORA PENSAMENTO

VIAGENS ATRAVÉS DO TEMPO
Um guia para a reencarnação e as várias vidas da alma

Soozi Holbeche

Neste livro fascinante, Soozi Holbeche nos oferece oportunidades para mudanças positivas e para o crescimento espiritual. Ela mostra como o fato de se considerar a possibilidade da reencarnação pode transformar a nossa experiência do dia-a-dia. Muitos dos atuais desafios da vida – pouco importando se na forma de relacionamentos problemáticos, medos, vícios, incapacidade física, sentimento de falta de valor – podem ser enfrentados e superados com sucesso se examinarmos as vidas passadas que puseram tudo isso em movimento.

Viagens Através do Tempo discorre sobre:

- o potencial de cura da terapia de vidas passadas ou regressão;
- a finalidade da alma e da existência – como podemos nos reunir e nos reidentificar com a fonte da vida;
- as várias circunstâncias que envolvem cada tipo de reencarnação;
- a dinâmica dos relacionamentos;
- como entrar em contato com os registros akáshicos por meio da intuição, da meditação, dos sonhos e da visualização;
- e muito mais...

***

Soozi Holbeche é agente de cura e autora de *best-sellers* como *O Poder das Pedras Preciosas e dos Cristais*, *Como os Sonhos podem nos Ajudar* e *Desperte e Mude a sua Vida*, publicados pela Editora Cultrix, São Paulo.

EDITORA PENSAMENTO